정윤재

서울대학교 정치학과 및 동 대학원을 졸업하고 미국 하와이 대학에서 정치학 박사학위를 받았다. 충북대학교 정치외교학과 교수를 거쳐 현재 한국학중앙연구원 한국학대학원 사회과학부 교수로 재직하며 한국 정치사상과 정치 리더십을 연구하고 있다. 한국정치학회, 현대사상연구회, 한국동양정치사상학회, 한국정치평론학회 회장을 역임했다.

저서로『다사리국가론 : 민세 안재홍의 사상과 행동』,『민세 안재홍 심층연구』(공저)를 비롯해『정치리더십과 한국민주주의』,『한국현대정치사』(공저),『한국정치사상의 비교연구』(공저),『세종 리더십의 핵심 가치』(공저),『세종의 국가경영』(공저),『세종의 지식경영 연구』(공저),『유교리더십과 한국정치』(공저),『조선왕조의 공공성 담론』(공저),『한국과 일본의 공공의식 비교 연구』(공저) 등이 있고 글렌 페이지의『비살생 정치학』,『비폭력과 한국정치』(공역) 등을 우리말로 옮겼다.

안재홍
평전

民世 安在鴻

인재홍
평전

순청우익의
나라를 위하여

정윤재

민음사

책을 내며

『안재홍 평전: 순정우익의 나라를 위하여』는 2002년의 초판『다사리 공동체를 향하여』의 개정 신판이다. 초판의 내용과 형식을 많이 수정, 보완하고 제목을 바꾸었는데, 그 주안점은 다음과 같다.

첫째, 초판을 낼 당시에는 공부도 부족했지만 출간을 다소 서둘렀기 때문에 유감스럽게도 내용상 누락된 부분과 오자들이 섞여 있었다. 그래서 이번 개정 신판에서는 안재홍 개인사는 물론 관련 인물과 사건들에 대해 보다 상세한 내용을 가필(加筆)하고 교정에 각별한 주의를 기울였다. 둘째, 안재홍은 우리 근현대사에서 민족주의자로서는 드물게 한민족의 시대적 과제에 부응하여 지사적(志士的), 이론가적 삶을 치열하게 살았던 지식인이었다. 그는 평생 반제국주의 항일 활동과 반공주의적 평화통일 및 민주주의의 정착을 위해 노력했다. 저자는 이 책에서 이러한 그의 삶과 해방 정국에서부터 줄곧 추구했던 순정우익(純正右翼)의 정치 노선을 드러내기 위해 노력했다. 그는 친일 극우와 좌익혁명 세력이 배제된, 통일된 민주공화국의 건설을 위해 분투했다. 셋째, 특히 그가 민족의 전통 철학과 정치사적 체험에 대한 성찰을 바탕으로 민족의 현안들을 해결하고자 애썼던 사실에 대한 독자들의 이해를 돕기 위해 그의 사상 분야를 다룬 저자의 최근 논문을 포함하여 두 편의 논문을 부록으로 실었다. 또 안재홍의 정치사상에 대한 간단한 서술과 그것의 현대적 함의를 다시 써서 에필로그에 담았다.

이상과 같은 주안점에 따라, 그리고 그동안 생산된 새로운 연구들을 참작하여 수정 보완했으나 안재홍의 삶을 온전하게 드러냈다고 보기는 어렵다. 다만 이 졸저가 그동안 충분히 주목받지 못했던 안재홍을 재발견하고 우리 역사가 일제 식민사관과 그것을 온전히 극복하지 못했던 이유로 훼손되고 왜곡됐음을 발견하고 교정하는 데 조금이라도 기여할 수 있기 바란다.

이 졸저의 출판과 관련하여 서울대학교 은사 두 분께 먼저 감사드린다. 이홍구 전 총리께서는 초판 출판기념회에 직접 오셔서 격려해 주셨고, 김학준 전 《동아일보》 사장께서는 추천사를 써 주셨다. 또 안재홍을 인연으로 오랫동안 뵙고 가르침을 받고 있는 신용하 서울대 명예교수님께도 감사드린다. 그리고 오래전 출판되었던 『다사리 국가론』을 읽고 서평을 써 준 이상익 부산교대 교수님과 저자가 최근에 쓴 안재홍과 평화통일에 대한 글을 읽고 논평해 준 김동수 전 통일교육원 교수님에게 감사드린다. 민세안재홍기념사업회 학술 활동을 창립 초기부터 추진하며 지금까지도 함께 공부해 오고 있는 김방 국제대 교수님, 이진한 고려대 교수님, 김인식 중앙대 교수님, 윤대

식 한국외국어대 교수님께 각별한 감사를 드린다. 또 민세안재홍선생
기념사업회의 황우갑 사무국장은 필요한 자료를 구해 주면서 사진을
편집하는 데 큰 도움을 주었다. 이 책을 준비하는 동안 제자인 방용
식 박사와 한국학대학원 박사과정의 최승원 선생은 많은 자료 확인
과 교정에 정성을 다해 주었다. 두 분의 학문적 발전을 기원한다. 마
지막으로 이 책의 출판을 지원해 준 경기문화재단과 편집과 행정을
맡아 수고해 준 민음사 편집부에 감사를 드린다.

2018년 11월 언동글방에서

정윤재 삼가 씀

일제 식민통치기에, 그리고 해방 3년의 시기에 우리나라에서는 많은 정치 지도자들이 나타났다. 그들 가운데 인격적으로 고결했고, 학문적으로 심오했으며, 정치적으로 통합의 길을 걸었던 사람이 민세(民世) 안재홍(安在鴻)이었다.

안재홍은 1891년 경기도 평택에서 태어났다. 고하(古下) 송진우(宋鎭禹)보다는 한 살이 아래였고, 인촌(仁村) 김성수(金性洙)와는 동갑이었다. 어려서부터 한학을 공부한 그는 황성기독교청년회 중학부를 거쳐 만 19세이던 1910년에 일본 동경으로 유학했다. 여기서 그는 기독교 계통의 청산학원에서 일본어를 배웠고, 기독교청년회에 관여했으며, 한 조선인 교회에서 세례를 받았다.

이 무렵 이승만(李承晩)이 동경을 방문했다. 독립협회와 만민공동회의 투사였으며, 미국 프린스턴 대학교에서 정치학 박사학위를 받은 선구자적 민족 지도자로 존경받던 이승만의 숙소로 16명 정도의 조선 유학생들이 몰려들었다. 안재홍도 조만식(曺晩植), 송진우, 이광수(李光洙), 장덕수(張德秀) 등과 함께 이승만을 찾았다. 이것이 인연이 되어 안재홍은 이승만이 하와이에서 영문으로 발행한 잡지 《태평양》의 정기 기고자가 됐다.

그러나 안재홍은 중국의 독립운동가들에 대해 더 깊은 관심을 갖고 있었다. 그래서 중국으로 망명해 신규식(申圭植)의 동제사(同濟社)에 가담하기도 했으나 안재홍 스스로의 회고에 따르면 "경제토대가 없는 해외 운동보다 국내 투쟁에 주력할 것을 각오하고 동경으로 돌아왔다." 만 23세이던 1914년에 와세다 대학 정치경제학부를 졸업한 안재홍은 곧바로 귀국해 김성수가 인수한 지 얼마 안 된 중앙학교의 학감으로 취임해 후진 양성에 힘썼다. 그러나 일제의 압력으로 사임하고 조선기독교청년회 교육부 간사가 됐다.

곧이어 3·1운동 직후 결성된 비밀 조직 대한민국청년외교단의 총무로 선출되었다가 일제에 발각돼 징역 3년형을 받았다. 이것이 그의 첫 투옥이었는데, 출감한 1924년부터 해방을 맞은 1945년까지 21년 동안 안재홍은 비타협적 항일민족주의자로 일관된 삶을 살았다. 주로 《조선일보》를 무대로 항일의 필봉을 휘둘렀는데 「제남사건(濟南事件)의 벽상관(壁上觀)」을 비롯한 그의 수많은 논설들은 "장강대하(長江大河)의 명문장"으로 칭송됐다.

그는 또 백남운(白南雲), 홍명희(洪命熹), 조병옥(趙炳玉) 등과 조선사정연구회를 조직하기도 하고 이상재(李商在), 조병옥 등과 태평양문제연구회를 조직하기도 했다. 민족운동의 발판이 될 만한 기관을 만들어 보자는 취지에서였다. 이 과정에서 그는 민립대학설립운동과 조선

물산장려운동 등 실력배양론적 자강운동에 참여했다. 그는 또 신간회(新幹會) 총무간사로 활약했다. 이러한 언론 활동과 사회 활동 때문에 그는 일곱 차례나 투옥됐다.

국사학자이기도 했던 안재홍은 그동안 틈틈이 조선사에 관한 저술 활동을 벌이기도 했는데 제8차 옥고를 마친 뒤인 1940년 이후에는 고향인 평택에 은거하며 조선상고사에 관한 저술을 계속했고, 조선통사에 관한 저술을 시작했다. 그러다가 조선어학회사건으로 제9차 투옥을 겪어야 했다. 일제 치하의 옥중 생활은 모두 7년 3개월이었다. 기독교도로 출발한 안재홍은 뒷날 민족종교인 대종교에 입교했고, 또 하나의 민족종교인 천도교에 대해서도 깊은 관심을 쏟았다. 그러나 그것은 모두 대종교와 천도교의 항일민족주의를 받아들인 것이었으며, 기독교로부터의 이탈을 뜻한 것은 아니었다. 그가 일제 치하에서 모두 아홉 차례에 걸쳐 투옥돼 고질적인 허리병을 앓게 될 정도로 가혹한 고문을 겪으면서도 일경(日警)조차 존경할 정도의 꼿꼿한 자세를 지킬 수 있었던 정신적 원천의 하나는 기독교 신앙이었다. 안재홍이 1943년 3월 출감했을 때는 일제의 패망이 예고되기 시작하던 때로, 일제는 민족 지도자들에 대해 더욱 가혹하게 탄압의 고삐를 조였다. 안재홍에 대해서도 회유와 협박은 끊질겼다. 그는 여운형(呂運亨)과 함께 민족자주, 호양협력, 마찰방지의 3원칙을 제시하는 것으로 일제에 응수했다. 1945년 5월 하순에는 여운형과 함께 일본 요로에 대해 민족대회 소집을 제시하는 것으로 응수했는데 이때부터 일본 측의 암살 위협이 두드러져 숙소를 자주 옮기며 피신했다.

1945년 8월 15일 일제는 마침내 패망했다. 만 54세의 안재홍은 여운형이 조직한 조선건국준비위원회에 부위원장으로 참여했다. 안재홍의 회고에 따르면 '건준'이라는 이름은 그의 작품이었다. 그는 해방의 커다란 감격 속에 8월 16일 건준 부위원장으로서 위원장을 대신해 서울중앙방송을 통해 「해내 해외 삼천만 동포에게 고함」이란 연설을 했다. 정치범의 석방, 통화와 물가, 식량, 친일파 등에 대한 건준의 입장을 밝힌 이 연설은 마치 독립된 새 정부의 시정 발표 같았다. 그때로부터 3주 지난 9월 4일, 그는 건준의 좌경화에 반발해 탈퇴하고 곧바로 국민당을 창당해 중앙집행위원장에 취임했다.

이 무렵 안재홍은 『신민족주의와 신민주주의』를 출간했다. 여기서 그는 "기존의 어느 한 이데올로기에 얽매이지 말고 민족의 구성원 모두가 함께 살아야 한다는 정신 아래 초계급적인 통합 민족국가를 건설하자."고 제의했다. 그의 신국가건설론은 그의 독특한 '다사리 이론'으로 정립되는데 "모든 사람이 모두 제 말을 하고 모든 사람이 모두 함께 어울려 사는 것(萬民擭言大衆共生)"을 순수한 옛 우리말 '다사리'로 표현했다. 여기서 새삼스레 강조되어야 할 점은 안재홍의 정치사상가로서의 면모다. 앞에서 이미 지적했듯, 그는 조선 역사에 정통한 사가(史家)였다. 거기서 한 걸음 더 나아가 조선의 전통적 정치철학에 입각한 정치사상의 정립에 힘을 썼던 것으로, 그의 정치사상의 일관된 흐름은 협동의 중요성이었다. 해방 정국과 관련한 그의 해법 역시 좌우협동을 나타냈음은 물론이다.

1945년 12월 27일에 모스크바에서 연합국 외무장관들에 의해 '코리아에 관한 의정서'가 발표됐을 때 평소에 좌우협동을 강조했던 안재홍은 지지의 입장에 설 수 있는 사람이었다. '모스크바의정서'는 좌우합작을 전제로 하는 남북조선 전체의 통일임시정부를 지향하고 있었기 때문이다. 그러나 그의 강렬한 민족주의는 그 임시정부가 연합국의 신탁통치를 받을 수 있다는 조항을 거부하게 만들었다. 그래서 그는 신탁통치 반대 국민총동원 중앙위원회 부위원장으로 반탁에 앞장섰다. 곧이어 반탁 세력이 총집결한 비상국민회의에서 28인 최고정무위원회의 일원으로, 그리고 이 기구의 변형인 민주의원의 의원으로 각각 선출됐다. 이 무렵 그는 자신의 국민당을 김구의 한국독립당에 통합시키고 중앙상무위원 및 훈련부장을 맡는 한편 한성일보사를 세워 사장이 됐다.

안재홍은 자신의 정치 노선을 '순정우익(純正右翼)'이라고 불렀다. 그러나 사람들은 중간우파라고 보았다. 이 점은 1946년 7월에 확실해졌다. 미군정의 후원 아래 좌우합작운동이 중간우파의 김규식(金奎植)과 중간좌파의 여운형 사이에서 추진되던 때, 그는 우측 대표 4인 가운데 한 사람으로 지명된 것이다. 이 좌우합작운동을 바탕으로 미군정은 1946년 12월에 남조선과도입법의원을 출범시켰다. 이때 그는 45인 관선의원 가운데 한 사람으로 임명됐다.

1947년 들어서면서 미국 정부 안에서도 미군정이 전면 장악한 행정권을 남한 사람들에게 넘겨줘야 한다는 주장이 본격화됐다. 모스크바의정서가 규정한 "남북을 망라한 조선인의 통일임시정부 수립"이 현실적으로 불가능해진 상황임을 인정하고, 특히 북한에서는 소련군 대위 출신의 김일성을 위원장으로 하는 북조선인민위원회가 사실상의 북한판 단독정부로 기능하고 있는 점을 고려해, 남한에서도 단독정부를 세워야 할 것임을 내다볼 때 행정권 이양이 취해지는 것이 바람직하다는 것이었다.

이미 남조선과도입법의원 의장에는 김규식이, 대법원장에는 김용무(金用茂)가 취임해 있는 터였다. 이러한 배경에서 미군정은 미군정의 행정부 한인 최고책임자 자리로 민정장관을 신설하고 안재홍을 임명한 것이다. 미군정으로서는 그 자리에 안재홍이 적임이었다. 그는 의심의 여지없는 항일운동가였고, 언론인으로서나 학자로서도 명망이 높은 '고절(高節)의 국사(國士)'였기 때문이다.

그가 미국의 정책과는 다른 반탁의 길을 밟았음은 사실이다. 그러나 후에는 미국의 정책 노선에 맞춰 모스크바의정서를 지지하고 모스크바의정서에 규정된 "조선인의 통일임시정부 수립"을 위해 좌우합작운동에 참여했다. 안재홍으로서는 미군정청 민정장관직 수락이 고뇌스러운 일이었다. 미군정은 안재홍 스스로가 높이 평가했던 임정을 정면 부인한 장본인이었고 안재홍 자신이 속한 한독당은 여전히 미군정의 모스크바의정서 실현 정책에 맞서 싸우고 있었기 때문이었다. 실제로 그는 민정장관이 된 뒤 반탁운동을 주도한 한독당 간부들을 체포할 수밖에 없었다. 스스로는 괴로운 심정을 감추지 못했으나, 한때의 반탁 동지들로부터 "독립운동 방해자"라는 비난을 받아야 했고 한독당으로부터 제명당하는 아픔도 겪어야 했다.

물론 깨끗한 인격의 소유자인 안재홍으로서는 민정장관 수락을 세속적인 출세라기보다 독립운동의 한 방편으로 여겼음이 분명하다. 그는 일정 기간 미군정의 존속은 불가피한 단계이고, 미군정이 '한국화' 정책으로 전환할 때 돕는 것이 이 단계의 마무리에 이바지한다고 믿었던 것이다.

고뇌스러운 상황은 1947년 가을과 1948년 봄 사이에 다시 한 번 조성됐다. 미국 정부가 안재홍이 김규식과 함께 지지하고 있던 모스크바의정서에 따른 남북 통일임시정부 수립 방안을 포기하고 유엔 참관 아래서의 남한 단독정부 수립 방안으로 돌아섰기 때문이었다. 엄격히 말해 안재홍이 김규식과 함께 반탁 노선에서 벗어나 좌우합작운동에 뛰어들게 만든 정치적 명분, 그리고 안재홍이 미군정 민정장관에 취임하고 김규식은 미군정 남조선과도입법위원장에 취임하게 만든 정치적 명분을 크게 약화시킨 것이다.

이때 김규식이 미국의 정책 전환에 반발하면서 다시 김구와 손잡고 남북협상의 길에 올랐음은 주지의 사실이다. 그러한 김규식에 비해 안재홍은 '유엔 참관 아래서의 남한 단독정부 수립'을 차선책으로 받아들였다. 그는 "남북총선이 최선이지만 남북협상은 가망 없는 것으로 여겨지는 마당에 그렇다고 미군정을 무기한 끌어갈 수 없는 이상 차선이라도 취해야 한다."고 생각한 것이다. 그래서 안재홍은 1948년 5월 10일에 실시되는 제헌국회 선거에 우익 세력이 적극 참여해야 한다고 공개적으로 주장했다. 그러나 스스로는 출마하지 않았다. 민정장관을 맡았기 때문이지만 이 무렵 "나는 매우 어려운 입장에 처해 있었다."는 스스로의 고백이 말해 주듯 심리적 부담을 느꼈기 때문이다.

5·10총선이 끝나고 6월 들어 제헌국회가 개원하면서 안재홍은 민정장관을 사임하고 《한성일보》 사장으로 복귀했다. 1949년 5월에 그는 대종교의 정교(正敎) 및 원로원 참의에 뽑혀 대형(大兄)의 칭호를 받았다. 이때 대종교의 교주인 총전교(總典敎)는 만주의 항일운동가였

던 윤세복(尹世復)이었고 원로원장은 역시 만주와 중국에서의 항일운동가였던 부통령 이시영이었다. 곧이어 그는 『한민족의 기본진로: 신민족주의의 건국이념』을 출판했다.

1950년 5월 30일에 제2대 국회 총선이 실시되자 안재홍은 고향 평택에서 무소속으로 입후보해 당선됐다. 그러나 6월 25일에 전쟁이 일어나면서 9월 21일에 납북되고 말았다. 1965년 3월 1일, 평양방송은 안재홍의 별세를 보도했다. 서울의 유족들은 이틀 뒤 유해 없는 영결식을 거행했다. 향년 만 74세였다.

이처럼 일관되게 민족주의자로서의 훌륭한 삶을 살았던 안재홍에 대한 학문적 전기가 출판하게 된 것을 이 분야의 학도로서 크게 환영하고자 한다. 더구나 저자가 안재홍에 대한 최고의 권위자라는 평가를 받을 만한 정윤재(鄭允在) 교수라는 사실에 안도하게 된다. 정교수는 안재홍의 생애와 사상을 정치학적으로 분석해 석사학위와 박사학위를 받았을 뿐만 아니라 안재홍에 관한 우수한 논문들을 발표해 왔다. 따라서 이 평전은 정 교수가 그동안 천착해 온 학문적 실적의 총화라고 하겠다.

이 평전이 널리 읽혀 과연 정치 지도자란 어떤 사람에게 해당되는 용어인가를 새삼 깨닫게 되는 분위기가 조성되기 바란다. 그리하여 안재홍처럼 인품으로나 사상으로나 행동으로나 훌륭한 지도자가 되고 싶다는 젊은이들이 많이 나오게 되기 바란다.

2018년 11월
단국대학교 석좌교수 김학준 씀

차례

일러두기

1   맞춤법과 띄어쓰기는 한글 맞춤법과 외래어 표기법을 따랐다.

2   본문에 사용된 문장 부호는 다음과 같다.

         『 』: 전집이나 총서, 단행본

         「 」: 단행본에 수록된 개별 작품이나 논문, 기사

         《 》: 신문, 잡지 등 정기 간행물

3   본문 내의 사진은 (사)민세안재홍선생기념사업회에서 제공했다.

프롤로그

3·1절 날, 평양에서 돌아가신 큰 선비

1965년의 대한민국은 매우 어수선했다. 민족중흥과 조국 근대화의 기치를 내걸고 군사 쿠데타를 통해 정권을 잡은 박정희 대통령은 이해 2월 경제개발계획의 실천에 필요한 자금의 융통을 위해 일본과의 수교를 매듭짓는 이른바 '한일기본조약'을 체결했다. 그렇지만 이것을 반대하는 학생과 시민들의 가두시위가 연일 이어졌다. 이런 혼란이 계속되던 와중에 3월 1일 북한의 평양방송은 민세(民世) 안재홍(安在鴻) 선생이 평양 시내 어느 병원에서 향년 75세로 별세했음을 알렸다. 이 소식은 곧장 우리나라의 합동통신 동경지국에 의해 수신되어 국내에 알려졌고, 과거 그와 함께 활동했거나 교분이 있었던 많은 인사들은 안타까움과 허전함 또는 분노로 망연(茫然)했다.

북한 평양에서 있었던 안재홍의 장례식은 평소 그와 교분이 많았던 벽초(碧初) 홍명희(洪命憙)가 장례위원장으로 주재하는 가운데 치러졌다. 홍명희는 해방 후 남북 분단이 고정되는 것을 보고 1948년

21

4월 남북연석회의 참석을 위해 북한으로 올라갔다가 귀환하지 않고 나중에는 북한의 부수상을 지낸 인물이었다. 그가 1928년 1월부터 《조선일보》에 「임꺽정전」을 연재하도록 기회를 마련해 준 사람이 바로 당시 주필이었던 안재홍이었다. 또 일제 치하 식민지 시기에는 안재홍과 함께 조선사정연구회(朝鮮事情研究會)와 신간회(新幹會) 활동에 함께 참여했고, 해방 정국에서는 1947년 민주독립당(民主獨立黨)의 위원장으로 분단 극복을 위해 노력하기도 했다. 이즈음 안재홍과 홍명희 두 사람은 각각 당시 중도우파와 중도좌파를 대표하던 진보적인 민족주의 지식인으로서 서로 동지와도 같은 관계를 유지하고 있었는데, 6·25전쟁으로 인해 북한에서 서로 '어긋 만나' 피차 할 말을 다하지 못하고 지내다가 장례식에서야 겨우 '가깝게' 만났던 것이다.

안재홍의 부음을 접한 서울의 유족과 친지들은 3월 3일 그가 납북당하기 직전까지 살았던 서울 돈암동 산 11의 152번지 유택(遺宅)에서 '유해 없는 영결식'을 준비했다. 그리고 3월 9일 서울 진명여고 삼일당(三一堂)에서는 이인(李仁)을 위원장으로, 김도연, 서민호, 서범석, 여운홍, 이관구, 이범석, 이은상, 최현배를 위원으로 하는 준비위원회가 구성되어 추도회를 가졌다. 안재홍의 유가족들은 당시 박정희 대통령, 최두선 대한적십자사 총재, 그리고 군사정전위원회 유엔군 측 대표에게 유해의 반환을 청원하기도 했다. 그러나 3월 19일 당시 주한유엔군사령부 측은 유해 반환에 관한 한 군사정전위원회의 개입이 불가능하다는 회신을 보내왔다.

오늘날 안재홍을 아는 사람은 많지 않다. 그는 일찍이 한문을 공부하여 네댓 살 때부터 중요한 동양 고전을 두루 익혔다. 1910년 가을 일본으로 유학을 떠나 우선 일본어를 공부한 다음, 이듬해 9월 와세다 대학 정경학부에 입학했다. 그리고 1914년 여름에 졸업하고 곧장 귀국했다. 귀국 직후 그는 육당(六堂) 최남선(崔南善)이 경영하던 신문관(新文館)에 잠시 관여했다가 중앙학교와 YMCA에서 청소년 교육에 종사했다. 그리고 1919년 3월의 독립만세운동을 이어 가는 과정에서 이른바 '청년외교단사건'으로 3년의 징역을 살았다. 일제 치하에서 그는 최남선, 위당(爲堂) 정인보(鄭寅普)와 함께 우리나라 3대 석학(碩學)으로 불리기도 했다. 그는 《시대일보》와 《조선일보》를 통해 항일 언론 활동을 폈고 신간회운동의 주역 중 한 사람이었다. 또 그는 조선사와 조선 철학 및 조선 문화 연구에 일가를 이루었던 학자였다. 비판적 논설의 집필과 항일 활동으로 전후 아홉 차례나 투옥되기도 했으며, 일제 말기에는 조선어학회사건에 연루되어 구속당하고 혹심한 고문을 받아 건강을 크게 해치기도 했다. 해방이 되고서는 조선건국준비위원회 부위원장, 국민당 당수, 좌우합작 위원, 남조선과도입법의원 의원, 미군정의 민정장관, 《한성일보》 사장 등으로 활약했다. 그는 1950년 5월 30일 총선거에 무소속으로 출마하여 고향인 평택에서 당선되어 제2대 국회의원으로 의정 활동을 시작했다. 그러나 불행하게도 곧바로 6·25가 발발하여 국회의원으로서 이어 가고자 했던 그의 정치 활동은 중단되었다. 더구나 그는 전쟁 초기의 혼란한 와중에서 북한 공산군에 의해 납치되어 인생의 만년을 북한에서 보냈다.

납북된 안재홍은 조소앙(趙素昻), 오하영(吳夏英) 등과 함께 김일성 정권이 주도하여 만든 재북평화통일촉진협의회의 위원 중 한 사람으로 참여하였고, 그 후 15년을 북한에서 지내다 무슨 곡절이 있었는지 3·1절 그날에 숨을 거두었다. 한국 민족사에서 1919년 3월 1일은 한국 민족주의의 시발점이다. 그가 하필 이날 운명하였다는 사실은, 일생을 '진보적 민족주의자'[1]로 살았던 그가 추구했던 민족통일과 민주주의 정착의 과제를 이제는 후배들과 후손들에게 넘겨준다는 무언의 메시지를 담고 있는 것 같다. 그가 3·1절에 눈을 감고 숨을 거둔 것은 어쩌면 필연인지도 모른다. 조국 독립에의 열정이 넘쳤던 동경 유학 시절 '민중(民衆)의 세상(世上)'이란 뜻으로 지은 그의 아호 민세(民世)는 이후 "민족으로 세계에, 세계로 민족에" 교호(交互)되는 '민족적 국제주의' 혹은 '국제적 민족주의'로 그 의미가 깊어지고 확장되었는바, 이는 오늘날 절실하게 요구되는 열린 민족주의론의 선구적 형태이기도 하다. 그는 한민족을 말살하고자 했던 일본 제국주의를 직접 겪는 동안 세계 각 민족국가들과의 상호 교류를 통해 경쟁력 있는 민족문화를 형성, 발전시켜야 한다는 취지에서 '민족적 국제주의' 혹은 '국제적 민족주의'를 민족주의의 이상적인 형태로 제시한 지식인이었다. 그는 세계화 시대를 사는 오늘의 우리에게도 유용한 정치적 상상력을 일찍부터 발휘하고 있었던 것이다.

그러나 안재홍은 거의 잊힌 인물이었다. 우리의 학계도 그에 대해서 별다른 관심을 갖지 않았다. 미망인 김부례(金富禮) 여사는 매일같이 촛불을 켜고 기도하면서, 북에서 고생하다 돌아가신 선생의 명복을 빌다 1999년 늦가을 쓸쓸하게 별세하셨다. 그리고 서울과 평택 등에 흩어져 살던 그의 후손들은 국내의 반공 정책에 의해 혹시라도 안재홍 선생이 좌파 혹은 용공분자로 매도되어 자신들에게도 영향을 주지는 않을지 의심 반, 경계 반 노심초사하며 지냈다. 그러던 중 1973년경부터 뜻있는 인사들 사이에서 그의 글을 모아 출판하는 일이 추진되었다. 1978년 안호상, 이은상, 방일영, 이인, 이선근, 천관우, 이희승, 김을한, 이문원, 이관구, 송지영, 유광렬, 윤병석, 임중빈, 안경모, 안혜초 등으로 안재홍선집간행위원회가 구성되었고, 고(故) 천관우(千寬宇) 선생이 「민세 안재홍 연보」를 《창작과 비평》 1978년 겨울호에 발표하여 지식인들 사이에 안재홍의 존재를 처음으로 알렸다. 그리고 1970년대 후반부터 일기 시작한 해방 전후사 연구 붐에 따라 정치학, 역사학, 언론학, 사회학, 교육학 등 여러 분야에서 안재홍의 사상과 활동에 대한 석사 혹은 박사학위 논문이 나오기 시작했다.

1981년에 들어서 안재홍선집간행위원회는 마침내 지식산업사를 통해 『민세안재홍선집 1』을 출간했고, 1983년에 제2집, 1991년에 제3집, 1992년에 제4집, 1999년에 제5집, 2005년에 제6집, 2008년에 제7집, 2014년에 제8집을 출간했다. 또 1989년 3·1절에 대한민국 정부는 안재홍에게 대한민국 건국공로훈장(建國功勞勳章)을 수여했고, 1991년 11월에는 정부가 동작동 국립묘지의 애국지사 묘역 안에 후손이 없는 독립 유공자들을 추모하기 위해 건립한 무후선열제단(無後先烈祭壇)에 유관순, 정인보, 조소앙, 김규식 등 15명의 독립 유공 민족 지도자들과 함께 그의 위패를 봉안하였다. 비록 그는 가고 없지만 그의 사상과 학문, 뜨거운 조국애, 그리고 줏대 있는 선비의 기상은 그대로 남아 여전히 우리들의 마음을 적시고 있다.

다시 언급하거니와, 안재홍은 남에서나 북에서나 일생을 진보적 민족주의자로 일관했다. 남에 있을 때에는 좌파 극단주의자들의 폭력혁명과 극우 친일 세력의 권력 독점을 예방하기 위한 목적에서 좌우합작위원회에 참여했고, 미군정의 민정장관으로 일하면서 극좌와 극우를 배제하는 '순정우익'[2] 노선에 의한 건국을 기도했다. 6·25 때 납북되어 김일성이 장악하고 있던 북한에서 생활하는 동안에도 그는 자신의 이념적 노선을 꿋꿋하게 지켰다. 그는 재북평화통일촉진협의회 일원으로 활동했고 북한이 민족자주의 면에서 긍정적인 업적을 낸 것이 있음을 일부 인정하기는 했지만, 납북 이후 그의 생활에 대한 몇 가지 자료들과 최근 북한을 방문했던 인사들의 증언으로 보아 공산주의와 북한의 독재체제를 사상적으로는 용인하지 않았던 것으로 판단된다. 그래서인지 1965년에 타계했을 때 그는 평양 근교 룡추리의 어느 허름한 야산에 초라하게 묻혔다. 만약 그가 북한 정권에 적극 동조하며 살았더라면 마땅히 애국열사릉에 안장되었을 것이다. 이 같은 안재홍의 일생을 일찍이 원로시인 구상(具常)은 다음과 같은 시로 기록했다.

고매한 인격에다 탁월한 학식 갖춰
일제하 필봉으로 항일의 선두에 서
옥고를 아홉 차례나 겪고 치른 그 충절

해방 후 미군정의 민정장관 추대 받아
건국의 주춧돌을 견고하게 놓으시고
북한에 끌려가서도 평화통일 외치신 님

역사적 사명감과 민족 고유 사상으로
격난의 한평생을 고초로 수놓으신 님
세월이 가면 갈수록 온 겨레가 우러르네

또한 대한민국 예술원 회원이자 시인인 오세영(吳世榮) 서울대 국
문학과 명예교수는 해방 60년을 보내면서도 아직 분열과 갈등을 극
복하지 못하는 한국 정치를 날카롭게 비판하며 다사리 철학에 따른
일관된 원칙과 노선으로 통합을 추구했던 안재홍을 간절하게 그리는
마음을 「당신은 어디 계십니까?」라는 제목의 시로 표출했다.

해방 60년,
아직도 우리는 정신을 못 차렸군요.
밤낮 없이 싸우고 헐뜯는 현실정치
수구꼴통이다, 좌빨꼴통이다, 맹목적 이념투쟁
이제는 화해하고 거듭나야 될 때인데
아아, 당신은 지금 어디 계신가요?
해방정국 밝은 햇불 '신민족·신민주주의'
당신의 사상이 간절키만 합니다.

해방 60년,
아직도 우리는 정신을 못 차렸군요.
가진 자, 못 가진 자, 강북이다 강남이다,
영일 없이 욕질하는 우리 사회 계층갈등

이제는 손목 잡고 하나 돼야 할 때인데
아아, 당신은 지금 어디 계신가요?
암흑한 민족사의 한 시대를 불 밝히신
공생공영(共生共榮) 함께하는 '다사리' 정신
당신의 철학이 간절키만 합니다.

해방 60년,
아직도 우리는 정신을 못 차렸군요.
권력 좇아 합종연횡 이득 좇아 이합집산
몰염치 부도덕을 몰아내야 될 때인데
당신이 몸소 보인 고절의 국사 처신
그립기만 합니다.
아아, 당신은 지금 어디 계신가요.
한 시대의 큰 어른
민세 안재홍 선생.[3]

안재홍은 남에서나 북에서나 정치적으로 권력을 얻어 영화를 누리지 못했던 인물이었다. 그러나 그는 민족분단의 현실을 당하여, 그리고 민주적 근대국가의 완성을 위하여 책임 있는 민족 지도자의 길이 어떠한 것인가를 보여 준 큰 선비였다. 어떤 점에서 안재홍과 같은 인물의 정치적 실패는 곧 해방 이후 한국 정치의 불구화와 동일시될 수 있는 것이다. 극단적인 이데올로기를 반대하고 민족자주와 민주주의의 길을 걷고자 했던 안재홍은 지금 평양에 묻혀 있으면서도 침묵이라는 가장 큰 소리로 우리를 향해 무어라 외치고 있는 것 같다.

그렇다면 안재홍은 어떻게 살았던가? 대한제국기, 일제강점기, 그리고 해방 직후의 혼돈 속에서 그는 무슨 생각을 하였으며, 어떻게 말하고 행동했는가? 그의 정치적 꿈은 무엇이었는가? 그리고 그의 삶과 사상은 오늘의 우리에게 무슨 의미가 있는가? 좌절과 낙담, 방황과 혼돈이 겹쳤던 우리의 근현대사를 오롯한 문제의식과 의연한 행동으로 맞서고 버티며 살았던 조선 선비 안재홍의 행적을 이제부터 추적해 보자.

조선의 사마천을 꿈꾼 소년

민세 안재홍은 1891년(고종 28년) 12월 30일(음 11월 30일), 경기도 진위군(振威郡, 지금의 평택시) 고덕면 두릉리 646번지에서 순흥 안씨(順興安氏) 윤섭(允燮)과 남양 홍씨(南陽洪氏)의 4남 5녀 중 2남으로 출생했다.[1] 그는 일찍부터 군주를 섬기는 유교사상이 몸에 밴 할아버지로부터 한문을 배우며 자랐다. 착하고 명민하였던 어린 재홍은 6, 7세 되던 해부터 『천자문(千字文)』을 읽기 시작했고, 자라면서 『자치통감(資治通鑑)』과 『사기(史記)』를 읽던 중 그 방대한 역사와 날카로운 지혜에 그만 심취하여 스스로 "내가 조선의 사마천(司馬遷)이 되겠다."고 다짐하기도 했다고 한다.[2] 또 어린 재홍은 『자치통감』을 읽다가 800여 년의 역사를 가진 중국의 주(周)나라가 진(秦)에게 패망한 기록을 보고 감격하여 눈물을 흘리기도 했다. 그리고 어느 날 그의 한학 선생 박

제대(朴齊大)는 어린 재홍을 바닷가로 데리고 나가 밤하늘에 밝게 빛나고 있는 문창성(文昌星)을 가리키며 "저 별을 보아라, 장차 평택에서 대학자가 날 것이다. 나는 너를 손꼽고 있다."고 말하면서 별을 유심히 바라보던 재홍의 머리를 쓰다듬고 격려해 주었다고 한다.[3] 문창성은 국자 모양의 북두칠성 바로 옆에 있는 여섯 개의 별들로 온 세상의 문학을 맡아보는 별자리다. 신라의 최치원(崔致遠)은 고려 시대에 문창후(文昌侯)에 봉해진 적이 있으며, 조선 시대의 이황(李滉)은 젊은 선비로 둔갑하여 내려온 문창성과 만나 오랫동안 학문과 문학을 토론했다고 전해지고 있다.[4]

당시 재홍의 부친은 경성(京城, 서울)을 빈번하게 왕래하던 터여서 국내외 정세에 대한 소식을 늘 접하였고, 또《황성신문》과《독립신문》독자였기 때문에 재홍 소년은 일찍부터 시국에 대한 갖가지 소문과 소식들을 많이 들을 수 있었다. 그래서 나이 7, 8세 때 그는 벌써 우국사상(憂國思想)이 무엇인지 알았다고 한다.[5] 또 열두어 살 적 소년 재홍은 집 앞의 월명산(月明山)에 올라 10리도 못되는 서정리(西井里)역 근처에서 경부선 열차가 시커멓게 연기를 뿜으면서 우렁차게 내닫는 것을 바라보며, 어린 마음에도 그것이 일본 제국주의의 도도(滔滔)한 침략의 일편(一片)임을 알고 외세 침략에 대한 반항의식에서 긴 한숨을 짓기도 했다.[6]

이렇게 재홍은 그의 집안에서 할아버지와 아버지의 영향을 받으며, 그리고 마을 훈장의 가르침을 받으며 사서삼경과 『사기』에 이르는 동양의 고전을 두루 익히는 한편, 구한말의 점점 기울어져 가는 국운과 불안한 시국에 대한 인식을 깊게 하면서 소년 시절을 보

경기도 평택시 고덕면 두릉리에 소재한 민세 안재홍 고택. 현재 경기도 문화재(경기도기념물 제135호)로 지정되어 있다.

냈다. 그리고 그의 나이 17세 되던 1907년 고향에서의 한문 공부를 중단하고, 평택의 사립 진흥의숙(振興義塾)에 입학하였다. 그러고는 얼마 안 있다 수원의 기독교계 사립학교에서 잠깐 동안 단발수업(斷髮授業)을 받기도 했다. 이해에 그는 마침내 황성기독교청년회(오늘날의 서울 YMCA) 중학부에 입학하여 동서양의 사상서, 역사서, 위인전 등을 폭넓게 읽었고, 이상재(李商在), 남궁억(南宮億), 윤치호(尹致昊) 등 당대의 유수한 사회 지도급 인사들을 가까이 보고 배우면서 긍지를 가지고 장차 민족 지도자로서의 학업과 인격 수양에 정진하였다. 이때 그는

『미국독립전사(美國獨立戰史)』를 비롯해 『스위스건국지(瑞士建國誌)』, 『이태리건국삼걸전(意太利建國三傑傳)』, 『월남망국사(越南亡國史)』, 『폴란드말년전사(波蘭國末年戰史)』 등의 정치, 외교 서적을 주로 읽었고, 양계초(梁啓超)가 쓴 『음빙실문집(飮氷室文集)』, 『자유서(自由書)』 등과 같은 사상서도 읽었다.[7]

소년 재홍은 황성기독교청년회 중학부에서 정치, 역사, 지리, 철학, 음악 등을 배움으로써 신학문을 익히는 동시에, 당대 출중(出衆)한 민족 지도자들의 애국사상과 독립정신에 감화를 받으면서 열렬한 애국 청년으로 성장하였다. 재홍이 황성기독교청년회 중학부에 재학하던 시기는 일제의 한반도 침략 정책이 점차 노골화되어 초기에는 사법권·경찰권 등이 일본에게 양도되고, 마침내는 외교권과 재정권 등 모든 국권이 일제의 수중으로 넘어가는 민족 수난기였다. 이렇게 국운이 기울고, 사회가 불안해지자 항간에는 망국설(亡國說)이 파다하였다. 안중근(安重根) 의사가 하얼빈에서 조선의 초대 통감(統監)이었던 이토 히로부미(伊藤博文)를 저격한 것이 바로 이즈음, 1909년 10월 26일이었다. 안중근은 러일전쟁 이후 일본이 한국을 을사늑약으로 유린하고 청국의 장춘(長春) 이남을 점거함으로써 동양 평화를 깼고, 이를 회복하기 위해서는 먼저 일본이 청에 여순을 돌려주고 이곳을 일본, 청, 한국이 공동 관리하여 여순을 동양 평화의 근거지로 삼아야 한다고 주장했다.[8] 이에 재홍은 방학을 이용하여 고향인 평택에 내려가 주민을 상대로 "우리나라는 결코 망하지 않는다."고 강변하면서 망국설을 부인하고, 혼미해진 민족의식을 각성시키고자 노력하였다. 그는 훗날 이때의 상황을 다음과 같이 술회하였다.

고향에 돌아가자 향당의 부로(父老)와 청년들에게 또 농민에게 대단한 견식이나 얻은 듯이 망국사, 독립사, 음빙실문집에서 얻어 가진 지식을 총동원하여 반박하고 또 역설하였다. …… 돌아다니면서 도도수전언(滔滔數錢言)씩 좌담으로 지껄여 대면서 조국은 망하지 않는다고 역설하였다. 지금 생각하면 어디서 그 근거가 나왔는지 도리어 우스울 지경이지만 어찌했던 작열(灼熱)하던 조국애가 덮어놓고 "우리는 망하지 않는다."는 것이다. 요컨대, "우리 조국이 그대로 독립을 회복해 나가야지 망해서 될 일이냐." 하는 나의 뜨거운 주관이 그대로 객관화하는 조국불멸(祖國不滅)의 열론(熱論)이던 것이다.[9]

그러나 국가 흥망의 일은 재홍과 같은 청년들의 애국심과 아무런 관계가 없었다. 결국 1910년 8월 29일 '한일합방조약'이 강제로 체결되고 말았다. 다음 날인 8월 30일 저녁, 재홍의 부친은 초연한 얼굴로 집에 돌아와 "인제 나라는 망하였다. 너희들 『월남망국사』 잘 보았지. 이후에는 극히 언어동정(言語動靜)을 조심하여야 하지, 잘못만 하면 큰 화근만 될 것이다…… 흐, 그에 망하였구나……." 하고 흐느꼈다. 재홍은 옆에 형 재봉(在鳳)과 같이 고개를 숙이고 아무 말도 않고 앉아 있다가 눈물을 흘렸다.[10] 남다른 우국사상과 반일의식을 심성에 담고 스스로 "글로써 세상을 놀라게 하겠다"는 문장명세(文章鳴世)에 뜻을 세운 재홍은 순수한 조국애로 기울어 가는 조국의 국운(國運)을 안타깝게 바라보며 청소년 시절을 보냈던 것이다.

일본 유학 중 중국을 여행하다

1910년 8월 31일, 당년 20세의 청년 재홍은 황성기독교청년회 중학부의 개학식에 참석하기 위하여 상경했다. 당시 서울 YMCA에는 미국인 필립 질레트가 총무였고 이상재는 종교부 간사로 있었으며, 이승만도 미국에서 공부를 마치고 귀국하여 학생부 간사로 일하고 있었다.[11]

일제에게 조국을 빼앗기고 비통과 울분에 싸여 있던 당시의 상황에서 안재홍은 청년 학생과 지사 및 일반 시민이 합류하여 일대 반일 투쟁 운동을 벌여야 한다고 생각하였다. 그러나 일제의 검문검색과 통제가 날이 갈수록 강화되고 있었기 때문에 하는 수 없이 그 뜻을 접었다. 많은 청년들은 뜻은 있으나 힘이 없는 자신들의 처지와 암담하고 우울한 조국 현실에 낙담할 수밖에 없었다. 당시에 적잖은 청년과 학생들이 조국의 불운과 억울한 현실을 조금이라도 모면하고자 기회 있는 대로 해외로 유학을 떠나려 하였는데, 재홍도 이때 미국 유학을 생각하였다. 그리하여 재홍은 평소 존경하던 월남 이상재 선생을 찾아가 미국에 유학하고자 하는 자신의 뜻을 밝히고 선생의 의견을 구했다. 이에 월남은 "기초 지식도 없는 터에 미국을 가더라도 동양 사정과 일본의 국정에는 어두워서는 안 될 것이니 먼저 일본을 가라."는 충고를 해 주었다. 월남의 충고를 듣고 재홍은 그의 부친과도 의논했는데 부친도 일본으로 가는 것이 좋겠다고 동의하여 마침내 그는 일본의 와세다 대학(早稻田大學)에 유학하기로 결정했다.[12]

1910년 9월 일본 동경에 도착한 재홍은 먼저 청산학원(青山學院)

에 들어가 일본어를 공부하였는데, 이때부터 재홍은 서울에서와 같이 재동경조선인기독교청년회에서 활동했다. 독실한 크리스천이었던 재홍은 비교적 엄격한 생활을 하며 학업에 임했다. 유학 시절 그의 교우 관계의 폭은 상당히 넓은 편이었다. 그는 또 남다른 기억력으로 유학생들의 주소를 낱낱이 외우고 있어 '연락부장'이란 별명으로 통했다. 이때 재홍이 교류했던 학생은 50~60명에 이른다. 조만식, 조소앙, 송진우, 이광수, 장덕수 등이 주요 인물이었다.

재홍은 황성기독교청년회에서 일했던 이승만(李承晩)이 1912년 도미(渡美)하는 길에 동경에 들러 체류하는 동안 그를 다시 만나 교류했다. 그런 인연으로 후에 이승만이 하와이에서 발행했던 잡지 《태평양》에 기고하면서, 그 지국의 업무를 관장하기도 했다. 또 졸업할 때까지 하와이에서 박용만(朴容萬)이 발행하던 《국민보》의 원동통신원(遠東通信員)으로 일하기도 했다.[13]

1년간의 어학 교육을 마친 재홍은 1911년 9월 와세다 대학 정경학부에 입학했다. 그는 이미 서울에서 기독교단체 활동을 했던 인연으로 동경에 와서도 많은 한국인들을 사귀게 되었고, 이것을 배경으로 1911년 10월에 동경에서 최한기, 서경묵 등 다른 유학생들과 협동하여 조선인유학생학우회의 창립을 주동하였다. 조선인유학생학우회는 대한흥학회 후신이던 조선유학생친목회의 뒤를 이은 것으로, 당시 동경에 유학하는 조선인 학생 전부를 회원으로 하는 조직이었다.[14] 이 시기의 안재홍에 대해서 박은식(朴殷植)은 다음과 같이 기술하였다.

일본 유학 시절. 안재홍은 와세다 대학 정경학부에 재학하면서 동경에 거주하는 조선인
유학생들과 활발하게 교류하였다.

안재홍은 경기도 고양인(진위인의 잘못된 표현, 인용자), 예수교 독신자
이다. 만국청년회관의 학부에서 학업을 시작하여, 일본으로 건너가
조도전대학교 정치과에서 필업(畢業)하였다. 유학생의 학우회장이
되어 교계와 학계에 애국사상을 격발하는 데 심히 힘써, 그런 연유
로 (그는) 우리나라 청년계에 유수한 지사(志士)로 되어 있었다.[15]

그런가 하면 원로 언론인 유광렬(柳光烈)은 안재홍의 동경 유학
시절을 다음과 같이 묘사하였다.

이때는 그의 나이 20이 가까우니 소년의 감상을 지나 발발(勃勃)한

앰비숀에 불타는 청년의 문에 들었었다. 동경은 조선 각도의 사람이 모이는 곳이라, 그는 경기도인의 색을 보이어서 삼각산의 삼(三)과 한강의 한(漢)을 합쳐 「삼한구락부」를 만들어 그룹을 지어 지금에는 이미 전조선적 각류(各流)가 된 서북의 조만식 씨와 동경조선인단체의 패권을 다투었다 한다.[16]

청년 재홍은 학업을 계속하면서도 이같이 활발한 학생 활동을 벌이면서, 민족독립에의 의지를 단련시켰다. 그가 관여했던 재동경기독교청년회는 1906년 11월에 조선기독교청년회의 지부로 조직되어 본국과 긴밀한 관계를 맺고 있었고, 이것은 당시 재일 유학생들의 독립의식 고취와 유학 생활에 많은 영향을 끼쳤다. 그리고 당시의 동경 유학생들은 학문적 진리 탐구에 전 생애를 바치고자 하는 구도자적인 서생이었다기보다는 일찍이 조국의 비극적 운명에 격분하고 자주 독립의 방도를 구하고자, 학식과 견문을 넓힐 것을 목적으로 유학 온 우국지사였다. 청년 재홍도 이러한 우국지사의 예에 속하는 대표적인 인물이었다. 그는 어렸을 때부터 충무공(忠武公) 이순신(李舜臣)을 존경해 왔는데, 일본에 와서도 그의 하숙방에 다음과 같은 충무공 이순신의 시 「한산도의 밤」을 걸어 놓고 정신을 집중하며 수신(修身)에 힘썼다.[17]

한바다에 가을 빛 저물었는데	水國秋光暮
놀란 기러기 높이 떴구나	驚寒雁陣高
가슴에 근심 가득 잠 못 드는 밤	憂心轉輾夜

새벽달 활과 칼을 비치는구나　　　　　　殘月照弓刀

　　한편 중국 무한(武漢)에서는 1911년 10월 손문(孫文)이 주도하는
신해혁명(辛亥革命)이 일어나 청(淸) 왕조가 멸망하고 새로운 중화민국
(中華民國)이 탄생했다. 국민주권론에 입각한 아시아 최초의 민주공화
국(民主共和國)이 성립된 것이다. 이 소식을 전해 들은 재일본 조선인
유학생들은 변화하는 중국의 내부 정세와 국제정치의 흐름에 대해서
매우 민감한 반응을 보였고, 중국과 동북아의 장래에 대한 연구와
토론으로 많은 시간을 보냈다. 왕조였던 대한제국이 일제에 의해 멸
망한 이후 정치적으로 혼돈 속에 있던 조선인 청년들은 중국에서 들
려온 이 같은 공화주의 혁명의 소식을 듣고 민족 구성원 각자가 분
발하여 독립혁명을 이루어 민주공화국을 새로이 건설하는 꿈을 가
져 볼 만한 상황이었다. 그래서 청년 재홍은 조소앙(趙素昻)과 함께 유
학생 대표로 중국에 들어가 정세를 파악하고자 했다. 그러나 여비를
모금하는 등 여러 계책을 강구하는 과정에서 이 사실이 일본 헌병대
에게 발각되어 중국 여행은 성사되지 못했다. 그 후 청년 재홍은 '꼬
맹이 지사(志士)'로 불리면서 이른바 요시찰(要視察) 인물로 적시되어
계속 감시를 받았다.[18]
　　그러나 1913년 여름, 졸업을 1년 앞둔 재홍은 장차 조국의 독립
을 도모해야 하는 정치경제학도로서 견문을 넓히기 위해 기어코 중
국 대륙 여행을 실행했다. 그는 뱃길로 비밀리에 상해(上海)로 들어가
당시 예관(睨觀) 신규식(申圭植)이 주도하던 독립운동 단체 동제사(同濟
社)에 가입했다. 신규식은 일찍이 독립협회에 가담했고, 육군무관학

교를 마치고 나서 장교로 복무하다, 대한제국 군대 해산 이후 대종교에 입교하고, 상해로 망명하여 중국혁명 지도자 천치메이(陳其美) 등과 함께 신해혁명에 참여했던 최초의 조선인이었다.[19] 상해에 잠시 머물렀던 재홍은 곧장 남경, 한구, 청도를 거쳐 제남, 천진, 북경, 산해관 등을 지나 봉천과 안동을 둘러보았다. 약 70일 동안의 이 여행을 통해서 그는 해외에서 경제적으로 빈한한 중에서도 민족독립에 뜻을 두고 활약하고 있는 많은 애국지사와 선배들을 사귀고 만날 수 있었다. 또 만주 등지에서 천대받으며 조선말도 기 펴고 말하지 못하고 "목자 없는 양떼같이" 유랑하는 많은 동포들을 목격할 수 있었다. 이러한 여행 끝에 그는 해외에서의 독립운동은 무엇보다도 경제적 기반이 없기 때문에 차라리 국내에서의 항일 독립운동이 더 효과적이라는 생각을 하게 되었고 와세다 대학을 졸업한 후 곧장 귀국을 서두른 것도 이 같은 배경 때문이었다.[20]

요컨대, 청년 안재홍은 일본 유학 기간 동안 정경학부의 학생으로서 정치·경제·역사·문화 등 많은 분야의 수다한 책을 읽음으로써 학식을 풍부히 쌓았고, 당대의 엘리트라 할 동경의 조선인 유학생들과 폭넓은 교류를 가짐으로써 장차 항일 독립운동에 뜻을 함께할 수 있는 많은 동지들을 사귈 수 있었다. 그뿐 아니라 그는 중국 대륙을 여행하면서 격동하는 국제정치 상황 속에서 혁명을 겪고 있던 중국의 현실을 직접 체험하였고, 그곳에서 온갖 악조건에도 불구하고 조국의 독립을 위해 애쓰고 있던 많은 애국지사들을 만나 그 참담한 현실을 생생하게 목격할 수 있었다. 이러한 여행 경험은 이후 그가 일본 유학 후 해외로 나가지 아니하고 곧장 귀국하여 국내에서의 항

일민족운동을 이끌어 가는 지도자의 한 사람으로 성장하는 데 직접
적인 영향을 주었다.

대한민국청년외교단사건으로 구속되다

1914년 여름 안재홍은 일본 유학을 마치고 귀국했다. 그러나 조
선을 강점한 일제의 억압 통치 아래서 그는 답답하고 무미건조한 날
을 보낼 수밖에 없었다. 그래도 꿈 많은 청년 안재홍은 당시 적막
한 국내 상황에 일대 파문을 일으키고 싶었다. 그는 먼저 와세다 대
학 선배로 당시 신문관(新文館)이라는 출판사를 경영하던 육당 최남
선을 만나 상의 끝에 신문관에서 같이 일하기로 했다.[21] 그렇지만 신
문관의 자금 사정이 좋지 않아 안재홍은 출판사의 경영난 해소를 위
해 백방으로 뛰어야만 했다. 그는 도서 출판과 같은 문화 사업을 통
해 대대적인 민족계몽운동을 벌일 생각이었는데, 이를 위해서는 수
만 원의 자금이 필요했다. 안재홍은 평택에 있는 집안 소유의 전답을
담보로 은행 대출을 받으려 했다. 그러나 그의 부친은 이러한 요청
을 세상물정 모르는 청년의 치기(稚氣)로 일소(一笑)에 부치며 거절했
다. 이에 마음이 상했던 안재홍은 자신이 상속받기로 된 토지라도 저
당 잡혀 자금을 융통하고자 했지만 이 또한 여의치 못했다. 결국 안
재홍은 일본 유학에서 돌아와 큰 포부를 펼치고자 했지만, 개인적인
자력(資力)의 빈곤과 경제적 생활능력의 필요성만 절감하고 소기의
뜻은 접어야 했다.[22]

안재홍은 그 후 신문관을 떠나 1915년 5월 유근(柳瑾)이 교장으로 있던 중앙학교(中央學校) 학감(學監)으로 취직했다. 중앙학교는 4년제로 현 중앙중·고등학교의 전신(前身)이다. 안재홍은 이 학교 학감으로 매일 아침 조회를 열고 훈화(訓話)했다. 그의 훈화는 달변이나 웅변은 아니었지만 "무엇인가 절절하게 학생들의 마음속을 파고드는 듯한 감명을 주곤" 했다 한다. 그는 또 3학년 어느 반의 담임으로 매일 학생들과 함께 도시락 점심을 먹으며 여러 이야기를 해 주었다. 당시 그는 청년의 고비를 넘어설 듯 말 듯한 나이였지만 그의 "일거수 일투족은 대인장자(大人長者)의 근엄한 풍도(風道)"를 보여 주는 선생이었다. 당시 안재홍이 담임으로 있던 반 학생이었던 이희승의 회고에 의하면, 어느 날 안재홍이 점심을 마치고 교무실로 나가면서 도시락 꾸러미에서 곱돌 젓가락을 흘려 그것이 바닥에 떨어지며 조각났는데, 그는 뒤도 돌아보지 않고 나갔다고 한다.[23] 그리고 안재홍은 학감으로 있으면서 조선의 역사를 가르치고 독립사상을 고취하는 등 일본 경찰이 볼 때, 학생들을 대상으로 이른바 '불온(不穩)한' 언동을 자주 했다. 일본 경찰은 이것을 빌미로 학교에 압력을 가해 안재홍을 사직시킬 것을 요구했다. 결국 안재홍은 1917년 3월경 중앙학교 학감직을 그만둘 수밖에 없었다.[24] 당시 일본군 헌병 대좌로 경기도 내무국장이던 아리가 미츠도요(有賀光豊)는 안재홍에게 "불온사상을 고취하지 않겠다고 서약하면 계속 재직하도록 해 주겠다."고 회유했지만 안재홍은 이를 거절했다. 이에 아리가 내무국장은 "도대체 조선의 안가(安哥)들은 못마땅하다. 안중근, 안명근, 안창호, 안재홍……"이라고 중얼거리며 푸념했다고 한다.[25] 이렇게 해서 중앙학교를 떠난 이후 안재홍은 1917년 봄부터 조선기독교청년회(서울 YMCA의 전신, 황성기독교청년회가 1913년 명칭이 바뀐 것)에서 일했다. 당시 조선기독교청년회는 애국지사와 유수한 지도자들이 많이 모여 활동했던 '독립운동의 요람지'였다. 안재홍은 교육부 간사로서 '활수양(活修養)'이란 프로그램을 마련하여 한용운(韓龍雲)과 같은 존경받는 민족 지도자들을 초청하여 강연회를 개최함으로써 민족사상과 독립정신을 대중적으로 확산시키고자 노력했다.[26]

이즈음 안재홍은 기독교 신자였고, 또 기독교 계통의 기관인 YMCA에서 일하고 있었지만 국조단군(國祖檀君)을 숭모하는 대종교(大倧教)의 신도가 되었다. 이는 일제의 조선 민족 말살 정책으로 한민족이 소멸될지도 모르는 암담한 상황에서 민족의식을 일깨우고, 민족을 지키기 위한 충정에서 비롯된 결단이었을 것이다. 대종교는 1909년 기울어 가는 대한제국의 국운을 단군 신앙으로 되살리고, 나라를 바로 잡기 위해 나섰던 나철(羅喆)이 창건한 민족종교였다. 당시 총본사(總本司)는 북간도의 화룡현(和龍縣)에 있었고 만주, 중국 흑룡강 지역, 러시아령 연해주 및 국내 각 지역에 지부를 두고 있었다. 여기에는 안재홍 외에 지석영, 주시경, 홍명희, 신백우, 나운규, 안호상, 김두봉, 정열모, 신성모, 이극로, 유근, 백남규, 안희재, 정인보, 명제세, 서상일, 정관, 김두종, 강우도, 김윤식 등 대부분의 사회적 지도 인사들이 가담하고 있었다.[27]

한편 이 시기에 안재홍은 일본 경찰의 압력으로 중앙학교에서 물러난 후 잠시 활동했던 YMCA에도 1917년 5월 사표를 내고, 고향 평택 두릉리에 낙향해 지내고 있었다. 그는 이때 일제 치하라는 민족적 불행과 함께 일정한 직업이 없는 처지에 절망하면서 심한 좌절과 혼돈을 겪고 있었다. 지식인 '엘리트'로서 사회적 입지를 확보하면서도, 일제의 억압에 대처해야 했기 때문에 고민이 적잖았을 것이다. 그래서 그는 3·1독립만세운동에도 적극적으로 나서지 못했으나, 서울의 지인들과 계속 연락을 취하며 지냈다. 특히 자신과 함께 와세다 대학을 다녔던 신익희(申翼熙), 그리고 거의 같은 시기에 메이지 대학에 다녔던 정노식(鄭魯植)과 소통하며 만세운동 등 국내외의 소식을 꾸준히 접하였다. 이러한 중에 안재홍이 심기일전하여 침묵을 깨고 행동에 나서야겠다고 마음먹게 된 것은 고향 주변에서 계속 이어졌던 민중의 봉기였다. 그는 3월 말 무렵에 고향집 부근 월명산 등을 오르내리면서 "점점(點點)이 피어오르는 화톳불과 독립만세(獨立萬歲)의 웅성 궂은 아우성"을 직접 목격하고 들었다. 그러면서 이것이야말로 "문자 그대로 인민반항(人民反抗)이요, 민족항쟁(民族抗爭)"이라고 판단했다.[28] 이때 안재홍은 아마도 반제국주의 항일투쟁이 당연한 줄 알면서도 머뭇거리는 자신과 달리 거침없이 만세운동에 나서는 질박한 민중들의 도도한 힘을 실감했을 것이다.

이러한 배경에서 안재홍은 1919년 5월 대한민국청년외교단(이하 청년외교단) 활동에 관여하기 시작했다. 청년외교단은 상해의 대한민국임시정부(이하 임시정부)를 지원하기 위해 국내에서 결성된 항일 단체였다. 1919년 4월 상해에서 귀국한 송세호(宋世浩)와 연병호(延秉昊)가 국내에 있던 이병철(李秉澈)과 내밀하게 협의하고, 5월에 조용주(趙鏞周)가 합세한 가운데 이병철의 집에서 조직되었다. 청년외교단의 목표는 (1) 임시정부에 대하여 국내의 독립운동에 대한 정보를 제공하고 (2)

1918년 안성의 고성산에서 평야를 내려다보는 안재홍. 당시 그는 일본 경찰의 압력으로 중앙학교 학감에서 물러난 후 고향 두릉리로 내려와 머물고 있었다.

독립운동 기금을 모금하여 임시정부에 전달하며 (3) 선전 활동을 통하여 국민들의 독립정신을 고취시키는 것 등이었다. 그래서 청년외교단은 국내의 독립운동에 대하여 공식, 비공식적인 영향력을 많이 행사하였고, 흡사 임시정부 연통부(聯通府)의 총판부(總辨部)와 같은 일을 수행하였다.[29]

당초 조소앙은 자신의 동생 조용주를 안재홍에게 보내 청년외교단의 단장을 맡아 줄 것을 요청했다. 그러나 안재홍은 그런 직책이 자신과는 어울리지 않는다고 생각했던지 이 제의를 선뜻 수용하지 못하고 사양했다. 그런 연유로 연병호·조용주 등은 일단 재정 지원을 약속한 이병철을 총무로 하여 청년외교단을 발족했다. 그런 후 그들은 안재홍에게 함께 일할 것을 권유했고, 결국 안재홍을 또 한 사람의 총무로 추대하는 데 성공했다. 이리하여 안재홍은 이병철과 함께 단장이 없는 청년외교단의 공동총무로 활동하기 시작했다.[30] 안재홍과 이병철을 총무로 한 청년외교단 수뇌부는 그 활동을 이끌면서 「국치(國恥)기념경고문」과 「외교시보」를 다량 인쇄하여 각계에 비밀리에 배포하는 등 3·1만세운동 이후의 독립운동에 지속적으로 가담했다. 또한 여성들의 독립운동 단체를 조직하는 데 관여하여 협성단부인회와 대조선애국부인회를 통합하여 김마리아를 회장으로 하는 대한민국애국부인회(大韓民國愛國婦人會)가 만들어지는 데에도 기여했다.[31] 그러면서 같은 해 8월 안재홍은 중앙학교의 제자 이승호(李丞浩)군이 독립만세운동에 가담한 후 일경(日警)에 의해 쫓겨 다니던 중 자신을 찾아와 임시정부가 있는 상해로 망명하겠다는 뜻을 밝히자, 그 자리에서 150원(圓)이란 거액을 손에 쥐어 주며 격려하기도 했다.[32]

그러나 청년외교단 조직은 1919년 11월 경북 대구에서 일본 경찰에 발각되어, 안재홍을 포함한 간부들은 물론 함께 연락을 취하며 협력해 오던 애국부인회 간부들까지 모두 23명이 체포되었다.[33] 안재홍은 이때 3년의 징역형을 치렀다.(제1차 옥고) 안재홍은 자신이 청년외교단에 관계하게 된 동기를 다음과 같이 술회했다.

3·1운동 때에 나는 그 선두에 나서기를 아끼었다. 당시 나의 연령 29세였는데, 청년 동지들로부터 "그대로 징역살러 가라."는 권유를

받았으나, 나는 직장에서 방출(放出)되어 실의 중에 부단히 시국대책(時局對策)을 연구하는 끝이었으므로 "아무것도 못하고 상심(傷心)만 하던 내가 나서면서 징역살이하기에는 자기가 너무 가엾으니 나는 언론진을 베풀고 운동단락 후의 민중이나 계몽(啓蒙)하겠다."고 하면서 제2선에서 약간의 잠행운동(潛行運動)을 한 것이 결국 발각되어 3년형을 살았다.[34]

이것으로 보아 안재홍은 일제에 의해 조국을 잃은 울분으로 비통강개(悲痛慷慨)의 열정을 참지는 못했지만, 한참 일해야 할 젊은 나이에 독립운동하다 잡혀 징역살이하기엔 인간적으로 자기 자신이 너무 딱하다는 생각에서 당장 3·1만세운동의 선두에는 나서지 않고 민중들이 궐기하는 것을 지켜보면서 비밀결사인 청년외교단에 가담하여 활동하였다. 청년외교단사건으로 3년의 징역을 살고 나온 안재홍은 형세의 판단과 그것에 임하는 태도는 언제나 분명하고 확고하게 해야 한다고 생각하고, 이때에 그는 "핵심에 들거나, 아주 그만 두어라."는 나름대로의 좌우명을 설정하기도 했다.[35]

1922년 대구감옥에서 출소한 안재홍은 2년 동안 요양한 후 김성수, 조만식, 신석우 등이 주동이 되어 '합법적인' 정치 활동을 통해 민족의 독립을 준비하고자 했던 연정회(硏政會)에 잠시 가담했다. 연정회는 1923년 가을 《동아일보》의 김성수, 송진우가 주동이 되고 최린, 신석우, 안재홍, 조만식, 이광수, 박승채 등 15~16명이 모여 당시의 상황에서 직접적인 독립운동은 불가능하다고 판단하면서, 인도의 간디가 이끄는 국민회의와 같은 합법적 정치단체를 구성할 목적으

로 만들어진 조직이었다. 그러나 이 단체의 대변지라 할《동아일보》
에 실린 이광수의 「민족적 경륜」이란 논설이 너무 소극적이고 일제
의 소위 '문화정치'에 대해 타협적이라는 비판이 심해지면서 연정회
활동은 결국 유야무야되었다.[36] 안재홍은 즉시 연정회 활동을 중단
하고, 언론집회압박탄핵운동의 집행위원으로 활동했다. 그리고 곧이
어《시대일보(時代日報)》와《조선일보(朝鮮日報)》의 논설기자로서 본격적
인 언론 활동을 시작했다.

《조선일보》 주필로 활약하다

1924년 이후, 안재홍의 항일민족운동은 주로《시대일보》의 논설기자와《조선일보》의 주필·부사장 또는 사장으로서 약 980편의 논설과 470여 편의 시평을 발표하는 언론 활동과 조선기자협회, 태평양문제연구회, 조선사정연구회, 신간회, 조선어학회 등 여러 민족운동 단체에 적극 가담하는 정치, 사회 활동으로 대별된다. 1924년 5월 안재홍은 3·1운동으로 징역을 살다 출옥한 최남선이 사장 겸 주간으로 있던《시대일보》의 논설기자로 일하기 시작했다. 이때 편집국장은 진학문(秦學文)이었고, 안재홍은 정치부장, 염상섭(廉想涉)은 사회부장이었다. 또 안재홍은 주종건(朱鍾健), 변영만(卞榮晚)과 함께 논설기자로도 일했다.[1] 포부가 컸던 최남선은 이 신문사를 자본금 20만 원 규모의 주식회사로 확장하여 운영하고자 증산교(甑山敎) 계통의 보천교(普

天敎) 측으로부터 3만 원을 지원받아 투자했다. 그러나 보천교 측이 투자자임을 내세워 신문사의 부사장 자리를 요구하고 점차 경영권과 인사권을 강력하게 주장하여 소유와 경영을 둘러싼 심각한 사내 분규가 일어났다. 이때 안재홍은 "사회의 공론지가 일개 종교단체의 기관지가 될 수는 없다."는 내용의 논설을 쓰고 퇴사했으며, 진학문과 최남선도 뒤이어 그만두었다. 그래서 신문사 운영을 통해 국민 계몽을 모색하던 최남선의 노력과 안재홍의 기대는 결실을 맺지 못하고 수포로 돌아갔다. 안재홍은《시대일보》에 5월 12일부터 7월 10일까지 두 달 동안 근무하면서 모두 36편의 논설을 썼다.[2]

《시대일보》에서 물러나고 약 두 달이 지난 1924년 9월 안재홍은《조선일보》주필(主筆) 겸 이사로 입사했다.《조선일보》는 원래 친일 동화주의자였던 조진태(趙鎭泰)와 예종석(芮鍾錫)이 중심이 되어 만든 신문이었다. 그러다가 친일 매국단체 일진회(一進會) 회장을 지낸 송병준(宋秉畯)이 인수하여 경영했지만 수지가 맞지 않자, 송병준은 다시《조선일보》를 신석우(申錫雨)에게 팔았다. 신석우는《동아일보》를 그만두고 나왔던 이상협(李相協)을 영입하고, 이상재를 사장으로 추대하는 등《조선일보》의 면모를 일신하고자 노력했다. 안재홍이《조선일보》에 들어간 것도 바로 이 시기였다. 신석우를 새로운 사주(社主)로 맞게 된《조선일보》는 '조선민중(朝鮮民衆)의 신문(新聞)'이라는 새로운 비전과 함께 그 지면에 일대 쇄신을 단행하고, 민중진영의 신문으로서 새로운 면모를 갖추기 시작하였다. 사장 이상재, 부사장 신석우, 고문 이상협, 발행인 겸 편집인 김동성, 주필 안재홍, 영업부장 홍증식이 주요 간부였다.[3]《조선일보》가 언론기관으로서 사회적 공기

(公器)의 역할을 할 만한 인적 구성을 어느 정도 갖추기 시작했던 것이다. 이후《조선일보》는《동아일보》와 함께 민족운동사상 서로 상이한 인맥(人脈)을 형성하면서 경쟁적으로 주요한 역할과 소임을 담당하는 대표적인 언론기관으로 성장했다. 이 시기의《조선일보》와《동아일보》는 거의 동지적 관계를 유지하며, 중대 사안이 발생했을 때는 조선변호사회와 함께 항상 행동을 같이하곤 했다. 예컨대, 1928년 9월 함경남도 장진의 지주들이 총독부 지휘를 받은 군수와 서장들과 함께 나서 장진 일대의 토지를 강제 매수하고, 토지 매도를 거부하는 농민들을 마구 검거한다는 소식을 전해 오자,《조선일보》의 신석우 사장, 안재홍 주필, 한기악 편집국장 등은 송진우《동아일보》사장과 김병로 조선변호사회 회장과 조선일보사에 모여 구수회의(鳩首會議)를 하여 서로 협력하여 대책을 마련했다.⁴ 이후《동아일보》정주(定州) 지국장이었던 방응모(方應謨)가 금광사업으로 돈을 벌어 1933년에 조선일보사를 신석우로부터 인수하면서 재정적으로 안정되었다. 그리고 《동아일보》의 이광수·서춘·함상훈 등과 같은 유능한 기자들을 끌어들이면서 사세가 확장되었다.⁵

언론인으로서 안재홍의 항일 활동은 1920년대의 한국 민족운동을 대표할 수 있을 만큼 그 정신에 있어 확고부동했고, 매우 끈질기게, 그리고 정력적으로 전개되었다. 1924년 5월 그는《시대일보》논설 「그러면 조선인아 — 제군은 이 기백(氣魄)이 있느냐」를 통하여 당시의 조선은 "침략적 제국주의의 통천(痛天)한 죄악과 그 자체에 잠재한 독소(毒素)의 성장으로 인하여 조만간 붕괴할 운명에 있다."고 진단하고, 신라의 김유신과 고구려의 연개소문을 언급하면서 민족의

1920년대 조선일보사 앞에서. 왼쪽에서 두 번째 인물이 안재홍이다.

기백을 되살려야만 천중난관(千重難關)을 격파하고 만사일생(萬死一生)의 승리를 얻을 수 있다고 주장했다.[6] 또 다른 논설에서 안재홍은 조선인이 "정신적 무정부 상태"에서 스스로를 구제하기 위해서는 "산만한 파괴의식과 전투심을 조직화하고 통일 집중케"하며, "좌우에서 동일한 신념으로써 온갖 희생을 하면서 노심역작(勞心力作)하는 동포들과 공동한 전우가 되어야 한다."고 역설했다.[7] 그는 또 논설「살기(殺氣)에 싸인 문화정치」를 통하여 당시의 세계 정세는 "피압박 민족의 해방 투쟁을 고조(高調)하는 시대"라고 단정하고, 그럴듯한 '문화정치'의 간판아래 자행되고 있던 각종 고문 사건, 양민 살해 사건, 친일배 박춘금(朴春琴)이 조종하는 부산 상애회(相愛會)의 폭력 사건, 죄수에 대한 학대 치사 사건 등 일제에 의한 인권 유린과 양민 학대 사례들을 거론하며 '문화정치'는 사실상 3·1운동 이전 데라우치(寺內) 총독의 무단정치와 조금도 다를 바 없는 "조선인을 속이는 허울에 불과하다."고 비판했다.[8] 또한 안재홍은 이 무렵 언론집회압박탄핵운동의 실행위원으로 총독부의 언론 탄압을 비판하고, 그 시정을 요구하는 활동에도 적극 참여했다.[9]

《조선일보》주필이던 안재홍은 1925년 4월 15일 서울의 천도교기념관에서 전국 각지에서 상경한 700여 명의 신문·잡지 기자들이 운집한 가운데 최초로 개최된 조선기자대회에서 부의장에 피선되었다. 이때 의장은 월남 이상재였다. 3일간 지속된 조선기자대회는 5개조의 결의문을 채택하고 폐막하였다. 결의문의 내용 중 언론 집회 및 결사의 자유에 관한 조항은 총독부 경무국으로부터 발표를 금지당하기도 했다. 대회 기간 중 일찍부터 국산장려운동(國産獎勵運動)에 마음이 깊었던 안재홍은 마침 대창견직회사(大昌絹織會社)의 제품인 옥색 지지미 치마에 관사(管絲) 저고리를 입고 참석했던 한국 최초의 여기자 최은희(崔恩喜)를 가리키며, "이렇게 아름다운 물건을 우리 손으로 짜서 우리가 입고, 한마음 한뜻으로 민족자본(民族資本)을 형성하자."고 강연하여 박수갈채를 받았다.[10] 같은 해 9월 안재홍은 또 백남훈, 백남운, 송진우, 백관수, 박승빈, 김준연, 최원순, 최두선, 조병옥, 홍명희, 유억겸 등과 함께 조선사정연구회(朝鮮事情研究會)의 조직에 참여하였다. 조선사정연구회는 대중 강연회를 자주 열어 국민들 사이에 민족의식을 고취하였고, 변호사 허헌(許憲)·이인(李仁) 등과 합세하여 당시 3파로 분열되어 있던 천도교를 통일하여 그것을 강력한 민족운동 세력으로 만들었다. 또한 이들은 물산장려회(物産獎勵會)에 자금을 대는 활동을 계획하기도 하였다. 같은 해 12월 안재홍은 당시 경성기독교청년회의 총무였던 신흥우(申興雨)가 주최하고 윤치호, 이상재, 조병옥, 이관용, 유억겸 등 당대의 뜻있는 지식인 20여 명이 조직했던 태평양문제연구회(太平洋問題硏究會)에 참여하고, 그들과 함께 종교·경제·이민·외교 문제를 연구했다. 태평양문제연구회는 하와이의 범태평양회의(汎太平洋會議)에 상임위원을 파견키로 결의하는 등 내외의 항일민족운동을 조직화하고, 확산하는 일에 관심을 갖고 나름대로 힘을 쏟았다.[11]

또 안재홍은 1926년 봄 하동의 쌍계사(雙溪寺)에서 소집되었던 기자대회에도 참석하여 「일념봉공(一念奉公)의 기자 생활」이란 내용으로 강연을 했다. 이 기자대회는 1년 전 서울에서 개최되었던 조선기자대회의 연속으로 준비된 행사였던 것으로 추정되며, 여기에는 주로 전남과 경남 지역의 기자 약 60명이 참여했다. 일반인들도 수십 명이 방청하는 가운데 행사가 치러졌고, 경성제국대학 연습림 편입과 연초전매제도 실시에 따른 농민들의 고통 등 지방의 각종 문제에 대해서 언론사들이 관심을 가질 것을 결의했다. 일본 경찰들이 임석하여 감시했지만 별다른 충돌은 없었다. 그렇지만 안재홍은 오랜만에 새봄의 기운을 직접 보고 느낄 수 있는 이 기회를 놓치지 않았다. 적어도 3박 4일은 머물렀을 그곳에서 하동과 쌍계사의 봄 향기를 듬뿍 담은 기행수필 「목련화(木蓮花) 그늘에서」를 썼던 것이다. "아침에 일어나 계곡에 나가 수세(漱洗)하니 소폭(小瀑)이 담(潭)을 이루고, 청렬한 물맛이 비길 데 없다."로 시작하여 연꽃과 백합, 거재수(巨梓水)와 고리실나무 수액, 예수 그리스도와 부처, '청연거사(靑蓮居士)' 이태백 등에 대한 이야기가 물 흐르듯 지나간다. 그러면서 "꽃의 군자"인 목련화가 은은한 달빛에 비치어 그 "청염(淸艶)한 기품(氣品)이 자못 표일(飄逸)"하다고 묘사했다. 그는 꽃이 피고 지듯 인생이 덧없다 할지라도 "짧은 인생으로 오히려 만세(萬世)에 썩지 않는 존귀한 가치를 남기려고 하는 곳"에 삶의 보람이 있을 것이라고 썼다. 그러면서도 "궁통영옥(窮通榮辱)은 인세(人世)의 상태(常態)요, 희로향락(喜怒享樂)은 심해(深海)의 포말(泡沫)"이라고 글을 맺어 치열한 삶 속에서도 구차한 형편들을 초탈한 마음의 평정을 주문했다.[12]

직설탁견으로 일제를 비판하다

1926년에 들어서면서 《조선일보》 주필로서 안재홍의 비판적 언론 활동은 더 활발해졌다. 우선 2월 12일에 이완용이 사망하자, 안재홍은 그가 한일합병의 "조선 측 당로자(當路者)"로서 "동양평화(東洋平和)의 구실로써 한국을 병합"했던 일본의 "괴뢰(傀儡)"였다고 비판했다. 그리고 "만세(萬世)에 씻지 못할 매국(賣國)의 죄역(罪逆)을 저질렀던" 이완용은 "능히 권세에 영합하고 기회를 응변(應變)하여 정해(政海)의 유영(遊泳)에 독특한 교지(巧智)를 발휘하여 친로(親露)로부터 친일(親日)에 돌변(突變)하고, 필경은 이천수백만의 대중을 반역한 원악대죄(元惡大罪)를 지은 것은, 오로지 그 간흉강퍅(奸凶剛愎)한 소성(素性)에 인(因)함이다."라고 지적했다.[13] 또한 당시 조선총독부가 동양척식주식회사(東洋拓殖株式會社)를 내세워 전국의 토지를 측량하면서 농민들의 토지를 탈취하여 이에 불만을 품고 저항하던 농민들이 농경을 포기하고 만주로 대거 이주하는 경향이 일어나자, 안재홍은 이를 문제시하고 비록 당장 가능한 일은 아니겠으나 농민들에게 힘들어도 농토를 빼앗기지 말고 지켜 농사를 짓지 않으면 영영 나라를 회복할 기회조차 저버리는 것임을 상기시키는 「농민도(農民道)의 고조(高調)」라는 사설을 썼다. 그는 그동안 조선 사회는 노동을 천시하는 풍조로 "실천역행(實踐力行)을 등한시"했음을 비판하고 이제는 글 읽기나 좋아하는 관념적인 "서생도(書生道)" 대신 "건실질박(健實質朴)한 농민도(農民道)"를 더욱 고조시켜야 한다고 쓰고, 이어서 다음과 같이 외쳤다.

조선은 내 나라이다, 나의 향토(鄕土)이다, 생활의 근거지(根據地)이다, 문화 발전의 토대이다, 세계로의 발족지(發足地)이다. 이 나라의 논밭은 조선인이 먼저 갈아야 하겠고, 땅의 벌과 비탈과 진펄과 개골창은 조선인이 먼저 이룩하고 갈아먹어야 한다. 그것을 할 수 없는 곳에, 함께 일어나 지켜야 하고 싸워야 하고 고쳐야 하고, 편리할 것을 발명하여야 하고, 새 제도를 세워야 하고, 이를 장해(障害)하는 어떤 놈이고 부숴 치워 버려야 할 것이다. 한 노릇 다 해 보고, 쓸 재주 다 써 보고, 부릴 부지런 다 부려 보아도, 끝끝내 생활할 수 없고 자꾸만 쫓겨 갈 밖에 없고 헤어져 없어질 밖에 없는 형편이면, 벙어리가 되어라. 문문히 가지 말아라. 조선이란 우리의 나라이다. 온갖 것에 우선권(優先權)이 있다. 땅에고, 공장에고, 산에고, 바다에고, 직업에고, 의식에고, 조선인이 반듯이 또 마땅히 우선권을 가져야 한다. 이런 것에 발바투 덤벼서 요구하고, 싸우고,

지키고, 찾아오고, 그것이 모두 틀리는 곳에 더욱 큰 가장 무서운 방책(方策)을 채용하는 것이 농민도의 본령(本領)이다. 귀추(歸趨)이다. 농민도는 고조하여야 한다.[14]

안재홍이 이 사설을 쓴 때는 마침 시인 이상화(李相和, 1901~1943)가 잡지 《개벽》에 「빼앗긴 들에도 봄은 오는가」를 발표했던 해였다. 이상화 역시 "내 손에 호미를 쥐어 다오. 살찐 젖가슴 같은 부드러운 이 흙을 팔목이 시도록 매고 좋은 땀조차 흘리고 싶다. …… 그러나 지금은 — 들을 빼앗겨 봄조차 빼앗기겠네."[15]라고 울분을 토로했다. 이상화는 시(詩)로써 당시 조선 농민들의 실존을 드러내고 봄이 기어이 오고야 말듯이 끝내 농토를 지켜 해방의 그날을 소망하자는 메시지를 전했던 것이다.

그리고 이해 1926년 4월 2일, 순종(純宗)이 승하하고 금호문(金虎門) 부근에서 송학선(宋學先)이 사이토(齋藤實) 총독을 습격하는 일이 발생하면서 민심이 술렁거렸다. 이즈음 안재홍은 5월 1일 어성복(御成服)의 날을 보낸 다음 날, 「통곡(慟哭)하는 군중의 속에서 — 조선인 동포에게 소(訴)함」이라는 제목의 사설을 썼다. 그는 이 사설에서 조선왕조의 마지막 왕인 순종의 승하를 슬퍼하는 민심을 의식하고, 2000여 년 동안 망국(亡國)의 한(恨)을 품고 예루살렘 성벽에서 해마다 울부짖고 있는 유대인들에게 아무런 관심도 보이지 않고 있는 당시의 국제 정치적 현실은 "세계적 살풍경(殺風景)"이요, "20세기 인류의 일대하자(一大瑕疵)"라고 지적함으로써, 조선과 같은 피압박 식민지에 대한 국제적 관심을 촉구했다. 이것은 일제 치하의 식민지 조선은 언급하지 않고, 대신 당시 나라를 빼앗기고 세계 각지로 흩어져 유랑하는 대표적인 민족이던 유대 민족을 예로 들어 제국주의적 국제 현실을 비판하는 예리한 통찰이었다. 그러면서도 안재홍은 조선 민중이 산발적이고 감상적인 슬픔에만 머무르며 "둘레고 마는 것(야단스럽게 떠드는 것)"은 매우 후회스러운 일이고, 그러기에 이제 그만 슬픔을 떨쳐 버리고 곧 "깨어서 결심할 바를 알고, 결심하여 지속할 바를 지키는 것"이 매우 중요하다고 강조하였다. 순종의 장례일이던 6월 10일을 나흘 앞둔 6월 6일 대규모 항일민중운동 계획이 발각되어 200여 명이 검거되었고, 장례 당일 다시 200여 명이 검거되었는데 안재홍은 계속해서 총독부와 일제를 비판하는 시평이나 사설을 씀으로써 민중의 독립정신을 고취하였다.[16] 또 이듬해인 1927년 7월에는 「제왕(帝王)의 조락(凋落)」이란 논설을 통해 루마니아의 페르디난트 황제가 사망했다는 소식을 언급하면서 이것은 군주제의 퇴조가 당시 세계 정치상의 중요한 경향임을 보여 주는 것이라고 주장하였는데, 총독부는 이것이 "일본 황실을 모독하는 전례 없는 불경"이라고 규정하여 이 논설을 압수하고 《조선일보》의 출판 및 배포를 전면 금지시켰다.[17]

이렇듯 3·1운동 이후 식민지 조선에서는 민족진영 지도자들의 활발한 항일 활동들이 이어졌다. 그리고 1917년의 러시아혁명 이후부터는 우리나라에도 사회주의 세력이 등장해 민족진영과 경쟁하면서 곳곳에서 마찰과 충돌을 일으켰다. 이때 사회주의 운동 세력들 속에는 단단한 조직 투쟁으로 민족해방을 우선시하는 경향이 노농(勞農) 소비에트 건설과 같은 사회주의혁명을 강조하는 흐름과 서로 섞여 있었다. 그렇지만 사회주의적 계급혁명에 대한 심도 있는 이론적 이해와 분석 능력을 제대로 갖추고 그것을 노골적으로 표출하지는 않았던 것 같다. 예컨대, 상해파 고려공산당 이동휘(李東輝) 위원장은 코민테른의 자금을 받아 활동하면서도 "나는 공산주의가 무엇인지 아무것도 모르는 사람"이라고 스스로 말했었고 임시정부의 국무총리로도 활약했다. 그렇지만 러시아혁명의 영향은 커서 노동조합이나 농민조합들이 전국 단위로 결성되어 각종 파업과 쟁의가 빈발했다.[18]

이런 상황에서 나석주(羅錫疇, 1892~1926) 의사의 폭탄 투척 사건이 서울 한복판에서 발생했다. 그는 황해도 재령 출신으로 김구가 세웠던 양산학교(楊山學校)에서 공부하고, 중국에 건너가 신흥무관학교를 졸업했으며, 이어서 김원봉(金元鳳)이 이끄는 의열단에 가입했다. 그는 상해에서 김창숙(金昌淑) 등 독립운동 지도자들과 의논한 후, 1926년 12월 26일 귀국하여 이틀 밤을 지낸 뒤인 28일 서울에 있는 식산은행(殖産銀行)과 동양척식주식회사에 연이어 폭탄을 투척했다. 비록 모두 불발이었으나 그는 가지고 있던 권총으로 일본인 1인을 사살하고 도망가다 붙잡히면서도 "나는 조국의 자유를 위해 투쟁했다. 이천만 민중아, 분투하여 쉬지 말라!"고 외친 후, 그 자리에서 자결했다. 그런데 나석주는 이런 행동을 개시하기 전에 유언장(遺言狀) 같은 글을 《조선일보》에 보낸 일이 있었다. 이러한 사실을 이미다 알고 있었던 종로경찰서는 이것을 빌미로 신문을 연거푸 압수하고, 안재홍을 포함한 주요 간부들을 소환하고 심문했다. 그렇지만 일본 경찰의 수사와 심문에 임하는 주필 안재홍의 태도는 협조적이기는커녕 고분고분하지도 않았다. 이에 모리(森) 종로서장은 "안재홍이는 범 같은 녀석이다. 그놈이 있는 이상 나는 서장 노릇도 못해 먹겠

다."고 분해했다고 한다.[19]

　한편 이즈음 만주에서는 이곳에 집단으로 이주해 살고 있던 조선인에 대한 중국인들의 민족 감정이 매우 부정적으로 발전하여 만주지역 조선인들은 여러 가지로 핍박받고 소외당하고 있었다. 당시 중국인들은 중국에 있는 조선인 사회의 발전을 일본 제국주의의 대륙 침략 정책의 전위(前衛)로 간주했고, 또 조선인 중에는 공산주의자가 많이 있으며, 조선인 무장 단체들의 활동으로 중국과 일본 사이에 원치 않는 국제 분규가 발생하는 것을 염려하여 조선인을 학대하고 축출하려고 기도하였던 것이다. 이러한 사태에 대응하여 전국의 각 사회단체 대표들은 《조선일보》와 신간회의 주도로 서울에 집결하여 재만동포옹호동맹(在滿同胞擁護同盟)을 결성하고, 안재홍을 위원장으로 선출하였다. 1928년 1월 초 안재홍은 「재만 동포의 제(諸)대책」이란 제목의 연이은 사설을 통해 중국인들의 조선인 탄압의 불합리성을 비판하고 동시에 그 합리적인 해결책의 하나로 중국 내 조선인들의 중국민으로의 입적(入籍)이 필요하고, 당시 조선은 물론 베트남, 태국, 버마 등지에 살고 있는 약 212만 이상의 중국 화교(中國華僑)가 아무런 불편 없이 살고 있는 점을 중국 정부는 재인식할 필요가 있다고 역설하였다.[20]

　1928년 1월 안재홍은 《조선일보》에 사설 「보석(保釋) 지연(遲延)의 희생」을 써서 일본 제국주의의 비합리적인 감옥 제도 운용 실태와 고문 등 감옥에서의 비인도적 처사를 비판했다. 이로 인해 당시 발행인이었던 안재홍은 또다시 옥고를 치르게 되었다. 이 논설의 발표와 신문 발매가 금지되고, 《조선일보》가 압수되는 한편, 경찰은 당시

《조선일보》의 발행인이었던 안재홍과 편집인 백관수, 기자 이관구 등의 가택을 수사하여 안재홍, 백관수는 구속 기소하고 이관구는 불기소처분을 내렸다. 또 이것으로 인하여 안재홍은 금고(禁錮) 4개월의 옥고를 치렀다.(제2차 옥고)[21]

1928년 5월 안재홍은 《조선일보》 사설 「제남사건(濟南事件)의 벽상관(壁上觀)」을 통해 일본 수상 다나카의 군사 침략으로 점철된 개인 이력을 들춰 가며 일본의 중국 침략을 비판했다. 이 일로 《조선일보》는 정간되었고, 주필이었던 안재홍은 구속되어 8개월의 징역을 살았다.(제3차 옥고) 이러한 일제의 탄압은 《조선일보》와 신간회를 분리시킴으로써 신간회운동이 전국적으로 확산되는 것을 방지하기 위한 것이었다.[22] 1929년 1월에 석방되어 《조선일보》에 복귀한 안재홍은 부사장이 되어 다시 신간회 활동에 임했고 생활개신운동을 주도하였다.[23] 1929년 3월부터 《조선일보》가 주도했던 생활개신운동은 색의단발(色衣斷髮)운동, 건강증진운동, 상식보급운동, 소비절약운동, 허례폐지운동 등 5가지를 주요 내용으로 삼았다. 또 당시 《조선일보》와 《동아일보》는 모두 학생들의 농촌계몽운동으로 귀향 남녀 학생들의 한글보급운동을 적극적으로 전개했으며, 당시 《조선일보》는 이것을 연례 캠페인으로 추진하였다. 이러한 생활개선운동은 후에 민력양성운동(民力養成運動)에 큰 힘이 되었던 농촌계몽운동을 불러일으키는 계기를 이루었으며, 문맹 퇴치의 목적과 함께 일제의 한민족 문화 말살 정책에 대한 저항에서 비롯된 것이다.[24]

1929년 11월 광주학생독립운동이 일어났을 때 신간회의 지도자들은 같은 해 12월 광주항쟁진상보고대회를 서울에서 개최키로 하

1919년 청년외교단사건으로 투옥된 이후 안재홍은 일제를 비판하는 논설과 항일 활동으로 모두 아홉 차례 옥고를 치렀다.

고 이를 위해 노력했으나, 워낙 철저한 일본 경찰의 예비검속으로 사전에 발각되어 조병옥, 허헌, 홍명희, 이관용, 김무삼, 이원혁 등 47명의 신간회 간부들이 구속되어 3년의 징역형을 받았다. 이때 안재홍은 형을 산 지 얼마 안 되었기 때문에 구속은 당했으나 기소되지는 않았다.(제4차 옥고)[25]

　　안재홍은 언론 활동을 계속하면서도 일본의 만주 침공으로 더욱 심각한 곤경에 처하게 된 만주 동포들의 구제 사업에 힘을 쏟았다. 중국군과 일본군이 충돌하는 사이에서 재만 동포들이 애매하게 학살당하고 박해받는 사태가 속출하자, 1931년 10월 27일 윤치호(尹致昊) 등 60여 명의 각계 인사들은 종로 기독교청년회관에 모여 만주

동포조난문제협의회(滿洲同胞遭難問題協議會)를 구성하였고, 이 첫 모임에서 사회를 보았던 안재홍《조선일보》사장은 이 협의회의 조사선전부 상무(常務)를 맡았다. 동 협의회는 만주에 대표를 파견하여 진상을 조사케 하는 한편 각 언론기관을 통해 구호금을 모으는 일을 대대적으로 전개하였다. 그러나 언제라도 안재홍을 요주의 인물로 감시하던 일본 경찰은 이 일에 깊이 관여하고 있던 안재홍 사장과 이승복 영업국장을 공금 유용 혐의로 구속했는데, 안재홍으로서는 이것이 제5차 옥고였다.[26] 조선총독부는 1932년 3월 25일 이 만주동포조난문제협의회를 해체해 버렸다. 그러나 이는 대한제국기 대한매일신보사에서 국채보상금으로 들어온 성금을 유용했다는 억지 구실로 양기탁(梁起鐸)을 잡아 가둔 것과 유사한 형태의 사안으로, 총독부 측으로서는 골칫거리였던 안재홍을 사회적으로 격리시키고자 기도했던 고육지책이었다.

민족협동전선, 신간회에 적극 가담하다

한민족에 대한 경제적 착취와 문화적 동화정책으로 한민족 자체를 말살하려 했던 일본 제국주의는 3·1독립운동 이후 경찰과 군대를 동원한 무단통치에서, 이른바 문화정치(文化政治)로 식민지 통치의 기조를 바꾸었다. 즉 식민지 조선에서 '자유로운' 사회문화 활동을 허용함으로써 보다 지능적인 수법을 활용하여 조선 민족을 회유하고 동화시키려고 하였으며, 여기에 협조적인 조선인들을 사이비 민족운동이나 친일적인 정치 활동으로 유도했던 것이다.[27] 일본 제국주의의 이 같은 문화정치 정책은 1920년대 항일민족운동의 사상적 분화와 관련 단체 사이의 갈등을 초래하였는바, 당시 조선의 지식인 사회는 사상적 지향과 일본 제국주의에 대한 대응 방식에 따라 친일 세력, 타협적 자치운동 노선, 비타협적 반제국주의 노선, 혁명적 사회주의 노선으로 나누어졌다. 안재홍은 이들 사이의 차이를 일별하여 각각 '최우익', '우익', '좌익', '최좌익'이라 명명하였다.[28]

타협적 자치운동론자들은 대체로 민족개량주의, 실력양성론 또는 문화운동론과 같은 견해를 표방하면서 조선인이 스스로 독립할 능력이나 실력이 없기 때문에 일본의 식민지가 되었으며, 따라서 반일적인 항의나 시위보다는 일본으로부터 기술이나 학문을 열심히 배우고 실력과 자본을 축적한 다음 일본이나 그 밖의 국제적인 세력의 도움을 받아 정치적으로 독립할 준비를 해야 한다는 입장이었다. 그래서 이들은 항일 또는 반일적인 사회운동을 추진하기보다 조선 민족을 개조하고 한반도를 일본이나 서구 국가들처럼 근대화시킬 필요성이 있다고 강조하였다. 이들은 한편 조선의 식민지 상황을 단기적으로는 돌이킬 수 없는 조건으로 인식하고, 일단 그것에 적절하게 적응하고 일제의 통치하에서 조선 민족의 자치를 실현할 목적으로 나름대로 합법적인 정치 결사체를 조직하자는 논리를 전개하였다.[29]

비타협적 반제국주의 노선을 추구했던 이른바 '좌파' 사람들은 시위 또는 불복종 등의 대중적 항일운동을 추진하고, 각종 언론 매체나 교육기관 및 사회운동 단체에 종사하면서 독립정신과 민족의식을 고취하고 앙양하는 데 앞장섰다. 이들 역시 실력양성운동이나 물산장려운동을 벌이기도 했으나 항일을 전제로 한 것이었다. 안재홍은 특히 자치운동을 맹렬히 비난하였는데, 그는 자치운동을 출발에서부터 그릇된, 그리고 관제적 타협운동이라고 규정하면서 자치운동은 첫째로 소아병에 걸릴 것이요, 둘째로는 허약한 발육으로 결국 요절할 수밖에 없을 것이라고 비판하였다.[30] 비타협 노선을 따랐던 사람들은 안재홍과 같이 주로 중소 부르주아지, 영세 상공인들, 영세 자작농과 지주들을 대변하고자 했던 인사들이었으며, 앞에서 언급한 바와 같은 타협적 자치론자들은 주로 상층 부르주아지를 대변하고자 했던 사람들이 많았다. 비타협주의자들은 항일적 입장에서 공산주의자들과의 연합 전선도 꾀했으며, 사상적으로 사회주의적 성향을 띠기도 했으나 각종 폭력을 동원하고 국제공산주의운동과 연계해서 활동하던 극좌적 공산 계열과는 분명히 구분되었다.[31]

그런데 이러한 민족운동의 사상적, 전략적 분파 현상을 대체로 구별해 보면 김성수·송진우의 《동아일보》계, 윤치호가 중심이 된 기독교 세력, 그리고 최린 등을 중심으로 하는 천도교 신파는 타협적 자치론으로 보수적 우파의 민족진영을 형성한 반면 신석우, 안재홍, 한기악, 백관수, 김준연, 홍명희, 권동진 등을 핵으로 하는 《조선일보》계는 비타협적 반제국주의 노선에서 당대에 독립 쟁취를 주장하는, 당시로서는 '급진적인' 항일투쟁 노선을 대표하는 세력이었다.

한편 3·1운동 이후의 국내 사회주의 운동은 노동쟁의의 전개, 노동공제회(1920), 제1차 조선공산당(1925. 4), 제2차 조선공산당(1926. 2) 등의 활동을 계속하는 동안 주요 지도자들이 조선총독부가 공포한 치안유지법(治安維持法)에 의해 체포되는 등 조직적인 활동이 불법으로 억압당하자 신흥 급진 세력만으로는 민족독립운동이 성공할 수 없음을 깨닫고, 민족주의 세력과 제휴하여 조국 광복의 공동 목표를 달성하는 것을 제1의 지상 과제라고 생각하게 되었다. 이러한 생각은 민족진영의 인사들도 마찬가지였는데, 이렇게 당시의 항일민족운동이 좌우의 제휴와 협력으로 단일 전선에 의해 추진될 필요성이 점차 부각되기 시작하였다.[32]

이러한 가운데 일본에서 사회주의적 사상운동을 접하고 귀국한 안광천(安光泉), 하필원(河弼源) 등을 중심으로 한 일월회(日月會) 멤버들은 "조선의 과거 사회운동은 분열과 당쟁으로 시종하여, 소수의 파쟁론자들에 의해 좌우되었다. 운동의 장래는 단결과 대중의 의식여하에 달려 있다. 조선의 사회운동은 민족운동을 도외시할 수 없다."는 내용의 정우회선언(正友會宣言)을 발표하고, 국내 각파 간의 행동 통일에 의한 민족운동의 전개를 강력하게 주장하였다.[33] 이때 혁명적 사회주의 운동은 일제에 저항하던 많은 공산주의자들이 구속되고, 경찰의 예비검속과 감시로 크게 위축된 상태였다. 그리하여 공산주의 활동의 방향 전환을 주장한 일월회 멤버들의 의견이 상당히 설득력 있게 받아들여졌다. 신간회가 창립된 객관적 배경은 민족협동전선론과 반자치론이었는바,[34] 당시의 사회주의자들이 이에 가담했던 배경에는 코민테른의 식민지 조선에 대한 통일전선론[35]과, 특히 전술상으로는 일정 부분 후쿠모토이즘(福本主義)이 반영되어 있었다.[36]

한편 비타협 민족운동을 전개하던 민족주의자들도 일제의 보다 강화된 통제와 탄압으로 전 민족적으로 더욱 단결된 민족운동의 필요성을 절감하고 있었다. 특히 총독부가 선호하는 타협적 자치운동과 같은 친일 정치사회 운동을 반대하면서도 '문화정치'로 어느 정도 허용된 '자유로운' 활동 공간을 최대한 활용하면서 민족의식 고취와 반일운동을 지속하고자 했다. 그래서 이 시기에는 적어도 비타협 민족운동 단체와 정우회선언에 동조하는 공산주의자들 사이에 전략적 협조의 가능성과 필요성이 크게 부각되고 있었다. 그러나 1925년 여름부터 조선총독부가 자치론을 다시 부추기고 일부 인사들이 이에 구체적으로 동조하는 움직임이 일었다. 이해 7월 1일부터 14일까지 열렸던 제1차 태평양회의에서 일본 측 회원인 이즈모토(頭本元貞)는 일본이 조선에 대해 자치를 허용할 것을 고려하고 있다고 발언했고, 11월에는 총독부 기관지《경성일보》의 소에지마(副島道正) 사장은 총독부 측과 사전에 상의하고《동아일보》및 천도교 측에게 미리 귀띔한 다음, 여론을 떠보기 위해 조선에 자치제를 실시해야 한다는 주장이 담긴 글을 게재했다. 그리고 이때 송진우, 김성수, 최린 등은 수시로 회합을 갖고 자치운동으로의 방향 전환을 협의하면서 나름대로 세 결집에 나섰는데, 천도교 신파,《동아일보》, 안창호의 수양동우회, 천도교 신파 산하의 조선농민사 등이 그 잠재적 기반으로 간주되었다.[37]

1926년에 들어서면서 이렇게 자치론이 다시 대두되고 있을 때, 그러한 타협적 움직임과는 반대로 신간회와 유사한 형태의 민족협동전선인 조선민흥회(朝鮮民興會)가 먼저 만들어졌다. 조선민흥회는 조선물산장려회 계열의 민족주의자들과 서울청년회 계열의 공산주의자들 사이의 제휴로 이루어진 것이었다.[38] 바로 이즈음 안재홍은 천도교 구파 세력 및 공산주의 세력과 힘을 합쳐 전국 규모의 민족단일당, 혹은 민족협동전선인 신간회를 출범시키는 데 중요한 역할을 하게 된 것이다.[39] 이해 겨울 신간회를 결성하기 위한 비밀 모임이 안재홍의 집에서 있었다.[40] 안재홍은 1927년 1월 10일자 《조선일보》를 통해 신간회는 일제에 대해 비타협적인 '좌익' 민족운동으로서 타협적이고 순응적인 '우익' 노선에 반대하고 계속해서 항일운동을 추구해야 한다고 주장하였다. 그는 또 국내의 홍명희와 계속 소통하는 것은 물론 중국 상해에 있던 신채호(申采浩)에게는 별도의 편지를 보내면서까지 이들이 신간회의 발기인으로 참여하도록 주선하기도 했다. 안재홍의 설명에 따르면, 신간회의 '신간(新幹)'은 나무의 새순, 새줄기를 의미하는 것으로서 "고목에서 나오는 새로운 줄기"라는 의미의 '고목신간(枯木新幹)'이라는 한자말을 따온 것이었다.[41]

　　신간회는 당시 《조선일보》의 사주(社主)였던 신석우가 주도했으며, 그는 화요회·북풍회·서울청년회 등의 공산주의자들, 그리고 최린과 송진우의 타협적 자치운동론에 반대하는 민족주의자들이 성공적으로 단합하여 창립한 최초의 전국 규모 민족협동전선이었다.[42] 특히 신석우를 비롯한 《조선일보》 내 비타협 민족운동론자들은 민족적 항일운동이라는 대의(大義)에서 공산주의자들과 합작하는 전략에 대해 긍정적으로 생각하였으며, 그 결과 창립 초기부터 신간회의 활동을 주도해 나갈 수 있었다. 신간회 초대 회장에는 《조선일보》 사장을 지낸 이상재가 피선되었는데, 이는 부사장 신석우의 적극적인 권유 때문이었다. 즉, 이즈음 이상재는 《조선일보》 사장직에서 물러나 노환으로 와병 중에 있었기에 신간회 회장직을 계속 사양하고 있었는데, 신석우가 와서 "선생님이 아니 나오시면 뒤를 따를 사람이 없

1927년 신간회 창립 당시. 1931년까지 이어진 신간회는 민족주의 진영이 주도하고 사회주의 진영이 참여했던 최초의 전국 규모 민족협동전선이었다.

습니다. 신간회장이 되시는 게 그렇게 무서우십니까?"라면서 계속 설득하여 결국 회장직을 수락한 것이다.[43]

　이 당시 《조선일보》 주필이었던 안재홍은 신간회의 조사연구부 총무간사로 활동하였으며, 이승복은 선전부 총무간사, 홍명희는 조직부 총무간사, 박동완은 재정부 총무간사, 권태석은 서무부 총무간사, 신석우는 정치문화부 총무간사, 최선익은 출판부 총무간사를 각각 맡았다.[44] 이때 안재홍을 비롯한 신간회 주요 간부들은 이 조직의 전국적인 확대를 위해 각 지역에 신간회 지부를 창설키로 하고, 지방 도시를 순회하며 강연을 하기로 하였다. 안재홍은 주로 경기도와 평안도 지역을 순회하며 보다 효과적인 항일투쟁을 위한 민족 대단결의 중요성을 강조하는 연설을 했다.[45] 그는 일본 유학생들의 신간회 참여를 적극 권장하기 위해 동경에 파견되기도 하였는데, 신간회 동경지회는 1927년 5월 전진한(錢鎭漢)에 의해 창설되었다.[46]

안재홍은 또 1927년 9월 4일 경북 상주(尙州)에서 신간회 지회 창립을 축하하는 연설을 했는데, 이때 그는 당시의 식민지 조선 상황을 다음과 같이 비판적으로 평가했다. 첫째, 비록 1919년의 3·1독립운동이 일제에 의해 진압당하기는 했지만, 그것은 조선 민족으로 하여금 성공적인 독립운동을 보장하는 것은 오로지 완전한 민족적 단결뿐이라는 중요한 교훈을 남겼다. 둘째, 일제의 문화정치에 의한 교육정책은 필시 조선 민족의 정신, 즉 민족혼(民族魂)을 파괴시킬 것이기 때문에 조선 민족 우선의 교육정책이 새롭게 시행되어야 한다. 셋째, 지금 모든 산업, 경제정책이 일본의 제국주의적 이해관계에 따라 시행되고 있기 때문에 조선 민족은 완전한 파멸 상태로 전락하고 말 것이다. 이러한 안재홍의 연설은 일본의 식민지 정책의 핵심을 간파한 것이었는데, 이것을 알아차린 일본 경찰은 즉시 안재홍의 다음 행선지인 전남 나주에서의 연설을 중단시켰다.[47]

1928년에 들어서면서 신간회운동은 일제의 심한 탄압과 대중집회 금지 조치로 크게 침체될 수밖에 없었다. 그러나 안재홍은 이같은 "특수한 정세하에 있는 조선의 현실에서" 신간회가 추진해 나가야 할 구체적인 당면 과제를 적시했다. 첫째, 국민의 대다수를 차지하는 농민들에 대한 지속적인 교양 교육, 둘째, 경작권의 확보 및 외래 이민의 유입 방지, 셋째, 조선인 본위의 교육 확보, 넷째, 언론·

집회·결사·출판의 자유 획득 및 이를 위한 운동, 다섯째, 협동조합
운동의 지도 및 지지, 여섯째, 흰옷이나 상투 대신 색깔 있는 옷 입기
와 단발머리하기 등이 실천되어야 한다고 역설했다.[48] 그리고 홍명희
가 신간회운동에 전념하기 위해 오산학교(五山學校) 교장직을 사임한
뒤 생활 형편이 어렵게 되었다는 소식을 듣고, 그의 박식과 문재를
높이 평가했던 주필 안재홍과 사장 신석우는 홍명희로 하여금 「임꺽
정전」을 《조선일보》에 연재하도록 주선했다. 연재는 1928년 1월 21일
부터 시작되었다.[49]

안재홍이 신석우의 뒤를 이어 《조선일보》 사장으로 취임했던
1931년 5월 신간회는 해산되었다. 신간회 해소는 공산주의자들이 신
간회운동을 더 지속해 봐야 자기들로서는 아무 소득이 없고 민족진
영에게 도움만 줄 것이라는 전략적 판단에 기인한 것이었다. 당시 공
산주의자들 사이에도 이른바 진정한 민족 대단결을 위해서는 공산당
을 완전히 해체해야 한다는 이른바 청산론(淸算論)이 제기될 정도로
신간회는 비타협적 민족주의자들에 의해 주도되었다. 그리하여 공산
주의자들은 신간회운동을 통해 민족주의자들만 이득을 볼 뿐이며
민족주의자들이 신간회 활동 과정에서 공산주의자들의 영향력을 배
제하려고 기도하고 있고 실제로 프롤레타리아와 농민들에 대한 고려
가 매우 소홀하다고 비판하면서 신간회의 해소를 주장하였다.[50]

안재홍은 공산주의자들의 이러한 비판에 정면으로 대응하였다.
안재홍은 우선, 공산주의자들의 신간회 해소론은 "민족 그 자체의
존재"를 근본적으로 무시하는 매우 불온한 '국제연장주의적(國際延長
主義的)' 태도에서 비롯된 것으로 단정하고, 어떠한 정치 이데올로기

나 정치운동이든 그 전략과 이념적 원칙 때문에 민족주의를 부정하는 것이 정당화될 수 없다고 반박했다. 그는 식민지 조선과 같은 '후진' 국가들에 있어서 반제국주의적 민족주의는 일본이나 이탈리아 같은 '선진' 제국주의 국가들에 있어서의 파시스트 국가주의와 반드시 구분되어야 한다고 주장하고, 공동운명의식과 민족 대단결의 정신이 민족 내 모든 구성원 사이에 공동으로 인식될 수 있는 '민족 융합 과정'이야말로 피식민지 국가들에서의 효과적인 민족투쟁에 필수 불가결한 요소라고 주장하였다.[51]

　　이러한 안재홍의 논박과 비판에도 불구하고 신간회는 공산주의자들의 방해 공작과 일제의 탄압으로 결국 해체되고 말았다. 안재홍은 먼저 서정희, 이종린과 같은 사람들과 함께 신간회가 없어진 이후에 항일 활동을 어떻게 지속할 것인가를 상의하고, 안창호(安昌浩) 계열의 이광수, 조만식, 김성업 등과도 협의하여 민족단체통제협의회(民族團體統制協議會)를 구성하고자 시도하였다. 그러나 이것도 공산주의자들의 비협조와 방해공작으로 성공하지 못하였다.[52]

민족혼을 지킨
조선 선비

민족문화운동을 주창하고 실천하다

1930년대에 들면서 일제는 당시의 세계적인 경제 대공황을 돌파하기 위한 방안으로 대륙을 침략하여 아시아 지역을 일본이 독점적으로 지배하는 하나의 경제권으로 만들고자 획책했다. 정치적으로는 군사 파시즘 체제가 본격화되었고, 대외적으로는 무력 패권주의로 제국주의적 팽창정책을 강화해 나갔다. 1931년 9월에 이른바 만주사변(滿洲事變)을 일으켜서 '꼭두각시' 만주국을 세웠고, 1937년에는 중국과 전쟁을 시작하여 남경(南京) 지역에서 약 30만 명의 중국인을 살해하는 대학살을 저질렀다. 이러한 가운데, 일제는 식민지 조선을 일본군의 군수품을 생산·조달하는 병참기지로 만드는 한편, 기만적인 '문화통치'를 폐기하고 경찰 및 주둔군을 증강 배치하면서 한글 사용 금지, 창씨개명, 사상 전향 등을 강요하며 한민족을 말살(抹殺)하고자 하는 '황민화(皇民化) 정책'을 강력하게 추진했다. 동시에 조선총독부는 공출, 징병, 징용, 정신대 차출 등과 같은 강압적인 방법으로 한국인들을 전쟁과 군수산업에 최대한 동원하고 활용했다.[1]

안재홍은 이러한 일제의 한민족 말살 정책에 저항하고 민족사 연구와 저술을 통해 독립자주정신을 고양하고자 노력했다. 그는 먼저 1930년 1월부터 《조선일보》에 「조선상고사관견(朝鮮上古史管見)」을 연재하기 시작했다. 이것은 후에 책으로 발간된 『조선상고사감(朝鮮上古史鑑)』 상·하권과 『조선통사(朝鮮通史)』의 기초가 된 연구로서, 단군 이래 조선 민족의 역사를 문화적 특수성과 강인하고 끈질긴 조선 민족의 생활력, 그리고 민족의 대외 투쟁사를 중점적으로 다룬 것이었다. 또 그는 1931년 6월부터 당시 13년의 징역형을 언도받고 중국 여순(旅順) 감옥에서 복역 중이던 단재(丹齋) 신채호(申采浩)의 한국사 관계 원고를 《조선일보》에 연재하게 했다. 안재홍은 후일 신채호가 쓴 『조선사』 권두에서 밝혔듯이 투철한 민족주의자로서 민족사학의 태두였던 단재 선생을 매우 존경하였다. 그는 단재보다 열한 살 아래였고, YMCA 중학부에 다닐 적부터 단재의 활동을 지켜보았고, 여러 사람이 함께 기거하는 우사(寓舍)에서 단재를 만난 적이 있으며, 1913년 상해(上海)에서 잠깐 동안 교류한 적이 있었다.[2]

이즈음 안재홍은 틈나는 대로 등산을 다녔다. 그러나 그것은 한가롭게 다니며 휴식이나 취하는 유람이라기보다 민족사를 되새기는 현장 답사의 성격이 강했다. 그는 1930년 7월 민족의 영산(靈山)인 백두산에 올랐고, 1934년 6월에는 단군 유적지로 전해지는 구월산에 올랐다. 그러면서 부지런히 산행기를 써 《조선일보》에는 「백두산등

1930년 백두산에서.

척기(白頭山登陟記)」를 두 달 동안 연재했고,《동아일보》에는 「장수산유
기(長壽山遊記)」와 「구월산등람지(九月山登覽誌)」란 제목의 글을 10회 연
재했다.[3] 그는 이 같은 산행기를 통해 조국 산하의 청량하고 아름다
운 풍광을 찬탄하고, 조선조 숙종 대에 세워진 백두산정계비(白頭山定
界碑)가 돌보는 이 없이 모진 비바람에 스러져 고단하게 누워 있던 모
습과, 단군(檀君)은 모계 중심의 성모사회(聖母社會)를 혁명적으로 대
신하는 남계 중심 사회의 군장으로 백두산의 아사달(阿斯達)에서 다
스렸음을 전했다. 그는 또 아사달이 있었던 구월산 지역에 산재해 있
던 여러 단군 시대 유적들을 탐방하고, 그 내용을 상세히 기록하기
도 했다. 「백두산등척기」에 실린 안재홍의 시조(時調) 「망천후(望天喉)」

는 특히 유명한 것으로 그가 별세했던 1965년 서울의 추모식에서 낭독되기도 했다.

이 몸이 울어울어 우레같이 크게 울어,
망천후 사자(獅子)되어 온누리 놀래고저,
지치다가 덜 깬 넋이 행여나 다시 잠들리.

이 산이 터지고 터져 오늘로 툭 터져서,
사납게 타는 불꽃 온세상 재 될세라,
빈 터에 새 일월(日月)이 하마 한번 비치리.

이 늪이 넘쳐넘쳐 순간에 와락 넘쳐,
엄청난 홍수(洪水)되어 이 강산 덮을세라,
대지의 낡은 꼴이 다 씻은 들 한(恨)되리.

저 숲을 다 조기어 억천호(億千戶) 집을 짓고,
남북만리(南北萬里) 넓은 벌로 한 마을 만들랐다,
없노라 하소하는 님 다 찾으면 어떠리.[4]

안재홍은 백두산을 다녀온 다음 해인 1932년 3월 만주동포 구호의연금 유용 혐의로 당시 《조선일보》 영업국장이던 이승복(李昇馥)과 함께 구속되어, 같은 해 11월 징역 8개월을 선고받고 미결통산(未決通算)으로 출옥했다.(제5차 옥고) 그 후 나빠진 건강을 회복하기 위해 독서와 등산 등으로 요양하며 지냈다. 그러나 신간회가 해소된 이후 정치운동이 사실상 불가능하게 된, 즉 대략 1935년부터 안재홍은 《조선일보》객원(客員)으로 「민세필담: 민중심화과정」, 「민세필담 속」, 「문화건설 사의」, 「사회와 자연성」, 「기대되는 조선」, 「국제연대성에서 본 문화특수과정론」 등과 같은 글을 연이어 발표함으로써 민족문화운동의 필요성을 주창하고 실천하기 시작했다. 또 그는 문자보급운동, 생활개신운동, 충무공현창운동, 그리고 조선학운동을 제창하거나 직접 간여했다. 그는 특히 이 같은 문화운동들을 '개량주의' 혹은 '파시스트 운동'이라고 매도했던 사회주의자들의 공세에 정면으로 대응하여, 민족의 처지가 아무리 암담할지라도 도피하지 않고 문화운동 차원의 공작이라도 펴는 것이 민족의 장래를 진지하게 생각하는 사람들의 책무라고 반박했다.

안재홍은 특히 20세기 상반기 세계 차원의 큰 흐름은 하나의 민족문화가 다른 민족문화들과 서로 공존하며 교호되는 가운데 발전해 나아가는 '민세주의(民世主義)'를 특징으로 한다는 입장을 취하며, 각종 문화운동과 조선학운동에 적극 참여하였다.[5] 그는 무엇보다도 일 국민이나 일 민족의 "정치적 성쇠(盛衰)는 역사적 인과율(因果律)"에서 벗어날 수 없고, 현재는 하나의 민족이 숙명적으로 주어진 국제 정세 속에서 그것을 거슬러 아무런 시도도 할 수 없는 매우 불행한 상황인바, "일대강맹(一大强猛) 열렬(熱烈)한 그러나 냉정평온(冷靜平穩)한 문화적 보급 및 그 승진 또는 심화에 전력"해야 한다고 주장했다.[6]

안재홍은 당시의 세계 정세를 조망하는 또 다른 글에서 20세기 인류 문화의 특징을 첫째, 각 민족이 "세계적 대동(大同)의 방향"으로 나아가고 있고, 둘째, 각 민족은 각자의 민족문화를 순화(純化)하고 심화하는 데 노력하고 있다고 파악하고, 민족의 향토 및 역사 연구와 타 민족문화와의 접촉과 교류를 통한 문화 발전은 조금이라도 소홀히 하여서는 안 되는 문제라고 강조하였다. 그는 웰스(H. G. Wells)의 소설 『미래의 형상』을 소개하면서 세계일가(世界一家)의 이상이 단순히 꿈일 수만은 없으되, 그것이 현실화되더라도 모든 사람의 이해관계에 맞아떨어진다고 장담할 수 없으며, 또 후진(後進) 국가들이 스스로 후진 상태에서 벗어나려는 노력은 하지 않고 통일된 세계국가의 시대가 오기를 기다리기만 한다면 그것은 거지 근성과 다름없다고 주장하였다.[7] 그는 같은 맥락에서 조선의 후진 상태는 구시대적인 고립적이고 배타적인 문화 정책으로는 되지 않고, 제(諸) 민족과의 상호 협조적인 관계를 전제로 하는 "세계적 자아관"에 입각하여 "그 사상에서 조선적이면서 세계적이요, 세계적이면서 조선적인 세련된 신자아(新自我)를 창건해야 한다."고 주장하였다.[8] 또 "국제성은 천하일률(天下一律)이 아니요, 특수성은 고립무아(孤立無我)가 아닌 것이니,"[9] 그래서 "민족으로 세계에, 세계로 민족에 교호(交互)되고 조합(調合)되는 민족적 국제주의-국제적 민족주의"[10]야말로 20세기 국제 정세의 큰 흐름이라고 정리하였다.

안재홍은 당시 공산진영이 민족의 처지와 민족문화를 무시하고 부인하는 경향을 보인 것에 대해 《조선일보》에 쓴 기명논설(記名論說)을 통해 그러한 주의주장은 논리적으로나 전략적으로 잘못된 것임을 일일이 지적했다. 당시 국제공산주의운동과 깊숙이 연관을 맺으며 활동하던 국내 공산주의자들은 민족운동 세력들을 '소부르주아적 배타주의' 혹은 '반동적 보수주의' 또는 '감상적 복고주의'로 매도하고 비판했는데, 안재홍은 이에 대해 정면으로 반박하고 부인했다. 즉 그는 당시 식민지 조선처럼 아직 후진(後進)에 처해 있는 국민이나 민족의 경우, 민족주의적 이니셔티브가 얼마든지 '진보 개혁적'이고 세계적인 차원에서도 충분한 의의를 지닐 수 있다고 주장했다. 다만 그러한 민족주의적 개혁운동이 국제사회에 의미 있게 적잖은 파동을 일으키는 경우가 있고, 오로지 특수한 민족적 처지에서 "다만 진정한 재각성의 단계로만 되어 다음날의 세련된 생활 집단으로서의 일정한 문화적 탄력을 함축하는 데에 그치는" 경우가 있을 뿐인바,[11] 안재홍은 당시 식민지 조선에서의 민족운동은 바로 후자의 사례에 해당할 것으로 간주하고 그 현실적 필요성과 장기적 효과를 강조하여 변론했던 것이다.[12]

이러한 인식을 바탕으로 안재홍은 동시에 민족문화운동의 주요한 부분으로서 조선학(朝鮮學) 진흥의 필요성을 자주 설파했다. 그는 조선학의 목적은 바로 "세계문화에 조선색(朝鮮色)을 짜 넣는 것"[13]이라고 말했다. 예컨대 한방은 보다 합리적인 진단과 처방을 위해 보완되어야 하고 양방은 조선의 자연환경과 생활환경 및 습속을 고려해야 한다고 주장하면서, 양자는 서로 "합류교치(合流交致)되어 가장 구전(俱全)한 제3의 의방(醫方)을 수립"[14]하는 것이 가장 좋다는 것이다. 안재홍에게 있어 조선학은 조선 후기의 실학(實學)을 염두에 둔 것이었다. 즉 그는 영·정조대 문예부흥기의 신기풍(新氣風)이었던 실학의 특징을 "조선아(朝鮮我)에 눈뜨고 민중적(民衆的) 자위(自衛)를 기획하는 기풍"이었다고 단정하였고, 이것을 조선학의 기반이자 목적으로 천명했던 것이다. 그래서 그는 학문적으로 정약용을 "조술확충(祖述擴充)"하는 자세를 견지했고, 민족과 민중의 시각에서 조선 현실의 모든 방면을 학문적 대상으로 삼고 그 해법을 찾기 위해 민족의 과거와 현재를 모두 탐구하는 실학을 조선학으로 인식했다.[15]

안재홍은 이와 관련하여 1934년부터 다산(茶山) 정약용(丁若鏞)의 문집인 『여유당전서(與猶堂全書)』를 위당(爲堂) 정인보(鄭寅普)와 함께 교열하기 시작했고, 이를 권태휘(權泰彙)가 경영하는 신조선사(新朝鮮社)에서 간행하기 시작하여 1938년에 완간하였다. 정약용의 옛 집은 경기도 양주군 와부면 능내리에 있었는데, 1925년의 홍수로 집이 떠내려가 이 책이 거의 없어질 뻔했지만 어떤 유지가 이것을 간행하기 위해 이사(移寫)해 두었다. 그것을 10여 년이 지난 후 신조선사의 권태휘가 주관하여 정인보와 안재홍이 4년 동안 교대로 교열하여 총 76책으로 간행하게 된 것이다. 이외에 그는 정약용에 관한 글을 《조선일보》와 《신조선》에 게재하기도 하였다.[16]

안재홍은 또 1935년 5월부터 「민세필담(民世筆談)」과 같은 일련의 민족문화 관련 논설을 여러 편 집필하였고, 7월에는 「조선신문소사(朝鮮新聞小史)」를, 8월부터 다음 해 4월까지는 「백악성담(白岳星譚)」이란 별자리에 관한 장문의 에세이를 연재하였다. 그는 우리가 자연의 아름다운 '풍경미(風景美)'와 함께 대우주의 '비오(秘奧)'를 감춘 듯한 "별나라의 찬란(燦爛)함"을 아주 귀한 보배로 갖추고 있음을 밝혔다. 그리고 '별'은 '배다(孚)'와 '얼(靈)'이 합쳐진 '배얼'이 변음된 것으로 풀이하면서 우리 선조들은 별을 단순한 물질적 존재라기보다 "따로 지배의 법력(法力)을 가진 미가지계(未可知界)의 무엇"으로 인식했다고 지적했다. 그는 우리 민족이 오랫동안 별들과의 교섭 속에서 문화를 발전시켜 왔고, 부여와 고구려는 별을 섬기는 '영성사직(靈星社稷)'이었다고 주장했다. 그는 태양이나 달을 포함한 각종 별들과 우주 일반에 대한 자연과학적 사실과 함께 춘하추동 각 계절의 우리 별들과 얽힌 민속 이야기를 소개했다.[17]

그런가 하면 1936년 2월 21일 신채호 선생이 중국 대련의 여순 감옥에서 뇌일혈로 쓰러져 별세했다는 소식을 듣고, 평소 그를 민족주의 사학자로 존경했던 마음을 담아 잡지 《조광》 4월호에 그의 역사 연구를 기리는 추모의 글을 기고했다. 이 글에서 안재홍은 "조선 신문계의 선배요 조선 사학계의 원로"인 단재 신채호는 비록 민족주의 사학자였지만 "조선인(朝鮮人)이란 편견에 말미암아 독단하는 폐를 힘써 벗은 자이다."라고 평가한 후, 그의 조선사 서술의 목적은 한민족 최초의 문명이 어디서 시발(始發)되었으며, 역대 강역(疆域)은 어떻게 변천했는지, 그리고 각 시대별로 사상은 어떻게 변화했는지 등을 밝히는 것이었다고 소개했다. 안재홍은 또 단재가 특히 조선 대중이 자기 비하적이고, 자기 불신적인 경향이 다분히 퍼져 있던 상황에 대처하여 고증(考證)에 힘쓰며 주로 조선 민족의 역사적 주요 사건들이나 주요 인물들을 드러내어 소개하는 역사 기술을 취했다고 평가했다.[18] 또 안재홍의 나이 46세이던 1936년 6월 《신동아》에 「나의 인생관」이란 글에서 "천도(天道)가 지극히 어진 것이니 인성이 반드시 어질어야" 한다고 생각했으며, 17~18세였을 때는 기독교를 옳다고 믿게 되어 사람이 죽으면 육체는 흙에서 났으니 흙으로 돌아가고 영혼은 대

우주의 어느 곳으로 돌아갈 것으로 믿었다고 회고하기도 했다.[19]

　같은 해인 1936년 5월 안재홍은 남경에 있던 민족혁명당의 김두봉(金枓奉)과 연락하여 정필성(鄭必成) 외 청년 한 명을 당시 중국 항주(抗州)의 군관학교 항공과에 밀파하려다가 발각되어 종로경찰서에 구속되어 2년 후에 2심 재판에서 2년의 징역형을 선고받았다.(제6차 옥고) 이것이 소위 군관학교학생사건(軍官學校學生事件)이다.[20] 그는 복역 중 1937년 보석으로 석방되어, 곧장 고향인 평택의 두릉리에 칩거하면서 『조선상고사감』을 집필하기 시작하였다. 이 책에는 「기자조선고(箕子朝鮮考)」, 「부여조선고(扶餘朝鮮考)」, 「부루신도(扶婁神道)」와 「불함문화론(弗咸文化論)」, 「조선상대지리문화고(朝鮮上代地理文化考)」 등이 포함되었는데, 그는 이로써 조선 역사와 조선 철학 및 문화에 대한 체계적인 저술을 시도하였던 것이다.[21] 그러나 그의 이러한 역사 서술 작업은 개인적으로 매우 불행한 상황을 겪으면서 진행된 고난의 길이었다. 보석으로 풀려나와 고향에서 머물 때인 1938년 4월, 안재홍은 1905년에 결혼한 부인 이정순(李貞純)과 사별하였다. 이때 그는 장남 정용(晸鏞)의 결혼을 준비 중이었는데, 이러한 형편을 감안하여 일부러 상고(上告)까지 진행하면서 예정대로 혼사를 치르기로 하였다. 물론 이렇게 황망한 중에서도 『조선상고사감』 집필 작업을 계속하였다. 그러나 장남의 결혼을 며칠 앞두고 그는 흥업구락부사건(興業俱樂部事件)으로 5월 22일 서대문서 경찰에 의해 또다시 구속되었다.(제7차 옥고)

　이때 흥업구락부에서는 하와이의 태평양회의(太平洋會議)에 대표자를 자주 파견하는 한편, 윤치호, 윤치소, 김성수, 김일선 등이 수만 원을 비밀리에 모아 미국으로 보내기도 하였다. 당시 미국에서의 독립운동을 제일 경계하고 있던 일본 경찰은 이러한 활동에 대한 확증을 잡기 위한 목적에서 흥업구락부의 간부들을 일망타진하려 했던 것이다. 당시 총독부는 이 사건을 매우 중요하게 취급했으나, 동경으로부터 사카타니(坂谷芳郎) 남작과 세키야(關屋貞三郎) 귀족원 의원이 서울로 급히 달려와 조선총독에게 "한국의 민족주의자들을 다 죽일 수는 없지 않으냐."고 신중을 기할 것을 권하여 구속되었던 인사들은 모두 재판에 회부되지 않았고 3개월 내에 석방되었다. 이때에 검거당해 심문을 받았던 사람들은 윤치영, 구자옥, 장택상, 안재홍, 유억겸, 최두선, 이춘호, 변영로 등 수십 명에 달했다.[22] 그렇지만 안재홍은 1936년의 군관학교사건의 상고심이 확정되어 징역 2년을 선고받고, 다시 서대문형무소의 독방에서 옥고를 치렀다.(제8차 옥고)[23]

그는 감옥 안에서도 주야겸행(晝夜兼行)으로 『조선상고사감』 집필을 중단하지 않았다. 형을 마치고 난 이후 1940년부터는 고향인 평택 두릉리(杜陵里)에서 『조선상고사감』 집필을 속개하였으며, 200자 원고지 약 80매 분량의 「불함철학대전」을 완성하여 그의 조선 철학 체계화 작업의 기초를 잡았다. 「불함철학대전」은 1973년 역사학자이자 언론인이었던 천관우 선생이 일차 검토한 이후 이 사람 저 사람에게로 전해지던 중 행방불명이 되었다. 1992년 봄 당시 필자가 미망인 김부례(金富禮) 여사를 방문하여 면담하는 중에 김 여사는 「불함철학대전」을 누가 가지고 있는지 짚이는 바 있지만, 인격상 차마 누구라고 말할 수는 없다고 토로한 바 있다. 안재홍은 1941년 1월 익산 출신인 김부례 여사와 재혼했는데, 이때 그의 나이 51세였다. 이해에 『조선상고사감』 집필을 완성하였고, 뒤이어 두릉리에 칩거하면서 『조선통사』집필을 시작하였다. 이때 그는 "만주사변이 부르터 난 후 나는 거듭 투옥되고 정치로써 투쟁함은 거의 절망의 일이요, 국사를 연찬하여 써 민족정기(民族正氣)를 불후에 남겨 놓음이 지고한 사명(使命)임을 자임(自任)"하였다.[24]

이후 안재홍은 1942년 10월 조선어학회(朝鮮語學會)사건으로 또다시 옥고를 치렀다. 이 사건으로 어학회 관련 인사 33인이 구속, 수감되었다. 이극로, 최현배, 이희승, 정인승, 정태진 등이 실형을 선고받았고, 김법린, 이인, 김도연 등은 집행유예를 받았다.[25] 안재홍은 조선어학회가 주관했던 사전 편찬 작업에 수정위원회(修正委員會) 위원 중한 사람으로 참여하여 한글 보존을 통한 민족의식 고취에 일익을 담당하고자 했다. 그러나 이러한 그의 활동도 일본 경찰에 의해 발각되어 그해 12월 또다시 구속, 함경남도 홍원경찰서에 수감되었던 것이다.(제9차 옥고)[26] 이때 일본 경찰은 그의 발에 기둥나무같이 커다란 족쇄를 채우고, 영하 20도의 추운 감방에 가두고는 대소변을 볼 때나 잠시 족쇄를 풀어 주는 혹독한 체벌을 가했다. 이로 인해 안재홍은 대장(大腸)에 냉상(冷傷)을 입어 후일까지 늘 속이 안 좋아 고생했으며, 코끝에 동상이 걸려 빨갛게 변하기도 하였다.[27]

이뿐 아니라 그는 옥중에서 심한 정신적 고문까지 받았다. 당시 일본 경찰은 안재홍에게 함께 잡혀 온 조선어학회의 간사장 이극로(李克魯)[28]를 직접 문초하도록 지시하고, 이극로가 제대로 대답하지 않을 경우에는 그의 뺨을 때리라고 강요하였다. 참으로 난처한 지경이었다. 뺨을 때리자니 친구 간에 차마 못할 짓이요, 안 때리자니 자신이 고문을 받아야 하는 진퇴양난이었다. 그러나 안재홍은 정색을 하

고 "나는 죽으면 죽었지 저 친구의 뺨은 칠 수가 없소."라며 거절하
였다. 당시 함께 잡혀갔던 이희승(李熙昇)은 이러한 행동을 목격하고
그의 고매한 인격에 탄복하였다고 회고하였다.[29] 이듬해인 1943년
3월 안재홍은 비록 불기소처분을 받고 석방되기는 하였지만 건강이
크게 나빠졌으며, 끝없이 계속되는 일제의 탄압에 적잖게 낙담하였
다. 후일 회고에 의하면, 감방에 있는 동안 그는 우리 민족의 암울한
처지가 한탄스러워 차라리 다음과 같은 절명시(絶命詩) 하나 남겨 놓
고 한 많은 조국을 훌쩍 떠나고 싶었다고 솔직하게 고백하였다.

太白長靑東海闊(백두산은 사시사철 푸르고 동해물은 넓은데)
乾坤正氣捲舒間(천지의 정기가 이 가운데서 움츠렸다 펴졌다 하는구나)
回頭千古興亡史(천고흥망의 자취에 머리를 돌려보면)
多少男兒徒手還(큰 뜻 품었던 남아들 빈손에 돌아간 이도 많았구나)[30]

부지런하고 검소했던 조선 선비

언론인과 사학자로서 일제의 엄혹한 시기를 보냈던 안재홍은 강
직하면서도 겸허한 자세로 일상사에 임했고, 또 생활 속의 절제와 여
유를 함께 갖추었던 민족 지도자였다. 그는 일제 치하와 같은 암울한
민족 수난기를 거치면서도 민족자존과 독립을 지향하는 조선 선비의
담백하면서도 힘찬 모습을 후세에 남겼다. 안재홍 자신이 일제를 비
판하고 한민족 독립의 정신을 펴는 글을 써서 수시로 감옥에 드나들

며 어려운 시절을 겪었듯이, 그가 몸담고 일했던 《조선일보》 역시 힘들게 운영되고 있었다. 그래서 안재홍은 《조선일보》의 빚을 갚고 직원들의 밀린 봉급을 정산하기 위해 부모로부터 물려받은 스물넉 섬 반지기 농토를 몽땅 팔아 보태기도 하였다. 당시 그는 《조선일보》와 그것을 통한 언론 활동을 효과적인 국내 독립운동의 하나라고 여겼던 것 같다.

그런 연유로 안재홍의 가계(家計)는 어려워질 수밖에 없었다. 경제적으로 빈한한 살림을 꾸려 가던 그의 첫 부인 이정순(李貞純)은 3남매의 교육까지 떠맡아 남몰래 눈물지으며 고생만 하다가 끝내 폐렴으로 세상을 뜨고 말았다. 이렇게 돌아가신 어머니를 몹시 동정했던 고명딸 서용 씨에 의하면, 당시 아버지 안재홍이 없는 평택 집에는 남자가 없었기 때문에 농사일은 다른 친척들이 해 주고, 대신 어머니는 바느질이나 다른 허드렛일을 해 주며 살았고 자식들의 교육비는 내내 어머니 혼자서 걱정하고 마련했다고 한다.[31] 이것으로 보아 안재홍은 서울에서 집안일에는 '전혀' 신경 쓰지 않고 바깥일에만 열중하였어도 마음 착한 부인으로부터 타박 한번 받지 않고 지낼 수 있었던 '행복한' 남편이었던 것이다. 그렇지만 집안이 가난했기 때문에 큰아들 정용(晸鏞)은 보성전문학교(普成專門學校)를 나와 계획했던 일본 유학을 포기해야만 했다. 그리고 안재홍이 1941년 1월 두 번째 부인인 김부례와 재혼할 때는 재산이라곤 아무것도 남지 않아 신부의 집안에서는 신랑이 너무 가난하다 하여 한때 혼사를 반대했다고 한다.[32] 그가 재혼하여 김부례와 함께 살림을 시작했던 돈암동 집도 김부례의 오빠 김종량이 사 준 것이었다.[33]

넉넉하지 못한 가운데 검소하고 엄격한 생활을 꾸려 가면서도 안재홍은 주변에 따뜻한 정을 베푸는 어른이었다. 그와 함께 일했던 사람들은 평소 그가 화내거나 흥분하는 것을 보기 힘들었고, 정 화가 날 때면 체머리를 흔들 뿐이었다고 한다. 그리고 기분 좋은 일이 있을 때는 "어-"하고 고개를 좌우로 흔들며 말을 시작하는 습관이 있었다. 그는 한민족 고대사에 일가견이 있었고, 평소 존경하던 단재 신채호나 김좌진(金佐鎭) 장군의 가족들에게 생활비를 보조하였다. 신채호의 아들 신수범(申守範)의 학비를 내주기도 하였다. 김을한(金乙漢) 기자를 추운 함경도 장진(長津) 지방에 특파원으로 보내면서 내의도 변변하게 입지 못하던 당시 신문기자들의 형편을 알고 일부러 집에까지 가자고 하여 자신이 입던 겨울 내의를 꺼내 주기도 하였다. 안재홍은 또 돈이 좀 필요해서 후배 기자에게 100원을 꾼 다음 한 달 후에 갚을 때는 원금 외에 2원 50전짜리 생고사 저고리 한 감을 얹어 주었다. 그는 서 푼이면 고리(高利)였고 두 푼이면 저리(低利)였던 당시 상황까지 세밀하게 생각하여 은혜를 갚았던 것이다. 술과 담배는 일체 하지 않았고 낭비를 경계하였음은 물론이다.

그는 밤새워 글쓰기가 일쑤였고, 아무리 업무에 쫓겨도 원고를 늦게 쓰는 일이 없었다. 대개는 사설 한 편을 15분 안에 완성하였고, 손님이 있을 때면 양해를 구하고 대화는 대화대로 나누며 글을 썼다. 글을 쓰다 출출해지면 주머니 속에서 미숫가루 봉지를 꺼내 물에 타 마시며 허기를 채우곤 하였다. 또 해마다 연말이면 적어도 이틀이나 사흘은 밤늦게 야근하고 푹신한 의자를 맞대어 간이 잠자리를 만들어 잘 수밖에 없는 젊은 기자들에게 "주필실은 뜨뜻하다."며 자신의 외투를 내어 주기도 했다. 그런 중에서도 당시 신문사의 중역들에게는 으레 단골 기생이 하나씩 딸려 있었는데, 안재홍에게도 그를 따르는 점홍(點紅)이라는 아리따운 기생이 있었다. 점홍은 안재홍을 사모하는 마음에 그가 동생들과 함께 지내던 서울 집에 자정 가까이 된 시간에 과실과 과자 꾸러미를 들고 나타나곤 했는데 그때마다 그는 잠자리에 든 여동생 재숙(在淑)을 일부러 깨워 동석시키곤 하였다. 부인을 제외한 다른 여성을 누이동생 외의 기분으로 대하는 법이 없던 안재홍이었던지라, 결국 점홍은 "민세 선생님은 내 정신적 애인이야."라고 말하는 것에 머물러야 했다.[34] 그는 근면 성실함과 검약 절제함을 그대로 실천하는 가운데 항일 언론인의 삶을 살았던 것이다.

이렇게 심신이 위협받고 경제적으로 어려운 가운데에서도 안재홍은 굽히지 않고 소신을 폈다. 그래서 그를 가까이 알던 많은 후배들은 그를 일러 "붓만 들었다 하면 장강대하(長江大河)처럼 쏟아져 나오는 경세(經世)의 대문장"(송지영), "단 15분 안에 사설이며 시평, 필담 등을 거뜬히 써내는 속필(速筆)의 대기자"(유광렬), "누구든지 눈시울이 뜨겁지 않은 사람이 없을 정도로 대문장(大文章)", 심지어 "문신급의 문웅(文雄)"(임중빈)이라고 평하며 경의를 표하기를 주저하지 않았다.[35] 또 YMCA 중학 시절부터 안재홍을 알고 지냈고, 안재홍이 주필이었을 때 논설위원으로 함께 일했던 이관구(李寬九)는 안재홍이 술과 담배를 일절 하지 않았으며 책과 글쓰기에만 온 정력을 쏟았고, 강직순수(剛直純粹)한 성품과 초인적 기억력, 그리고 국학(國學)에 조예가 깊은 폭넓은 식견을 갖추었기 때문에 그와 함께 일하는 보람을 크게 느꼈

다고 술회하였다.[36]

　2차 대전의 종말이 가까워오면서 일제는 조선인 동원과 탄압을 계속 강행하면서 이를 합리화하고 보다 효율적인 전시(戰時) 상황 관리를 위해 조선 내 주요 민족 지도자들과 지식인들을 구금하거나 회유하는 작업을 추진하였다. 계속된 전시 동원으로 조선 민중은 일제에 대항하기는커녕 기진맥진한 가운데 어쩔 수 없이 '황국신민(皇國臣民)'으로 겨우겨우 생존해 갈 수밖에 없었다. 최남선이나 이광수 같은 유수한 조선 지식인들까지도 일제의 '대동아공영권(大東亞共榮圈)' 논리에 설득당하여 결국 태평양전쟁에 청년 학도들의 참전을 권유하는 강연에 나서는 지경에 이르렀다.[37] 한편 조선총독부는 그간 투옥되었다가 석방된 많은 사상범들을 계속 감시하기 위해 검사국(檢査局) 밑에 보호관찰소를 설치하여 이들을 통제하였고, 그 자매기관으로 대화숙(大和塾)을 운영하며 항일투쟁 전력(前歷)이 있는 인사들이 총독부의 동화정책에 협력하도록 회유하거나 협박하였다.

　일제의 식민통치기를 거치면서 모두 9차례 7년 3개월 동안 투옥된 바 있던 안재홍도 여러 차례 불려 다녔다. 그리고 대화숙으로부터 강원도청의 관료들에게 시국 강연을 해 달라는 호출장을 받기도 했다. 그러나 그는 "나 같은 야인이 관료에게 시국 강연을 하다니 본말 전도(本末顛倒)도 분수가 있지 아니하느냐."고 요령 있게 변명함으로써 이를 끝내 거절하였다.[38] 이즈음 안재홍은 일부러 수염을 길게 기르고 다녔는데, 그것은 나이가 들어 보이게 하여 일경들로 하여금 자신이 이제는 늙어서 활동하기에 힘든 것으로 인식하게 하고자 함이었다.[39] 이러한 와중에도 조선 철학에 대한 체계적 연구 작업을 계

현충사에서 벽초 홍명희와 안재홍. 두 사람은 일제하에서 신간회운동을 함께 주도했으며 안재홍은 홍명희의 「임꺽정전」이 《조선일보》에 연재되도록 주선하기도 했다.

속하여 1944년 그가 속해 있던 대종교의 경전 중 하나인 『삼일신고』를 해설한 「삼일신고주(三一神誥註)」를 탈고하였다.[40] 또 1943년 7월 출옥하여, 이듬해에는 고향에서 요양하고 있던 몽양(夢陽) 여운형(呂運亨)을 방문하고, 그로부터 지하운동을 함께 하자는 권유를 받기도 했다. 그러나 안재홍은 스스로 조선사 연구와 조선 철학 연구에 더 많은 시간을 투자하려고 했는지 그럴 필요성을 느끼지 않는다면서 몽양의 요청을 거절하였다.[41]

총독부의 협력 요청을 끝까지 거부하다

1944년 봄이 되면서 태평양전쟁에서 일본이 결국 패배할 것이라는 소문이 나돌기 시작했다. 미국은 괌도 북쪽의 이오지마(硫黃島)를 일본군으로부터 탈환하기 위해 2월 16일부터 대대적인 공습을 시작하여 일본군 2만여 명을 사살했다. 그러고는 곧장 2월 23일에 상륙작전을 개시하여 이오지마의 정상에 성조기를 꽂는 데 성공했다. 이런 상황에서 조선총독부는 시국을 내심 비관하면서도 사태를 역전시켜 보고 싶은 생각을 버리지 못했다. 그래서 총독부 고위 관리들은 조선인 지도자들을 철저하게 감시하고 통제하는 한편 그들을 잘 설득하거나 회유하여 자신들의 의도대로 종전 이후 상황을 관리하고 대비하고자 했다. 이때 총독부에서는 여운형, 안재홍, 송진우, 조만식, 홍명희 등 5인을 '남아 있는 비협력 지도 인물'로 지목하고, 어떠한 형태로든 이들을 그들의 전후 대책에 활용하려고 애썼다. 특히 여운형과 안재홍은 최근까지 투옥되었던 만큼 장차 대중적 운동과 연관될 가능성이 있다고 판단하여 이들에 대해 각별한 관심을 보였다. 이때 일본 측에서는 육군대장인 총독을 비롯해 군사령관, 정무총감, 경무국장, 헌병대 간부, 동경으로부터 온 의원 등이 나서서 조선인 지도자들을 접촉하였다. 그들은 조선 치안 유지, 즉 조선인에 의한 폭동 방지와 소련을 통한 미국·영국과의 평화 공작을 어떻게 하면 성공적으로 이루어 낼 것인가에 주된 관심을 갖고 있었다.[42]

안재홍은 일본인 고위 인사들과 수차례 접촉하면서도 조선의 민족지도자들을 "무슨 방식으로든지 이용하려는 것이 그들(총독부)의

뱃속"임을 간파하고 있었다. 1944년 7월 남태평양 사이판섬에서 일본군이 전멸하였다는 소식이 전해지고 일제의 패망이 거의 확실하다고 전망되었을 때, 안재홍은 송진우(宋鎭禹)를 만났다. 안재홍으로서는 이미 1920년대 후반에 시도되었던 신간회운동을 통하여 민족진영의 무기력과 공산주의자들의 지나친 계급주의의 한계를 경험했던 터이지만, 민족진영 등 우익 세력을 강화하여 그 우익을 중심으로 좌익과 협동전선을 펴야 한다고 생각하였다. 그는 이 같은 구상을 가지고 일본의 패퇴를 대비한 민족 내부 간의 협력 방안을 강구하고자 송진우를 찾았던 것이다. 그는 송진우에게 일제가 붕괴하는 것은 시간문제인데 그렇게 되면 국내는 국제적 세력을 배경으로 좌우간의 대립 항쟁이 예상되니 국내의 양심 세력들이 서로 결합하여 민족적 책임을 다해야 하지 않겠느냐는 요지의 말을 하고 함께 행동할 것을 권하였다. 그러나 송진우는 "지금 같은 세상에서는 오직 침묵밖에는…… 경거망동하여 무엇을 할 때가 아니"라면서 안재홍의 권고를 물리쳤다. 그는 중경임시정부의 위상과 능력을 과장해서 평가하고, 무엇보다도 그들과 먼저 연결해야 한다면서 어떠한 일에도 가담하지 않겠다는 뜻을 노골적으로 표시하였던 것이다. 이후 송진우는 중병을 앓는다면서 두문불출하였다.[43]

그리하여 안재홍은 송진우와의 협력을 포기하고, 여운형과 함께 일본 퇴각 이후의 대책 마련에 착수했다. 그는 몽양과 함께 1944년 12월 상순 총독부의 니시히로(西廣忠雄) 경무국장, 경기도의 오오쿠(岡久雄) 경찰부장 등과 만난 자리에서 그의 "앞뒤 안 가리는(向不見)" 성격 그대로 "당신들은 필승의 신념을 항상 전제로 하지마는, 나는 필승이라고 안 보고 있다. 꼭 패할밖에 없이 되었는데 이긴다고만 하여 놓으니, 말이 더 나가지 못하지 않는가. 당신들은 조선에서 퇴각할 날이 있는 것으로 치고, 퇴각하는 때에 한일 민족 사이에 마찰을 일으켜 피차간에 대량 유혈을 아니하도록, 미리부터 말단방면(末端方面) 군민각계(軍民各界)에 철저한 훈련을 시켜 두는 것이 절대 필요하다."고 주장하였다.[44]

당시 총독부의 일본인 관리들은 전세가 전반적으로 불리하게 전개되고 있음에도 불구하고, 이것을 공개적으로 말하지 않고 어떻게 해서든 '치안 유지'라는 차원에서 조선인들의 협력을 유도해 내려고 하였다. 그러나 안재홍은 이 같은 사태 수습은 단순한 치안 유지라는 일시적 차원뿐에서만 아니라 한국과 일본은 지리적으로 가깝기 때문에 어떻게 해서든 장기적인 안목에서 '영구한 병존호영(竝存互榮)'의 관계로 나가도록 해야 하며, 일본인들은 무기를 가졌고 조선인들은 숫자가 많으니, 자칫 잘못하면 대량 유혈 사태가 발생할 소지가 충분히 있음을 한일 양측은 모두 각별히 유념해야 한다고 주장했다. 이어서 그는 과거 일본은 임진란(1592), 청일전쟁(1894), 관동대지진(1923)을 통해 조선인들을 대량 학살한 적이 있기 때문에, 또다시 일본인들이 조선인들에 대한 대량 학살을 저지른다면 양국은 영원히 원수가 될 수밖에 없음을 지적하였다. 또 전후의 치안 유지에 참여하는 조건으로 민족자주(民族自主), 호양협력(互讓協力), 마찰방지(摩擦防止)의 3원칙을 제시하고 동시에 자신과 몽양에게 "일정한 언론과 행동의 자유"를 허용할 것을 제의하였다.[45] 이 같은 안재홍의 단호한 주장을 듣고 있던 일인 관리들은 얼굴을 붉히고 분노가 아닌 침통의 기색을 보였다. 그들은 잠자코 숙고한 끝에 결국은 그의 말이 옳다고 말하고, 자기들이 각계 방면의 인사들과 협의한 후 그의 주장과 같은 방향으로 수습하기로 노력하겠다고 약속하였고, 동석했던 여운형도 그와 동일한 생각을 갖고 있었다.[46]

그러나 1945년 1월 이후 총독부의 태도는 차갑고 위협적인 것이었다. 총독부 측은 "유혈 방지는 취지 가(可)하나, 민족자주를 부르짖다니…… 치안유지법을 적용하여 여운형이고, 안재홍이고 간에 모두 구금해 버리겠다."는 반응을 보였다. 총독부는 협박과 회유를 섞어가며 두 사람을 자기들의 의도대로 '활용'하고자 기도했다. 특히 총독부 관리들은 안재홍의 3원칙 중 민족자주를 문제 삼아 대화숙의 나가사키 유조(長崎祐三) 회장, 니시히로 다다오(西光忠雄) 경무국장 등이 안재홍과 여운형에게 "3원칙 중 민족자주를 제외하지 않으면 신상에 좋을 게 없다."는 식의 정중하면서도 위압적인 설득을 시도하였다. 또 가지마구미(鹿島組)라는 노무자 폭력 조직을 동원하여 여차하면 암살할 수도 있다는 협박을 공개적으로 흘리기도 하였다. 사상 전문 검사였던 모리우라(森浦)는 가지마구미 폭력단을 결성하는 자리에서 공공연히 양인의 암살을 말하면서, 설령 암살이 결행되더라도 검찰은 이를 못 본 체 넘어갈 것이라고 말하는 등 폭력배들을 격려하기도 하였다. 한편 안재홍의 측근에서도 3원칙 중 호양협력은 훗날 안재홍 자신이 일본에 대한 '협력파'였다는 시비를 일으킬 여지가 있으니 빼도록 하는 것이 좋겠다고 권고하였다. 그럼에도 그는 "지금 민족자주를 들고 나와 대일절충(對日折衷)을 한다는 판인데, 그까짓 호양협력쯤을 그토록 겁낼 것 있느냐."면서 3원칙을 그대로 고수하였다.[47]

안재홍은 몽양과 계속 수시로 연락하고 협의하면서 대응하였다. 두 사람은 만약 총독부 측이 이미 제시한 3원칙을 전격적으로 수용하고 즉시 실천에 옮기라고 요구하면 혹시라도 일제에 의해 본의 아니게 이용당하는 곤란한 지경에 처할 수도 있다고 판단하였다. 그리고 이러한 중대사는 "우리들 소수의 의사만으로는 결정할 수 없는 일이므로, 민족대회(民族大會)를 경성에 소집하여 그 결의를 밟지 않고서는 정식으로 공작(工作)을 촉진할 수 없다."는 입장을 서로 미리 약정해 두었다. 드디어 1945년 4월 1일 미군이 오키나와에 상륙하고, 5월 7일 독일이 무조건 항복한 이후, 일제의 패망이 눈앞에 보이던 1945년 5월 하순 총독부는 다시 민세와 몽양을 접촉하여 사태 수습에 대한 의견을 물었다. 이에 대해 두 사람은 즉시 민족대회소집안(民族大會召集案)을 내걸었다.[48] 이로써 민세와 몽양은 앞서 상의한 대로 자신들의 '협력'이 총독부의 자의적인 전후 질서 유지 공작에 이용당할 가능성을 사전에 배제하고자 했던 것이다.

그러나 총독부는 입장을 바꿔 두 사람을 냉담하게 대했다. 일본 헌병들은 특히 이로정연(理路整然)한 논리로 번번이 총독부에 맞섰던 "안재홍만은 꼭 죽여 버리고 가겠다."며 벼르고 다녔다. 민족적 대의명분과 단단한 의지로 일제의 회유 작전에 대처했던 안재홍을 제거하기 위해 일제가 제1의 자객과 제2의 자객을 이미 지명하였다는 소문까지 떠돌았다. 안재홍은 신변의 불안을 크게 느껴 숙소를 여기저기로 옮겨 다녀야 했고, 고향에 내려가지도 못한 채 서울 시내를 전전했다.[49] 이렇게 그가 신변에 불안을 느끼고 피해 지내는 사이 일본의 패망은 점점 다가왔다. 마침내 1945년 8월 14일 밤 조선총독부

엔도(遠藤柳作) 정무총감은 안재홍보다는 대하기가 다소 편하다고 생각했는지 조직력도 있고 대중적 기대도 높았던 몽양 여운형에게 사후 협력을 요청할 요량으로, 15일 오전 필동의 관저로 오라고 통지하였다. 일제가 항복하는 8월 15일 오전 8시, 엔도는 관저를 방문한 여운형과 회담하면서 치안 유지 등의 협력을 요청하였다. 이는 다음 절에서 서술하기로 한다.[50]

조선건국준비위원회에 참여하다

1945년 8월 15일 한민족은 마침내 '해방'을 맞았다. 그러나 그것
은 온전히 우리 민족 자체의 단결된 독립 투쟁의 결과로 쟁취된 것이
아니었다. 단지 미국, 영국, 중국, 소련과 같은 연합국들이 독일, 일본,
이탈리아 등 파시스트 제국주의 국가들에 대해 승리한 결과로 얻어
진 것이었다. 만약 그렇지 않았다면 일제의 집요한 민족 말살 정책으
로 어쩌면 한민족은 영원히 소멸될 수도 있었다. 당시 한민족은 하나
의 언어와 문화적 전통, 그리고 오랜 동안의 역사적 공동 경험을 바
탕으로 하나의 새로운 근대적 자주독립 국가를 세울 수 있는 기회를
맞이했다. 누구나 태극기를 흔들며 일제 식민지에서 벗어나게 된 것
에 감격하였고, 우리 민족의 미래에 대한 부푼 기대와 희망으로 들떠
있었다.

8·15 해방 다음 날 군중 앞에서 연설하는 안재홍.

　　그러나 한반도를 둘러싼 국제 정세는 불행하게도 이러한 한민족 구성원들의 기대와 희망과는 다른 방향으로 전개되고 있었다. 2차 대전이 끝나기 약 2년 전인 1943년 11월 카이로회담에 참석한 미국 루스벨트 대통령, 영국 처칠 수상, 중국 장제스 총통, 그리고 소련 스탈린 대원수 등 강대국 수뇌들은 "한민족이 노예 상태에 처해 있음을 염두에 두고, 앞으로 적당한 시일이 지난 후에(in due course) 자유롭고 독립된 상태로 회복시켜 줄 것"을 결정하였다. 그리고 이 같은 연합국들의 의지는 한반도에 대한 국제신탁통치안과 함께 1945년 2월 얄타회담과 같은 해 7월 포츠담회담에서도 그대로 유효하게 지속되고 있었다.[1]

8·15 해방 기념일 기념식 행사장에서. 왼쪽부터 이승만, 김구, 소련 수석대표 스티코프 중장, 안재홍.

한반도의 미래에 관한 이 같은 연합국 간의 합의 사항은 전후(戰後) 극동 지역에서 소련의 영향력을 사전에 배제하려는 미국의 전략적 선택에 의하여 무산되었다. 즉, 미국이 1945년 7월 하순 원자탄 제조를 위한 핵실험에 성공하자 트루먼 대통령은 그때까지 유지했던 소련과의 협력 정책을 폐기하고, 소련과 사전 협의나 통보도 없이 히로시마(8월 6일)와 나가사키(8월 9일)에 원자폭탄을 투하했다. 이것은 미국이 독자적으로 일본을 패퇴시킴으로써 소련이 대(對)일본전에 참여한 후에 그 대가를 요구할 가능성을 사전에 없애려고 했던 고도의 치밀한 전략적 선택이었고, 동시에 그것은 미소 냉전의 시발(始發)이었다.[2] 미국의 이런 전략에 대하여 소련은 즉시 한반도에 군대를 진주시켰고,

미국은 이에 맞대응하여 소련의 남하를 최대한 저지하기 위한 목적에서 38도선을 경계로 미·소 간 군사작전 지역을 분할할 것을 소련에 제의했고 소련이 이를 받아들인 것이다.[3] 한반도는 이렇게 그 땅에 살아오던 한민족의 기대와는 전혀 관계없이 강대국 간의 군사전략적 선택과 이해관계 조정의 결과로 분단되었다. 그러기에 8·15는 온전한 해방이 아니라 절름발이 해방일 수밖에 없었으며, 따라서 새로운 독립국가를 건설하기 위한 정치적 과정은 매우 험난할 수밖에 없게 되었다.

이러한 불행한 상황에서 안재홍은 몽양 여운형과 함께 새로운 독립국가의 건설을 위한 사태 수습에 매진하였다. 몽양은 8월 15일 아침 8시, 엔도 류사쿠(遠藤柳作) 정무총감을 만났다. 이 자리에서 엔도는 몽양에게 치안 유지권을 인계한다면서 일본인들의 생명을 보호해 달라고 요청했다. 몽양은 엔도에게 (1) 전국의 모든 정치·경제범을 즉시 석방할 것, (2) 3개월간의 식량 확보를 보장할 것, (3) 자주적인 치안 유지와 건국을 위한 정치 활동을 간섭하지 말 것, (4) 학생과 청년을 조직하고 훈련하는 일에 간섭하지 말 것, (5) 노동자와 농민을 건국 과정에 동원하는 일에 간섭하지 말 것 등 5개항의 요구 조건을 제시하여 동의를 받아 냈다.[4] 그러고 나서 몽양은 치안의 확보, 건국 사업을 위한 민족총역량의 일원화, 교통, 통신, 금융, 식량 대책 등을 강구할 목적으로 15일 오전 곧바로 조선건국준비위원회(朝鮮建國準備委員會, 이하 건준)를 결성하여 출범시켰다. 이 명칭은 안재홍이 제안하여 결정한 것이었다.[5] 그는 몽양과 수시로 만나면서 건준은 "민족주의 진영 주도하의 건국 방침"에 따라 운용되어야 한다는 평소 자신의 포부와 소신을 밝혔다. 그는 건준을 전 민족적인 통합 조직으로 구성해야 한다는 몽양의 뜻에 기본적으로 찬성하면서도 "몽양은 건준을 좌익 공산주의자, 중도파인 민족주의자, 우익 민족주의자를 망라하는 조직으로 만들자는데, 좌익 공산주의자들이 좀 께름칙하오. 1920년대에 내가 직접 겪어 본 바에 의하면 당시 공산주의자란 종파꾼 아닌 자가 없었으며, 그들은 거의 일제에 전향했거나 시정배로 굴러떨어졌소. 그러니 심사숙고하길 바라오."[6]라고 자신의 입장을 분명하게 밝혔다.

안재홍은 또 좌파 인사들에게도 건준은 우익 민족주의자들이 앞장서서 이끌어 가는 통합 조직체로 나아가야 한다는 자신의 뜻을 거듭 밝히면서 "신간회 당년 민공분열(民共分裂)을 계승함이 없이, 좌방(左方)은 잘 협동할 것인가."라면서 그 의도를 확인하고자 했다. 이때 좌파 인사들은 "절대 염려 말라."고 대답했다. 그러나 일을 추진하는 과정에서, 특히 몽양이 민세의 이러한 뜻을 흔쾌히 받아 주지 않았으므로 그는 더 이상 건준에 참여하지 않을 뜻을 강력히 표명하였다. 그러나 몽양과 정백(鄭栢)이 "금후 절대 긴밀하게 협동할 것이니 실망하지 말아 달라."면서 함께 일할 것을 간곡하게 권유했다. 이에 안재홍은 일단 사의(辭意)를 묻어 두고, 계속 건준의 부위원장으로 활동하였다.[7] 그는 이때 자신이 건준에 참여하는 본래의 목적을 후에 다음과 같이 썼다.

건준 당시 나는 아래와 같은 의도를 가졌었다. 첫째, 일제의 붕괴 및 퇴각에 즈음하여 조선인의 민족적 자중(自重)으로써 일제 군벌의 잔인한 단말마적(斷末魔的) 발악에 인한 무용한 대량 유혈을 방지하자 함이요, 둘째 현존 시설과 기구·기계·자재 및 계획 문서 등까지를 완전히 보관·관리하여 독립정부에 인계·활용케 하자 함이요, 셋째, 그 독립정부는 중경(重慶)의 임시정부가 해외에 있는 독립운동의 정통적인 지도 기관인 만치 중경임정(重慶臨政)을 최대한으로 지지하여 해내외의 혁명세력으로써 적정한 보강 확충을 하도록 하자는 것이었다. 그것이 가장 타당도 하고, 또 혼란 방지에도 적절하다는 것이었다.[8]

이것으로 보아 8·15 당시 안재홍은 비록 국내에서의 사태 진전으로 건준에 참여했어도 결국은 김구 주석이 이끄는 중경(中慶)의 임시정부가 새로운 독립정부의 중심이 되어야 한다고 생각했고, 또 건준이 과거 신간회처럼 민족진영이 주도하는 단체로 발전하기를 기대했던 것이다. 그래서 그는 수시로 건준 내의 공산 측 지도자들에게 "민족주의자를 일선에 당로(當路)케 하고, 좌방제군(左方諸君)은 제2선에 후퇴하라."는 주장을 정면으로 내세웠다. 그 때문에 안재홍은 좌익으로부터 심한 눈총과 견제를 받았다.[9]

건준은 계동(桂洞)에 있는 임용상(林龍相) 소유의 집을 본부로 사용했고, 안재홍도 여기에 주로 머물며 각종 업무에 임했다. 8월 16일 아침에는 서울 시내 곳곳에 "조선 동포여! 우리의 장래에 광명이 있으니 경거망동은 절대 금물이다. 절대의 자중으로 지도층의 포고에 따르기를 유의하라."라는 내용의 전단이 뿌려졌고, 약 3만 명에 이르는 정치·경제범이 여운형, 이강국, 최용달이 입회한 가운데 석방되었다. 이날 오후 1시 휘문중학(徽文中學) 운동장에서는 5000여 군중이 운집한 가운데 여운형의 첫 대중 연설이 있었다. 오후 3시에는 안재홍의 「해내외의 삼천만 동포에게 고함」이라는 연설이 중앙방송국을 통해 처음으로 전국에 방송되었다. 그의 연설은 다시 저녁 6시와 9시에 재방송되어 당시의 혼란 상황을 슬기롭게 극복하는 데 주효했다. 안재홍이 행한 방송 연설의 주요 골자는 다음과 같았다.

1. 정세가 급변하는 이때에 있어 조선 민족으로서 대처할 방침도 매우 긴급·중대하므로 각계를 대표한 동지들은 조선건국준비위원회를 조직하고, 구체적인 조직 공작을 진행키로 하였다.

2. 조선 민족은 지금 민족의 성패가 달린 기로에 서 있으므로 총명하게 인민을 통제·파악하지 않으면, 최대의 광명에서 최악의 범과를 저질러 막대한 해악을 끼칠 것이므로 가장 정신을 가다듬어 나아가야 한다.

3. 정치 운용의 최대 문제는 금후 차례로 발표할 것이나, 긴급한 문제는 민족 대중의 생명 재산의 안전 도모와 한일 양 민족의 마찰을 피하는 것이다. 이를 위해 건준은 학생청년대와 경관대를 두고 질서를 정리하고 있다.

4. 식량 문제에 있어 경성부민의 식량은 확보키로 되어 있고, 각처의 식량 및 기타 물자 배급은 현상을 당분간 유지한다.

5. 통화와 물가정책은 현상을 유지하면서 신정책을 수립, 단행키로 한다.

6. 정치범은 15, 16일간 이미 1100명을 석방하였다.

7. 일반 행정도 곧 접수하게 될 것이므로 일반 관리는 충실히 복무하기 바라고, 금후 충실히 복무하는 자는 생활의 안전을 보장할 것이다.

8. 언어동정을 각별히 주의하여 일본 주민의 심사 감정을 자극함이 없어야 한다. 오백만의 재일동포를 생각할 때, 일백기십만의 재한 일본인들의 생명 재산 보호가 절대 필요하다.[10]

건준이 발족했다는 소식과 국가 차원의 당면 과제들을 알리는 안재홍의 이 연설은 시기적으로 매우 중요한 의미를 가진 것이었다. 그것은 해방의 기쁨으로 적잖이 흥분해 있던 일반 민중에게 하나의 방향과 진로를 제시했다. 이 방송을 계기로 전국 도처에서는 질서 유지를 위한 자발적인 활동이 시작되었고, 건준은 전국 각지의 이 같은 자치활동(自治活動)의 중앙 거점으로 자리잡아 가기 시작하였다. 그리하여 8월 말까지 남북을 통틀어 전국에 145개의 지역 조직을 갖게 되었는바, 일제의 지배 기능이 종식된 상황에서 건준은 준정권적(準政權的) 기관으로 기능을 발휘했던 것이다.[11] 건준의 조직이 전국적으로 확산되고 그 활동 범위가 치안 유지뿐 아니라 모든 행정 부문에까지 미치게 되자, 총독부의 엔도 정무총감은 17일 여운형에게 나가사키 경성보호관찰소장을 보내어 "접수는 연합국에 의해서 실시될 것이니, 건준의 활동은 치안 유지 협력의 한계에 머물러 줄 것"을 요구했다. 또 안재홍에게는 18일 오후 니시히로 경무국장을 보내 방송 내용이 건준 본래의 임무에서 일탈했음을 지적하고, 건준의 해체까지 요구하였다. 안재홍은 이에 승복하지 않고 계속 꿋꿋하게 건준 부위원

장의 직무를 수행했다.[12]

그런데 이러한 건준의 존재 및 활동과 관련하여 당시의 국내 정치 세력들은 상이한 태도로 임했다. 박헌영(朴憲永), 이영(李英), 정백(鄭栢) 등이 중심이 되어 움직이던 공산진영은 일찍부터 건준에 참여하여 주요 간부직을 차지하고 있었으나, 민족진영의 경우 송진우를 비롯한 다수의 보수적 인사들은 아예 참여하기를 처음부터 거부하였다. 다만 김병로, 백관수, 이인, 박명환, 김용무, 박찬희, 김약수 등은 건준에 합세하여 건국 대책을 강구해야 한다고 주장하였다. 그리하여 처음부터 민족진영 인사들을 대거 끌어들여 건준을 이름 그대로 우리 민족을 대표하는 조직으로 만들고 싶어 했던 안재홍은 이들과 세 차례의 접촉을 갖고, 480명으로 구성된 전국유지자대회(全國有志子大會)를 8월 18일에 소집하기로 하였다. 하지만 대회는 건준 내 좌파의 지연 및 방해 공작으로 실현되지 못하였고, 다만 19일에 다시 협의하여 건준을 명실상부한 전국적인 유지자 단체로 만들기를 원한다는 내용이 담긴 초청장을 부위원장인 안재홍의 명의로 발송키로 했다.[13]

한편 이렇게 중요한 시기에 여운형이 괴한 다섯 명으로부터 테러를 당하여 치료차 병원에 입원함으로써 건준 내의 지도력에 결함이 생기게 되었다. 따라서 부위원장이던 안재홍이 위원장 대리 임무를 수행하게 되었다. 이때 안재홍은 민족진영 인사 다섯 명을 추가하여 우익세가 강화된 135명의 새로운 중앙위원 명단을 여운형이나 좌파 간부의 동의를 거치지 않고 발표하고, 중앙위원회의 소집을 요청하였다. 이에 대해 몽양은 공산진영의 비난을 의식하여 그것을 인정하기는 하되, 추가된 중앙위원에게는 발언권을 부여하지 말라는 절충안을 지시했다. 이것으로 두 사람은 서로 불편한 사이가 되었다. 또 강낙원과 유억겸 등 우익 인사들이 보안대(保安隊)를 조직하여 이를 기존의 치안대(治安隊)와 합칠 것을 요구했을 때, 안재홍은 허락했으나 몽양은 장권(張權)이 이끄는 치안대와 충돌할 수 있다는 이유를 들어 이를 거절하였다. 결국 안재홍이 제안했던 중앙위원 확대에 관한 안건은 9월 4일 건준 중앙위원회에 오르게 되었는데, 결국 18 대 17이라는 근소한 표 차이로 부결되어 현 지도부를 그대로 신임하고 유지하자는 결정이 내려졌다. 이로써 건준을 민족진영 우위의 조직으로 확대·개편하려던 그의 시도는 좌절되었다.[14] 이러한 결정이 있은 날부터 사실상 건준을 떠났던 안재홍은 9월 10일 다음과 같은 성명서를 발표하고 건준을 완전히 탈퇴하였다.

건준은 조선민족해방운동 도정(途程)에서의 초계급적 협동전선으로 명실합치(名實合致)한 과도기구(過渡機構)이어야 한다. 건준은 독자로서의 정강을 가진 정당도 아니요, 그 운영자 자신들 때문에의 조각본부(組閣本部)도 아닌 것이요, 따라서 다년간 해외에서 해방운동에 진피(盡疲)하여 오던 혁명 전사들의 지도적 집결체인 해외 정권과 대립되는 존재도 아닌 것이다. …… 여(余)는 이 굳은 일념에서 총총 20일간 노력하여 왔다. 그러나 이 모든 것이 여(余)의 의도와는 배치되는 결과로 됨에서 여(余)는 당연히 인책용퇴, 부위원장의 자리를 떠났다.
(1) 초계급적, 초당파적 견지에서 각계 세력을 총괄하는 목표로 여로서의 최선을 다하였다. 여로서의 만족할 성과는 아직 불가능에

가까운 사태이다. 여(余)의 인퇴(引退)는 당연하다.

(2) 해외 정권은 그 지역 및 사상 체계에 있어 아직 귀일(歸一)되지 아니하였고, 그 혁명 전사로서의 공열(功列)에는 각각 일률적인 존경과 우의를 가질 바이지만, 여는 중경임시정부에 최대한 임무를 허용하는 것이 당면 필수의 정책이라고 믿는다. 중경임시정부(重慶臨時政府)를 전적으로 승인하느냐, 만일의 개혁을 요하느냐는 금후의 사실 문제로 미뤄 두고, 중경임시정부를 기준으로 하루바삐 신국가 건설 정권으로 하여 급속히 국내 질서를 확립함으로써 통일 민족국가 건설에서 추호(秋毫)의 애체(礙滯)없도록 함을 요함은 다언(多言)을 비치 않는 바이니, 이 긴급 당면한 정치적 요청에서 이를 지지하여야 할 것은 현실 마주친 국제 정국에의 구안자(具眼者)로서 누구나 일치할 바이다. 모든 화미(華美)한 이론도 실천에서 국민 대중에게 해악을 미치는 한, 그는 지대한 과오인 것이다. 이 점에 관하여 여의 처지는 건준에도 전면적으로 허용되지 않는다. 여는 인퇴(引退)함을 요한다.[15]

안재홍은 건준에 참여하면서 그것이 민족진영이 좌파진영을 이끌어 가는 민공협동(民共協同), 즉 '제2의 신간회'로 발전되기를 기대하였다. 그리고 실제로 그와 같은 방향으로 건준이 자리 잡도록 나름대로 끝까지 노력했다. 그는 또 처음부터 건준이 중경임시정부를 대체하거나 그것에 대립되는 정치적 조직이 될 수 없다는 입장을 견지했다.[16]

이상에서 보았듯이 안재홍은 스스로 도덕적으로 결함이 적은 민족주의자로서 8·15 직후의 혼란기에 유혈 방지, 질서 유지, 그리고 식량 대책 등 당면 과제의 해결을 위해 일본 총독부와 떳떳하게 '협력'할 수 있었던 지도자였다. 그간의 극심했던 이념 대결적인 냉전 정치로 말미암아 그를 비롯한 많은 민족주의 인사들이 '회색분자' 니 '중간파'니 하는 말로 매도당하거나 폄하(貶下)되어 왔었다. 그러나 일제 치하에서부터 이제까지 행적으로 보면, 그는 오히려 이로정연한 논리와 언행일치한 처신으로 여타 많은 보수적 인사들과는 달리 공산주의자들과의 접촉을 두려워하지 않고 민족 대의를 당당하게 내세우며 그들에게 과감하게 맞섰던 참 민족주의자였다. 그는 깊은 역사적 통찰과 단단한 사상적 기반, 그리고 도덕성을 구비하고 공산주의자들에게 이용당하기보다 오히려 공산주의자들을 설득하여 품 안으로 끌어들이고 싶어 했던 민족 지도자였다. 그렇기 때문에 그와 함께 민족자주노선을 취하고 행동했던 많은 정치 지도자들은 이후의 이념 대결적 냉전 논리에 편승했던 정치인들로부터 시기를 받거나 여러 가지 방식으로 견제 받고, 혹은 탄압을 받기도 했다.

조선건국준비위원회에서 물러나 국민당을 결성하다

건준 부위원장직에서 사퇴할 것을 발표한 이후인 9월 5일, 안재홍은 건준 관계 인사들과 최종 회합을 가졌다. 이 자리에서 그는 허헌(許憲)에게 "연합군이 들어와서 당신들을 상대하지 않는 때에 가서 뒷일을 어떻게 수습하겠는가."라고 물으면서, 건준의 좌경화(左傾化)와 좌익 인사들의 낙관적인 사태 인식을 예리하게 지적하였다. 또 이즈음 안재홍은 감옥에서 석방된 좌파 인사 100여 명이 모인 자리에서 행한 공개적인 일장 연설을 통해 "(1) 공산주의사상의 문제는 별문제로 하더라도 지금은 한반도에 공산정권(共産政權)을 세울 시기가 아니다. (2) 민공협동으로 이념 통일을 속히 하고 하루바삐 독립정부를 세워야 남북을 점령한 연합군이 단시일 내에 철수할 수 있다. (3) 중경임정(重慶臨政)을 최대한 지지하여 그것을 기본으로 모든 국내외 정치 세력을 집결할 수 있도록 해야 한다."는 지론을 역설했다. 그리하여 안재홍은 좌파 인사들로부터 여지없이 "친(親)지주, 친봉건"이라는 비난을 받았고, 우파 인사들로부터는 "연합군의 단시일 내 철수를 말하는 것은 연합군에 대한 예의가 아니다."라는 비난도 받았다.[17]

건준의 좌경화를 바로잡기 위한 안재홍의 노력은 성공하지 못했고, 결국 그는 건준 부위원장직을 사퇴했다. 안재홍이 이렇게 건준을 떠난 직후인 9월 6일 밤, 건준은 전격적으로 조선인민공화국(朝鮮人民共和國), 즉 인공(人共)의 성립을 발표했다. 인공의 성립은 건준을 실제로 좌지우지했던 공산당 소속의 좌파 인사들이 9월 8일로 예정된 미군의 인천 월미도(月尾島) 진주에 대비하여 한민족을 대표할 수 있는 일종의 주권 기관을 구성하고 미군을 맞이하여 발언권(發言權)을 강화하려 했던 전략적 의도에서 비롯된 것이었다.[18] 그러나 이 같은 인공 측의 기대는 9월 5일 안재홍이 허헌에게 언급했던 것과 같이 좌파 인사들의 일방적인 낙관론(樂觀論)에 불과했다. 미군 당국은 인공을 대표성 있는 교섭단체로 인정하지 않았던 것이다. 안재홍이 볼 때, 인공의 출현은 여러 가지 면에 있어서 해방 정국에 부정적인 영향을 끼쳤다.

인민공화국의 출현은 9월 6일 밤 동안의 일이었다. 인공 발족 선언은 다음과 같은 세 건의 중대 결과를 가져왔다. 첫째, 인공은 38장벽으로서 표현되는 미소 양국 대립의 전 세계적 형태에서 소련적인 성세(聲勢)를 상징하는 존재로서 그 본질적 의의를 보유하게 된 것이다. 둘째, 인공은 국내적 견지에서 마치 공산주의의 상층건축(上層建築)과 같은 존재가 되어, 후래 민족주의 진영 총지지의 대상으로서의 기미운동(己未運動) 이래 민족운동의 법통을 규호(叫號)하는 중경임시정부와 양립 대립하여 조금도 양보치 않는 민족통일상의 거대한 지장(支障)이 되었다. 셋째, 9월 8일 미 주둔군의 남조선 상륙과 함께 미구(未久)에 서울에 설치한 미군정으로 하여금 소수 공산파 또는 친소파(親蘇派)라고 인정되는 인민공화국의 존재로 말미암아 자연 우익 계열에서 긴밀한 협력 지지자를 찾아낼 수밖에 없게 하였다. 그리고 이로 말미암아 일제시대 이래 그와 결합·의존 또는 타협하여 일정한 현존 세력을 식민지 조선에 옹유(擁有)하고 있던 각등차(各等差)를 가진 보수적 부대로 하여금 점차 견고한 세력을 다시 부식(扶植)하게 하는 계기를 지어 주었다.[19]

안재홍은 몽양의 건국동맹(建國同盟) 세력, 공산주의자인 박헌영의 재건파(再建派) 세력, 그리고 역시 공산주의자들인 정백·이영의 장안파(長安派) 세력 등이 집단으로 연합하는 형식으로 조직했던 건준에 참여하는 동안 자신도 나름대로의 조직적인 기반이 필요하다고 느꼈는지 건준 탈퇴를 선언하기 이전인 9월 1일에 이미 조선국민당(朝鮮國民黨)을 결성했고, 위원장으로 선출되었다.[20] 그리고 건준 탈퇴 이후에 안재홍은 좌익으로부터는 '반동의 음모자'로 비난받았고,

한국민주당(韓國民主黨) 결성에 참여하던 일부 우익 인사들도 또 다른 정치적 이해관계의 측면에서 그를 비판의 표적으로 삼았다. 그러나 그는 정치적으로 협공을 당하면서도 자신의 정치사상을 체계화하는 작업을 계속하여 9월 20일 『신민족주의와 신민주주의』를 탈고했다. 동시에 조선국민당의 조직 확대를 꾀하여 마침내 9월 24일 자신의 조선국민당, 박용희(朴容義)의 사회민주당, 명제세(明濟世)의 민중공화당, 자유당, 근우동맹, 협찬동지회 등 6개 정당·사회단체를 하나의 정당으로 통합하는 데 성공했다. 새로운 정당의 명칭은 국민당(國民黨)으로 그의 '신민족주의와 신민주주의'를 그대로 반영하는 정강정책을 채택했다. 안재홍은 국민당 위원장으로 추대되었고, 국민당 당사는 청계천 입구 수표교 자리 부근에 있었다. 국민당이 출범할 당시의 당원 수는 약 20만을 헤아릴 정도였다고 하며,[21] 주요 간부진(幹部陣)은 다음과 같았다.[22]

위원장: 안재홍

부위원장: 박용희, 명제세

부장: 이승복(총무), 이정진(재정), 이의식(조직), 백홍균(선전), 이길종(조사), 민대호(기획), 이두열(노농)

창당 선언문(創黨宣言文)은 "우리들은 조선의 민족정당인 국민당을 결성하였다."로 시작되었으며, 민족사에 대한 긍정적 재인식과 혼란한 해방 정국에서 정치 지도자들의 책임을 강조하였다. 그리고 안재홍의 '신민족주의와 신민주주의' 정치사상을 반영하여 새 조선은 서양의 좌우 이데올로기에 기반한 어떠한 형태의 계급독재도 허용할 수 없으며, 전통적인 '조선정치철학' 및 '다사리이념'에 따라[23] 좌우에 편향되지 않은 초계급적 화합을 도모하여 진정한 자주적 민족국가가 되어야 한다는 내용을 담고 있었다. 창당 선언문의 일부를 인용하면 다음과 같다.

오인(吾人)은 과거 반만년의 정도(征道)에서 동방 제(諸) 국민에게 존귀한 기여를 한 채로 항상 풍우 몰아치는 형극(荊棘)의 길을 걸어왔고, 하물며 최근 40년간에는 영맹(獰猛)한 일본 제국주의의 기반(羈絆) 밑에 온갖 악조건을 배제하면서 꾸준히 해방의 항쟁을 계속하여 왔다. 그러나 간신히 해방의 날을 맞이한 오인에게는 성취가 즉 험난한 새 출발인 것이다.

보라. 통일민족국가의 창건이 엄숙한 과제인데, 지도층은 좌우에 헐떡이고, 대중은 거취에 헤매고 있지 않은가. 헐떡이는 지도층을 집약하고 헤매는 대중을 파악하여, 선민미료(先民未了)한 대업을 완성하고 민족 천년 웅원한 '결림(結束)'으로 그 집결을 공고히 하고 '겨룸(抗爭)'으로 그 침핍(侵乏)을 파쇄하면서 자아의 생존 및 발전에 거대한 보무(步武)를 나아가는 것은 '겨레(民族)'요, '나라(國家)'요, 민족국가의 완성, 발전, 호지(護持), 강성함 때문에의 내재적 의도요, 이념이다.

동지여. 조선 민족이여. 과정적인 듯 실은 유구한 이 대의에, 그대들의 정열은 타오르지 않는가. 무엇보담도 민족은 운명 공동체이다. 과거에 돌아보아, 현재에 비추어, 미래를 바라보아 어수선한 고락의 교향(交響) 속에 함께 더불어 이 동일 운명 개척의 천여(千餘)한 명에를 떠메기로 하자.

정치는 '다사리'이다. '다사리'는 그 방법(方法)에서 전 인민 각 계층의 총의(總意)를 골고루 표백(表白)케 함이요, 그 목적에서 전 인민 각 계층의 '나'와 '나'와를 '다 살게'하여 유루(遺漏)와 차등 없이 함이나니, '나라'요 '겨레'요 '다사리'요는 즉, 하나의 통일민주국가가 정치·경제·문화·사회 등 대중 생활의 전부면(全部面)에 뻗치어 고요한, 그러나 신생한 민주주의에 말미암아 자아국가를 그의 신민족주의의 대도에서 정진 매진케 하는 지도 이념이다. 오인은 초계급적인 전 민족적 피압박의 형태에서 항전하여 왔고 다시 전 민족적 해방의 단계에 들어 있어, 초계급적 통합국가 건설의 역사적 약속 아래에 있으므로, 모든 진보적이요 반항침략제국주의적(反抗侵略帝國主義的)인 지주와 자본가와 및 농민 노동자 등 근로층의 인민과를 통합한 신민주주의의 국가를 창업하여 만민개로(萬民皆勞)와 대중공생(大衆共生)을 이념으로 하는 계급독재를 지양시킨, 신민주주의의 실행을 목표로 한 정치적, 문화적 신기원의 역사를 개창하여야 한다.[24]

이와 같은 창당의 취지로 볼 때 안재홍은 국민당을 결성하면서 8·15 당시의 이데올로기적 혼란 상태를 심각하게 고려하여 이것을 극복하기 위한 나름대로의 논리적 설명을 시도하고, 그것을 바탕으로 정치적인 통합을 시도했던 것 같다. 그는 극단적이고 폐쇄적인 민족주의, 그리고 정치적 독재와 제국주의를 경계하면서 민족문화의 진흥을 주장하였고 개인의 자유와 사회경제적 정의가 구현되는 국가의 건설을 기대했는바, 이러한 그의 바람은 '국민당 정강 정책 해설'에 잘 나타나 있다.[25] 안재홍이 주도해서 창당했던 국민당은 해방정국에서 정당 난립 상태를 타개하기 위해 대두된 정당 통합 운동의 선두 주자 격이었고,[26] 창당 선언문에서 밝혔듯이 비록 민족정당으로 발족은 하였으나 "군정하에서 정권 장악이나 관료로의 진출을 의도하지 않고 정치적 훈련과 필요한 투쟁으로서의 국민운동의 전개"를 목표로 결성되었다.[27] 국민당에 대한 이 같은 평가는 당시의 어느 잡지에 실린 평론에서도 확인할 수 있는데 이를 인용하면 다음과 같다.

> 국민당은 일즉이 통일전선(統一前線)에 눈 깬 결과로 탄생된 정당이다. 일시 우후죽순(雨後竹筍)같이 난립한 정당, 비정당의 수는 이루 헤아릴 수 없으며 그들 각자가 독특한 의견과 정책을 가진 것이 못되고 대동소이인데, 이러한 비정치적 상태에서 깨쳐 나가려 한 것이 (국민당이다.) …… 9월 24일에 열린 이 회합에서는 각 정당에서 39명의 위원이 참가하여 숙고(熟考)한 후 합동에 찬의를 표하고 국민당으로 발족한 것이다.
>
> 여기서 위원장으로 추대된 안재홍 씨는 다음과 같이 말하였다. 현정세하 초계급적 통일민족국가의 건설에 따라 단일 정당의 결성이 이상적임은 말할 것도 없으나 내외 정세로 보아 그 실현이 불가능하다면, 민족계급정당이 확립되는 것이 사회적 정세를 고려치 않는 인공적인 합동보다 타당하다고 생각한다. 국민당으로서는 정권 획득보다 국민운동을 일으켜 국운 진전에 도움이 되려는 것이 염원이요 사명인데 …… 이러한 성명으로 비추어 본다면 이 당은 언제나

허심탄회(虛心坦懷)히 자기(自期)하고 동성 격인 정당과 합류할 것이며, 즉 해외 임시정부와 합류할 수 있다는 것과 동일한 것이다. 이 당은 그 후대의 귀족 민주주의적인 계급성을 타파하고 국민개로와 대중공생을 이념으로 한 '신민주주의'의 깃발을 들고 나왔다.[28]

미군이 진주한 이래 한국에는 수많은 정당들이 설립되었고 이들에 의해 추진된 정부수립운동은 크게 보아 당초 건준이 추진하던 통일임시정부 수립과 공산당 주도의 조선인민공화국 수립으로 나뉘어 있었다. 그러나 이러한 와중에서 안재홍의 국민당은 장차 김구의 중경임정이 정부 수립의 주체가 되어야 한다는 입장을 일관되게 지킨 바,[29] 이러한 점은 보수파와 현실주의적 친일 세력이 다수 가담했던 한민당이나 조선인민공화국에 집착했던 공산당과 뚜렷이 구별되는 점이다. 그러면서도 국민당은 무엇보다도 분단이라는 민족 차원의 모순을 해결하기 위한 목적에서 국내 정당들의 통합에 큰 비중을 두고 있었기 때문에 서로 적대시하던 한민당이나 공산당과의 협조에도 소극적이지는 않았다.[30]

좌파혁명 노선을 반대, 민족진영 주도로 통일건국을 추진하다

그러나 해방 직후 서울에는 즉시 독립을 바라는 국민적 열망에 반하여 미국의 하지 장군을 최고 책임자로 하는 미군정이 수립되었다. 그리고 남한 지역을 새로운 '점령지'로 장악한 미군정은 통치의 편의상 일제하 식민지 시대의 통치 기구를 그대로 재사용하였고, 친일 관료들도 그대로 재임용하였다. 이러한 행태는 당시로서는 자연히 한국민들로 하여금 미군정 당국에 대해 "끝없는 적개심"[31]을 갖게 하기에 충분하였다. 따라서 당시 미국은 이러한 한국민들의 적개심을 해소하고 특히 미군정의 유지를 위협했던 좌익 세력을 약화시키기 위하여 첫째, 국민들 사이에 반(半)합법적으로 인정되고 있던 중경임시정부와 이승만을 환국하도록 조치하고, 둘째, 신탁통치하에 한국인 민간 정부를 구성하여 군정 및 38도선에 의한 분단을 해소하는 일련의 조치를 연합국들과 공유하고 있었다.[32]

이러한 사태 진전 속에서 미국에 있던 이승만이 10월 12일 귀국하였다. 고국을 떠난 지 30여 년 만에 국민들의 열광적인 환영을 받으며 귀국한 이승만은 자신이 미군정의 전폭적인 협조를 받고 있다는 인상을 강하게 풍기는 정견을 발표하였고, 자신을 수반으로 내세운 좌익과 우익의 모든 정당·사회단체들과의 제휴를 모색하였다. 그는 자신이 임시정부의 일원으로 활동하였다는 것을 최대한 활용하려 하였고, 10월 23일 조선호텔에서 독립촉성중앙협의회(獨立促成中央協議會), 즉 독촉(獨促)을 결성하고, 이를 중심으로 모든 정파가 뭉칠 것을 역설하였다.[33] 이때 건준에서 물러나 국민당을 결성하고 민공협동(民共協同)의 가능성을 탐색하고 있던 안재홍은 "그분(이승만)의 거대한 정치 영향력에 말미암아 다시 결합독립에의 길이 열릴 것을 기원"[34]하고, 독촉을 통한 민공협동의 성취를 기도했다. 민공협동이란 안재홍이 주장했던 좌우합작의 방식으로서, 공산 측이 주장하던 바와 같이 좌와 우가 대등한 입장에서 추진하는 합작이 아니라, 해방 직후 한국이 계급혁명을 추진할 수 없는 상황이라는 인식을 전제로 서로 단합은 하되, 민족진영(우파)이 그 기능과 역할에서 앞장서 주도하고, 공산진영(좌파)은 이에 협조하는 방식의 민족주의적 협동전선이다. 이로써 안재홍은 일제강점기 식민지 치하에서 시도했던 신간회운동을 해방 정국에서도 재현하고 싶어 하였던 것이다.

안재홍은 우선 건준을 함께 했던 여운형과 국민적 기대를 모으고 있던 이승만, 두 거물 지도자가 손잡으면 좌우 대립의 문제가 해결될 수 있다고 생각하여 경기도 양주(楊州)의 고향 집에 머물던 여운형을 찾아가 다시 나설 것을 요청하고 서울로 함께 올라왔다. 11월 2일 천도교 회당에서 열린 독촉(獨促) 회의에서 참석자들은 중앙위원 선임을 위한 7인의 전형위원 선정을 이승만 박사에게 위촉하여 독촉을 좌우에 균형 있는 협의 기관으로 만들기로 합의했다. 그러나 이러한 합의가 곧장 현실적으로 구체화될 것을 기대한다는 것은 큰 무리였다. 이승만은 전형위원 7명 중 5명을 한민당계에 할당하고(송진우·김동원·백남훈·원세훈·허정), 여기에 여운형과 안재홍을 추가했을 뿐이었다. 여운형은 이러한 처사에 크게 놀라면서 더 이상 독촉에의 참여를 단념했다. 안재홍도 이승만과의 면담 통지를 받고 즉시 돈암장으로 달려갔으나 윤치영(尹致暎)이 길을 막는 바람에 이승만을 만나 사태 수습의 기회를 갖고자 했던 그의 노력은 수포로 돌아갔다. 당시 한민당은 이승만과 손잡으려고 애썼으며, 이 과정에서 한민당은 안재홍을 골칫거리로 여겨 가능한 한 그가 이 박사와 접촉하는 것을 방해했다.[35]

안재홍은 한민당 측 간부인 정노식과 장덕수의 협력도 있어, 좌익의 독촉 참여를 위해 공산당 간부들과도 접촉하였다. 이와 관련하여 박헌영 등 공산당 간부들이 서너 차례 국민당사로 안재홍을 방문하였고, 안재홍도 근택(近澤)빌딩에 있던 공산당 본부를 두 차례 방문하였다. 또 차후에는 돈암장에서 박헌영 계열이 아닌 공산주의자 김철수(金錣洙)와 빈번하게 만나 이 문제를 상의하기도 하였다. 김철수는 1945년 11월 이승만에 의해 독촉 전형위원 7인 중 한 사람으로 선정되기도 했다. 박헌영은 김철수에게 이를 거부하라고 지시했지만, 김철수는 박헌영의 지시를 논박하면서 "독촉에 참여하여 좌익과 우익의 가교 역할을 자임"하고자 했다. 그러나 그는 2년 후인 1947년에 돈암장으로 이승만을 한번 만나러 가자는 안재홍의 제안을 공연히 나쁜 소문만 난다면서 거절했다.[36] 이 같은 여러 차례의 교섭 과정에서 좌익 측은 독촉 중앙위원회의 좌우위원 구성 비율을 5 대 5로 하자고 완강하게 버티었다. 그러나 안재홍은 박헌영에게 "지금은 민주주의 민족독립국가의 완성이 요청되는 때이니, 좌우 간의 5 대 5의 비율은 문제가 아니 되고, 민족주의자가 영도하는 국가를 성립시켜야 하기 때문에 공산주의자는 제2선으로 후퇴하도록 하라."고 말했다. 이러한 그의 주장에 박헌영은 "그게 다 무슨 말이냐."면서 몹시 언짢아했고, 협상은 결렬되었다.[37] 건준이 실패하고 난 이후 이승만의 위세를 활용하여 독촉을 통한 민공협동을 성취해 보려던 안재홍의 노력은 또다시 좌절되고 만 것이다. 독촉은 결국 우익만의 정치 집단으로 남게 되었고, 11월 7일에는 그동안 반공적 발언을 자제하며 좌익을 독촉에 끌어들이려고까지 했던 이승만이 인공의 주석 취임을 공식적으로 거부하였다.[38] 이로써 국내 정국에서 좌우 대립의 골은 점점 더 깊어만 갔다.

그렇지만 안재홍은 11월 23일과 12월 2일 두 차례에 걸쳐 김구를 포함한 임정 요인들이 귀국하자, 또다시 민공협동에 대한 희망을 갖고 움직이기 시작하였다. 그렇지 않아도 중국의 임시정부를 "해외에 있는 독립운동의 정통적인 기관"[39]으로 간주하고 있던 안재홍은 이미 미국과 소련이 점령한 가운데 국내 정치가 좌우 대립으로 혼미를 거듭하고 있는 상황에서 이미 민족혁명당(民族革命黨) 등 좌파 세력을 포함하고 있던 중경임정이야말로 민공협동에 적극적일 것이라고 기대하였다.[40] 또 좌익은 이승만의 경계를 받으면서 미군정으로부터도 인공을 인정받지 못한 상태였기 때문에 국민적 열망 속에 입국한 임정과 나름대로 "묘한 정치역학 관계를 설정해 보려고 공작을 벌이고"[41] 있었다.

11월 27일 아침 경교장(京橋莊)에서 임정 주석 김구는 안재홍, 송진우, 여운형, 허헌 등 네 당수를 차례로 면담하였다. 김구는 비서 장준하(張俊河)로부터 각 당수들의 시국관 등에 대한 브리핑을 받은 후, 맨 먼저 국민당 당수 안재홍을 만났다. 비서 1명, 수행원 2명과 경교장에 들어선 그는 팔자수염과 함께 한 번도 웃지 않는 엄숙한 표정이었다.[42] 안재홍은 김구를 단독으로 만난 자리에서 "인공의 유래를 설명하고 좌방(左方)에서 응한다면 그들을 포용할 방침으로 나갈 것과, 중경임정을 기본 역량으로 하고 해내외의 혁명 역량을 섭취하여 적정하게 보강확충(補强擴充)하도록"[43] 진언하였다. 당시 배석했던 장준하는 이때 안재홍의 말이 "매우 분석적이었다."[44]고 평하고 그가 말한 내용을 다음과 같이 기록하였다.

지금 민족진영과 계급진영의 대결 속에 말할 수 없는 혼돈이 계속되고 있습니다. 그 속에 건국준비위원회를 기반으로 하여 인민공화국이 결성되어 가지고 이 혼란을 정리하기는커녕 격화(激化)시키고 있으니, 이러한 격심한 대결 상태를 방관할 것이 아니라 임시정부가 과도정부(過渡政府)로서 일을 맡아 주었으면 좋겠습니다. 임시정부가 입국 전에 과정(過政)이 수립되면 그 법통을 넘기겠다는 한 통신(通信)이 있었는데, 과정을 새로 수립할 것이 아니라 현재의 이 혼란을 하루 속히 안정시키는 의미에서 직접 임정이 집정(執政)을 해 주셔야 합니다.[45]

안재홍의 말 중에 나오는 "한 통신"이란 중국에서 임시정부의 선전부장 엄항섭(嚴恒燮)이 중앙통신사 기자에게 말한 내용을 담은 '상해 9월 14일발 해방통신'을 이르는 것이다. 그 보도는 "임정은 수송의 방편이 얻어지는 대로 귀국한다. …… 우리는 일본인 관리가 한 사람이라도 남아 있는 것은 보기 싫다. …… 임정 주석 김구 씨는 총선에 의한 민주주의 정부가 들어설 때까지 전 정당을 망라한 과도적 정부에게 정권을 이양할 의사가 있다는 뜻을 공약하고 있다."[46]는 내용이었다. 이 같은 보도에 반해 안재홍은 임정이 직접 집정해 줄 것을 요청한 것인데, 그의 요청에 대해 김구는 "각 각료들의 입국을 기다려서 또 모든 정당, 산하단체와 협의해서 결정하도록 하겠소. …… 그러나 총단결(總團結)의 기운을 조성해 달라고 하는 한 가지 부탁을 드리고 싶소."[47]라고 대답하였다.

사실 1945년 12월은 한민족이 민족통일전선을 형성하여 독립국가 건설을 이루어 낼 수 있는 가장 중요한 시점이었다고 볼 수 있다. 남쪽에서는 이승만과 중경임시정부의 1진과 2진이 모두 들어와 정치활동을 하고 있었고, 북쪽에는 9월 말에 만주 빨치산 세력이 들어왔고, 12월 초에는 연안(延安)의 독립동맹(獨立同盟) 세력이 다 들어와 있었기 때문에 이렇게 다 함께 한반도에 모인 상태에서 안재홍의 말마따나 남쪽에서라도 민공협동이 성사되는 날이면 통일정부가 수립될 가능성은 더 커질 수 있는 상황이었다. 더구나 당시 남한에서는 김구가 이끄는 중경임시정부가 좌우의 정치 지도자들 사이에서는 물론 일반 국민들 사이에서도 정치적 구심점으로 공개적 혹은 묵시적으로 인정받고 있었기 때문에, 임정이 주도하는 통일정부의 수립이 가장 바람직한 선택일 것이라는 추측이 지배적이었다. 그래서 안재홍은 그러한 통합 리더십을 중경임시정부가 쥐고 좌익에게도 문호를 개방해야 한다는 주장을 폈던 것이다. 그러나 안재홍에 이어 김구를 만난 송진우는 "좌익은 타도되어야 할 대상입니다. 우리는 그들과 협력해서는 안되고, 중경임시정부는 하나도 변동 없이 그대로 모셔야겠습니다."라고 발언하였다. 임정 중심의 민공협동을 생각하고 있던 안재홍은 그 자리에서 김구에게 그래서 "어떻게 생각하십니까?" 하고 물었는데, 김구는 두꺼비 같은 큰 입을 꼭 다물고 아무 말도 하지 않았다.[48]

그러나 임정 중심의 민공협동은 스스로 "임시정부의 한 사람"[49] 이라고까지 말하였으면서도, 친일 분자 처리 문제와 공산진영과의 합작 문제에 있어서 임정의 정책과는 매우 다른 태도와 행동을 보인 이승만이 공산주의자들과 노골적으로 대립하면서 무산되기 시작했다. 이승만은 이미 인공의 주석직을 거부하면서 반공주의적 입장을 분명히 하였다. 그는 공산 측과의 정치적 합작에는 반대하는 입장이면서도 모든 동포가 과거를 "덮어놓고 뭉치자."고 주장하고 친일파 숙청 문제는 "우리 유일한 정부에서 처리할 문제이니 현 단계에 있어서 선후를 불문하고 적의(適宜)하게 할 일이다."[50]라면서 애매한 입장을 취하였다. 이에 대해 박헌영을 위시한 공산당 측은 통일을 하려면 우선 민족적인 자기비판이 있어야 한다고 하고, "통일을 하자면 덮어놓고 할 수 없다. 적어도 민족 반역자, 친일파들이 제외되어야 한다."[51]고 주장하였다. 이런 상황으로 이승만과 보수적인 지주와 기업가들로 결성된 한민당은 친일자와 민족 반역자의 대변자나 그 소굴인 것처럼 비난을 받게 되었다.

이같이 민공협동이 성사되지 못할 절망적인 상황에서 안재홍은 당시 좌우 양 진영에 "상당한 영향력을 갖고 있던"[52] 민족 지도자인 이승만과 그의 독립촉성중앙협의회에 대한 국민당의 태도를 밝혔다. "이 박사는 열렬한 애국자이시다. 이 점은 누구나 경의를 표할 바이오, 한 가지 일반에 주의를 환기시키고 싶은 점은 이 박사의 측근 인사나 대립 관계에 있는 인사나 모두 박사와 같은 대선배를 적정 타당하게 옹호하여 공사 간에 대업을 대성하게 하지 못하고 각자의 과오로써 파괴 일로로만 향하게 하려는 것은 국가 민족을 위하여 지극히 개탄할 일이다."[53]라고 말했다. 이로 보아 안재홍은 이승만 박사의 카리스마적 권위가 건국 도정에서 각 정파를 통합시켜 통일정부를 세우는 데 제대로 활용되지 못했던 것을 매우 애석하게 여겼던 것으로 판단된다.

반탁운동과 4당 코뮤니케에 참여하다

1945년 12월 미국, 영국, 소련의 외무장관들은 모스크바에서 전후 주요 국제 문제들의 처리를 위한 회담을 개최했다. 이때 3국의 외무장관들은 한반도의 장래에 관한 중요한 외교적인 합의를 이끌어내는 데 성공했다. 곧 "조선에 주재한 미국과 소련 양국의 군사령관은 2주 이내에 회담을 개최하여 양국의 공동위원회를 설치하고 조선임시민주정부 수립을 원조"하며, 양국의 공동위원회는 "임시정부와 조선의 각종 민주적 단체와 협력하여" 최고 5년간 미국, 영국, 중국, 소련 등 4개국에 의한 국제신탁통치(國際信託統治)를 실시한다는 것이었다.[1] 12월 28일 이러한 외교적 합의 내용이 국내에 전달되자 처음에는 좌우를 막론하고 이에 대해 강력하게 반대하였다. 그러나 며칠 뒤인 이듬해 1월 3일 이후부터 좌익진영이 신탁통치를 포함하여 모스크바 3상회의 결정 사항을 총체적으로 지지하고 나서는 바람에 국내 정국은 이른바 찬탁(贊託) 진영과 반탁(反託) 진영 사이의 격렬한 대립투쟁 속으로 휘말려 들었다.[2]

　　한반도에 대한 신탁통치안은 이미 얄타회담(1945. 2)과 미국 트루먼 대통령의 특사 홉킨스(Harry L. Hopkins)와 스탈린과의 회담(1945. 5. 28)을 통하여 합의된 바 있었고, 가까이는 같은 해 10월 말 미 국무부 극동국장 빈센트(Carter Vincent)의 신탁에 대한 발언도 있었던 터였다.[3] 그러나 1945년 말의 서울에서는 신탁통치 문제에 대해 "미국은 즉시 독립을 주장했고 소련은 신탁통치 실시를 주장했다."는 보도가 나돌았으며, 이것이 강한 반탁 감정을 불러일으켰다.[4] 안재홍은 이러한 소식을 접하자 즉시, 당일로 그가 주도하던 국민당의 간부들과 함께 김구가 머물던 경교장을 방문했다. 거기서 안재홍은 임정 수뇌부의 몇몇 사람을 만나 형세가 매우 중대함을 강조하고 좌익 인사들까지 끌어들여 신탁통치 반대를 위한 국민운동을 대대적으로 벌일 것을 건의했다. 또 돌아오는 길에는 그때까지도 민공협동을 위한 협의가 가능했던 공산당의 본부에 들러 사태의 심각성을 들어 함께 반탁국민운동에 총궐기할 것을 제언하였다. 이때 박헌영은 외출 중이어서 그로부터 직접 대답을 들을 수 없었으나, 당시 조선공산당의 제2인 자격이었던 이주하(李舟河)는 "탁치반대운동이 아니고서야 무슨 운동을 하겠느냐."면서 매우 침통한 반응을 보였다. 이주하의 이러한 반응에 대해 안재홍은 입속말로 "그러면 그렇지." 하며 내심 감격하였다.[5] 이것으로 미루어 이때 안재홍은 이 기회에 반탁 국민운동을 통해 다시 한번 민공협동을 성공시켜 볼 생각을 하였던 것 같다.

결국 12월 29일 경교장에서는 임정 요인들과 여타 단체의 지도
자들이 회합한 가운데 신탁통치반대국민총동원위원회(信託統治反對國
民總動員委員會, 이하 총동원위원회)가 결성되었다. 위원장에는 권동진(權東
鎭)이, 부위원장에는 안재홍과 김준연이 선임되었다. 그러나 권동진
위원장은 연로했고 또 병중(病中)이어서, 안재홍은 그의 요청으로 주
야로 경교장에 머물면서 총동원위원회의 일을 실질적으로 관장하였
다. 위원회는 12월 30일과 31일 이틀간의 전국 총파업을 결의하였고,
위원회가 주최한 반탁 시위대회에서는 "삼천만 전 국민이 절대 지지
하는 대한민국 임시정부를 우리의 정부로 선포하는 동시에 세계 각
국은 우리 정부를 정식으로 승인함을 요구한다."고 선언하였다. 그리
고 안재홍은 총동원위원회 중앙위원회 명의로 낸 「신탁통치 반대 선
언」에서 "탁치 반대는 민족해방운동으로서의 독립운동의 재출발이
다."라고 단정하면서, "모든 계급적 당파적 국견(局見)을 단연 양기(攘
棄)하고 각자가 허심탄회한 견지에서 통일건국(統一建國)과 건국구민(建
國救民)의 유일한 노선으로 매진하자."고 주창하였다. 그러면서도 안
재홍은 국제정치적 상황의 중요성을 감안하고, "한국의 문제는 물론
그 독자적인 지위에서만 결정됨이 아니요, 전 국제적 관련성에서 파
악 인식함을 요한다."면서 "모든 천박한 국제추수자(國際追隨者)와 극
좌적인 신사대주의자(新事大主義者)들의 훤소(喧騷)한 잡음을 극복하면
서 …… 모든 신축성(伸縮性)과 대응성(對應性)에 걸맞은 국민운동을
추진 전개 및 완성함을 요한다."고 주의를 환기시켰다.[6]

이렇듯 안재홍은 반탁운동에 적극적으로 가담하면서도 그것이
결코 연합국을 배척하는 방향으로 전개되어서는 안 됨을 강조했고

일부 극단적인 사람들이 실현 불가능한 행동 방안을 강요할 때는 이들을 설득하기 위해 수다한 시간을 토론으로 보냈다. 그러나 당시 하지(John R. Hodge) 사령관은 김구가 신탁반대운동으로 쿠데타를 일으켰다고 간주하였고,[7] 미군정 주변에서는 김구가 반탁운동을 주도하고 있다는 비난이 퍼지고 있었다. 이와 관련하여 안재홍은 김구 측을 적극 변호하였다. 그리고 1월 1일 밤에 하지 사령관을 만나고 온 김구는 미군정과의 마찰을 피하는 것이 좋겠다는 안재홍의 견해에 동조했는지 안재홍으로 하여금 반탁운동이 연합국들, 특히 미국과 마찰을 일으키지 않는 방향으로 전개되어야 한다는 내용의 방송을 내보내게 했다.[8] 그러면서도 안재홍은 국민당 동지들과 함께 반탁 시위운동을 일으키는 데 진력하였고, 1월 12일에는 제2차 반탁 시위가 전국적인 차원으로 확산되었다.[9]

한편 1월 3일 공산당이 찬탁으로 급선회한 이후 심각하게 전개되는 정국의 좌우 분열 상황을 타개하고 상호 협동할 수 있는 방안을 모색하기 위한 목적에서 국민당 당수 안재홍, 인민당 당수 여운형, 한민당 당수 김성수, 공산당 당수 박헌영과 임정의 대표들은 1월 6일 회동하여 10여 시간의 토의 끝에 이른바 4당 코뮤니케를 발표하였다.[10] 1월 7일에 발표된 4당 코뮤니케를 통해 4당 대표들은 정치적 암살 및 테러를 비판한 다음, 모스크바 3상회의의 결정에 따라 통일 임시정부(統一臨時政府)를 수립하고 신탁통치 문제는 임시정부 수립 이후에 한민족의 자결과 독립이라는 정신에 입각하여 해결한다는 데에 합의하였던 것이다. 이것은 "찬탁을 교묘히 회피하면서도 모스크바 3상회의의 핵심적 내용에 대한 반대 의사를 살짝 가린"[11] 절묘한 타협안이었고 "8·15 이후 가장 자랑할 만한 민족자주성(民族自主性)의 발로(發露)"[12]였다.

그러나 안재홍에 의하면 동 합의 내용 중 제3항이 "국제헌장에 의하여 의구(疑懼)되는 소위 탁치안은 임시정부 수립된 후 독립정신에 준하여 해결키로 함."이라고 되어 있어 이 부분에 대한 비난의 여론이 높았다고 한다. 국민당 내에서도 반대 의견이 있었고, 한민당에서는 대표로 활동했던 김병로, 원세훈 양 씨는 당내에서 심한 비판을 받았다.[13] 이때 이승만은 4당 코뮤니케의 정치적 의미를 평가절하하려는 의도에서 민족적 총의(總意)로서 신탁통치를 반대하자는 강경 자세를 보였고, 공산당은 4당 코뮤니케가 마치 4당이 모스크바 3상회의의 결정을 전면적으로 지지한 것처럼 왜곡, 선전하였다. 더구나 처음부터 이 회합에 임정의 대표들도 참여했기 때문에 추후의 모임 성격에 대한 논란이 많았다. 인민당 측은 나름대로 "연합국의 지원으로 통일임시정부는 세우되 신탁은 반대한다."는 선에서 4당 간의 재타협을 시도했으나, 이에 대해 한민당 측이 완강하게 거부했기 때문에 결국 4당 코뮤니케에 의한 민공협동도 수포로 돌아가고 말았다.[14]

1946년 1월 4일, 임정 측은 김구 주석의 성명으로 입국 후 최초의 당면 비상대책을 발표하였다. 그것의 핵심은 임정을 중심으로 국내외 각계각층 대표로 비상정치회의를 결성하고, 이것으로 과도정부를 수립한 이후 다시 국회에 해당되는 국민대표대회(國民代表大會)를 소집하여 헌법을 제정함으로써 정식 국가를 출범시키자는 것이었다.[15] 신탁 문제로 혼란했던 정국을 4당 코뮤니케로 수습해 보고자 했던 것이 실패로 끝난 이후에도, 안재홍은 단념치 않고 임정의 비상정치회의가 민공협동의 방향에서 성공할 수 있는 방안을 모색하였다. 즉, 그는 이미 임정에 참여하고 있는 한독당, 민족혁명당, 조선민족해방동맹, 그리고 그의 국민당에 새로 신한민족당을 추가시켜 5당 협동으로 과도정부를 수립하는 문제를 임정 요인들과 상의하였다. 그는 이렇게 해도 민족주의 진영이 영도권을 잡고 이끌어 나가는 한 법통의 문제는 없을 것이라는 생각을 임정 요인들에게 전하였다.

그렇지만 이러한 시도도 현실적으로 성사될 가망이 없었다. 왜냐하면 이미 이승만 측에서는 독립촉성중앙협의회를 중심으로 각 당파의 관계를 고려하여 인선한 후 이들로써 비상국민회의를 열고, 여기서 이승만과 김구 양 영수에게 최고정무위원들에 대한 인선을 위임하여 최고정무위원회가 통일정부의 수립을 도모한다는 별개의 정치 통합안을 추진하고 있었기 때문이었다. 이때 안재홍과 같이 정치적 통합의 필요성을 절감하고 있던 많은 인사들은 경교장의 비상정치회의(非常政治會議)와 돈암장의 비상국민회의(非常國民會議)를 서로 연결시켜 보려고 애썼다. 이 같은 통합 노력에 대하여 김구는 어렵지 않게 찬성하였고, 다른 임정 구성원들도 다수가 지지하였다.[16] 그러나 1월 23일 김성숙, 성주식 등이 이끌던 임정 내의 좌파 계열에서는 이승만 측과의 연합을 위한 이 같은 움직임에 대해 전원 반대하고 즉시 임정을 탈퇴하였다. 그리고 임정이 주도하던 비상정치회의에 한민당의 거중조정으로 독립촉성중앙협의회가 합류하게 됨에 따라 그 명칭도 비상국민회의로 바뀌었다.[17]

안재홍은 이렇게 새롭게 시작된 비상국민회의의 주비회장(籌備會長)으로 선임되었다. 또 2월 1일 천도교당에서 자주적인 과도정부의 수립을 목표로 한 비상국민회의 제1차 대회의 사회를 보았다. 이날 대회는 임시정부에 대한 감사 결의 및 러치(Archer L. Lerch) 군정장관의 축전에 이어 임시의장에 김병로(金炳魯)를 선출하고 경과 보고, 의사 규정과 조직 대강을 채택했다. 또 권동진 외 100명의 연서로 과도정권 수립 및 기타 긴급한 조치를 행하기 위하여 최고정무위원회를 설치하되, 인원수 확정과 선정은 이승만과 김구 두 영수에게 일임하는 건의안을 가결하였다. 이어서 이극로(李克魯) 등 22명의 연서로 이 대회에 불참한 인민당, 공산당, 독립동맹 등 좌익 단체들의 참가 권유안을 가결하여 그 교섭위원(交涉委員)으로 홍진(洪震), 최동오(崔東旿), 이극로, 최대술, 이단 등 5인을 선임하였다. 또 임시정부 의정원의 의장과 부의장이던 홍진과 최동오를 대회 의장단으로 피선하였다.[18]

이때 안재홍은 최고정무위원(最高政務委員) 28명 중 한 사람으로 임명되었고, 정무분과위원회의 위원장으로 피선되었다. 그는 또 국민당의 당수로서 비상국민회의에 참여하고 있었는데, 2월 13일에는 서울중앙방송을 통하여 임정 주도의 비상국민회의 발족의 의의를 다음과 같이 말하였다. 첫째, 개인이나 민족이나 나라인 국가기구에 의하지 않고는 생존·생활·진취·발전할 수 없는 것인바, 비상국민회의는 나라를 우선 세워 민족을 구하자는 건국구민(建國救民) 운동이다. 둘째, 국내의 사회적 정세나 국제 정세로 보아 공산정권은 필요하지도 허락되지도 않는다. 셋째, 임정이 소집한 비상정치회의에 독립촉성중앙협의회가 합류하여 발족한 비상국민회의에 의해 과도정부(過渡政府)가 수립된다면 그것은 3·1운동 이래 27년간 지속된 민족해방운동상의 정통성을 갖게 될 뿐 아니라 민족통일의 미래를 밝게 해

주는 것이다.[19] 그러나 이때 안재홍은 임정 내의 좌파 세력이 탈퇴하는 것을 보면서, 이제는 민공협동의 가능성이 거의 없다고 판단하고 그것을 위한 노력은 일단 포기하면서 우익 연합으로 비상 국회를 만들고, 우익진영이 잘 결집되었을 때를 기다려 민공협동을 다시 시도하리라고 생각했다.[20]

이렇게 안재홍이 포기하지 않고 민공협동을 계속 시도했던 것은 그가 생각할 때 '해방'된 조선에는 계급투쟁의 기본 조건이 성립하지 않을 뿐 아니라 민족 구성원 사이에 서로 피를 흘리지 않고도 정부를 세울 수 있다는 자신의 판단에 근거한 것이었다. 즉 안재홍은 당시의 토지소유 상황을 예로 들면서, 전국 530만 호 가구 중 열 마지기 이상의 전답을 소유한 중소 지주와 자작농이 전 국민의 거의 반수(半數)를 차지하고 있었고, 그중 200정보 이상의 토지를 소유한 조선인 대지주는 100호에도 미치기 않기 때문에 민족 내부에서 계급투쟁할 조건이 근본적으로 되지 않는다고 보았던 것이다. 그리고 안재홍은 일본인이 소유했던 공유지와 사유지를 국가가 회수해서 이를 유상분배(有償分配)하고 대규모 제조업은 국영(國營)으로 운영하면 "서로 피를 흘리지 않고서도 적당 해결될 것이 명백하다."[21]고 생각하였다.

국민당을 한국독립당에 통합시키다

임정 측의 주도로 자율정부의 수립을 목적으로 개최되었던 비상국민회의의 최고정무위원회는 미군정의 요청으로 본래의 성격과 명칭을 달리하여 2월 12일 미군정 최고책임자 하지 중장의 자문기관으로 남조선대한국민대표민주의원(南朝鮮大韓國民代表民主議院), 즉 민주의원으로 발족했다. 이때 안재홍도 민주의원의 의원이 되었다. 그러나 그는 최고정무위원의 직도 사양한 바 있으며, 비상국민회의가 민주의원 같은 기관으로 전환된 것에 대해서도 탐탁하게 여기지 않았는데, 그는 후에 당시를 다음과 같이 회고했다.

나는 당시 비상국민회의 주비회장의 책을 졌으나, 매일 조조부터 심야 가깝도록 노호(怒呼)와 신규(呻叫)의 대상이 되어 가면서, 각파 및 인물의 분야에 되도록 큰 지오(遲誤) 없기를 기하였다. 나는 국민당을 대표하는 조건도 있고 하여 그 최고정무위원의 한 사람이 꼭 될 것으로 요청되었으므로, 처음 전형의 자리에서 이 박사께 사의를 표명한즉, 박사는 차탄(嗟嘆)하시었다. "하지 못해 애쓰는 사람도 있는데 사퇴하는 것은 아름다운 일이라"는 것이었다. 실은 최고정무위원은 불일간에 성립될 통일정부의 대신(大臣)이라는 것이었고, 나는 애국운동은 지위를 위함이 아니라는 견해에서 그것이 싫다고 한 것이다. 그다음 날 아무도 없는 틈을 타서 이 박사께 내가 그 위원 고사(固辭)하는 뜻을 표하였을 때, 박사는 흥분하시면서 "빠져서 아니 될 사람이 빠진다면 어찌 되느냐."는 말씀이었다. 그동안 대북 관계는 떼어놓고 이남만 표준하여 남조선 국민대표 민주의원의 명칭이 나오게 되어, 결국 최초의 기대보다는 용두사미(龍頭蛇尾)로 졸아들게 되었다. 나는 이처럼 되는 바에 더욱이 혼자 빠져버릴 수도 없고, 민주의원 의원이 되고 말았다."[22]

창경궁에서 조소앙과 함께. 훗날 함께 납북된 두 사람은 각각 '삼균주의'와 '신민족주의'를 제창하여 대한민국 건국의 이념적 기초를 제공했다. 오른쪽은 웨더마이어(Albert C. Wedemeyer) 미국 대통령 특사.

안재홍은 2월 22일 민주의원의 구성과 관련하여 서울중앙방송을 통해 행한 「국민대중에게 소(訴)함」이란 연설에서 연합국들은 우리 앞에 독립이냐, 신탁통치냐 하는 두 개의 상자를 준비해 놓고 있다고 전제한 다음 민족진영은 노동자와 농민 등 일반 근로 계층의 이익을 옹호하고 진정한 정치, 경제적 민주주의에 따른 신국가 건설을 기도하고 있고, 공산진영도 진정한 민주주의 국가 건설을 의도하지 당장에 공산주의적 제도를 실행하자는 것은 아님을 상호 인식하여, 민족·공산 양 진영은 진정한 우국지정(憂國之情)에 따르고 내외의 각종 대책을 수립하여 건국정부(建國政府)를 하루빨리 세우자고 주장하였다. 안재홍은 민주의원에서 임정수립예비방안연구위원회, 미곡대책연구위원회, 시·구 및 도로명칭개정위원회, 민주대책협의회 등의 위원으로 활동하였다. 그는 또 김규식, 조소앙, 김준연 등과 함께 미소공동위원회에 대한 민주의원 측의 대표단이던 접흡단(接洽團)의 일원으로 일했는데, 접흡단은 미소공위와 관련된 제반 사항을 연구 검토하고 동시에 우익진영이 미소공동위원회에 제출하는 모든 안건을 총괄하였다.[23]

한편 이즈음 민족진영에서는 우익정당의 통합 운동이 진행되고 있었다. 안재홍은 국민당을 처음 창당할 때부터 해외의 혁명 지도자들이 모두 참여하는 일대 민족정당의 결성을 마음에 두고 있던 터라 국민당에 드나들던 기자들이 자기를 당수로 호칭할 때마다 꼭꼭 이를 부인하고 "나는 당수가 아니니, 해외의 혁명영수(革命領袖)들이 들어오시면 어느 분이든지 정말 당수로 추대하고, 일대 정치 투쟁을 전개할 것"이라고 수차례 언명하곤 하였다. 그리고 1946년 3월 20일 미소공동위원회 제1차 회의가 열리던 날, 그로서는 "한국독립당이 그 역사, 그 구성 인물로서 최대한 대표적인 당인 것으로 인정되어" 다른 당 간부들의 반대에도 불구하고 일찍부터 내밀하게 상의해 온 국민당의 한국독립당에의 통합을 결행하였다.[24] 사실 이때 국민당은 당원이 20만 명을 넘어 한독당보다 훨씬 많았고 함께 한독당에 통합한 신한민족당의 당원 수도 매우 미미한 상태였기 때문에 국민당원들은 자존심이 크게 상하여 통합에 반대하는 의견이 비등했다.[25] 그러나 안재홍은 미소공위의 시작과 함께 민족진영의 대동단결이 전략적으로 필요하다는 고려에서 "조선의 완전한 민족단결 자주독립 국가가 확립될 때까지 독립운동의 재출발"을 다짐하면서 통합을 단행하였다. 그리고 통합된 한국독립당의 중앙상무위원 및 훈련부장에 피임되었다. 얼마 후 안재홍은 합당과 관련하여 4월 12일 서울중앙방송에 「재투쟁의 결심으로」라는 회견문을 발표하고, 정치적 대동단결이라는 대의명분 외에 국민당의 다사리주의와 한독당의 삼균주의가 궁극적으로 상호 일치하여 합당했음을 천명하였다.

> 혁명단체나 정치결사로서 합동하는 데 최대 요건은 주의 강령의 합치입니다. 그런데 한국독립당은 정치상 보통선거 제도를 실시하여 국민의 참정상 균등을 확보할 것을 필두로, 대(大)생산기관과 토지를 국유로 하여 국민의 생활권을 균등화할 것과, 의무교육을 국비로 실시하여 국민의 수학권을 균등화한다는 등 삼균제도(三均制度)를 주장하는 터이니, 그는 즉 정치균등·경제균등·교육균등이란 자로, 토지 문제를 빼어놓고는 국민당의 만민공화, 대중공생을 목표로 하는 다사리주의인 신민주주의(新民主主義)와 전연 합치되는 바, 대한민국 건국대강으로 나타난 바이니 정강 정책의 주요 부문에서 양당이 일치하는 바입니다.[26]

그는 이어서 양당이 주요 기간산업의 국유화 면에서는 일치하나, 한독당이 토지의 국유화 정책 채택을 주장하고 있는 것이 국민당의 토지정책과 다름을 지적하였다. 다시 말해서 일본인의 국유지와 사유지는 국가가 회수하여 소작 농민에게 가족당 인구 비례로 우선 유상 배정하되, 그 대금은 장기 상환제로 국가에 지불하도록 하여 세습적으로 소유하게 하자는 것이 국민당의 토지정책임을 밝혔다. 즉, "농민은 토지를 국유로 하고 소작으로 경작하는 것보다 자기의 세습 소유로 하여 자손에게 물리어 주기를 희망할 뿐 아니라 농지 개량과 생산 증식에도 그 세습 소유가 필요함으로 그것을 세습 소유로 하고 그를 보장하는 입법을 하자는 것이"[27] 국민당의 주장이었다. 그러나 안재홍은 한독당의 토지정책이 민주의원의 임시정책대강(臨時政策大綱)이 발표되면서 국민당의 그것과 일치하게 되었음을 말하였다.

이것이 3월 18일 대한국민대표민주의원에서 임시정책대강을 제정, 발표함에 있어 "적산(敵産) 즉, 일본인의 재산과 반역자의 재산은 공·사유를 물론하고 몰수(沒收)함"과 동시에 "모든 몰수 토지는 농민의 경작능력(耕作能力)에 의거하여 재분배함"과, "대지주의 토지도 동일한 원칙에서 재분배하되 현 소유권자에게 대하여서는 적당히 보상(報償)함"과 동시에 "재분배한 토지에 대한 대상(代償)은 국가에 장기적으로 변납(辨納)함" 등을 결정하여, 국민당의 토지정책과 거의 혼연일치를 보게 되었고, 한국독립당으로서도 이 노선을 따라 당연 그 토지정책(土地政策)을 개정하여야 하게 되었으므로, 국민당과 한국독립당은 토지정책에서도 다시 완전 일치(一致)를 보게 되었읍니다.[28]

나아가 안재홍은 국민당원들을 향하여 "완전 독립이 아직 없는 우리에게 소위 대신(大臣, 장관을 말함) 자리를 다투거나 대의사(代議士, 국회의원을 말함)를 많이 얻겠다는 그러한 정당운동이라기보다는, 의

연한 민족해방의 혁명단체로서 대중의 선두에서 조국 재건의 대업
에 생애를 바치자는 것이 우리의 결심이요, 의도인 것을 알아야 합니
다."[29]라고 말함으로써 비록 해방은 되었으나 완전 독립이 성취되지
못한 상태에서의 정당운동은 순수하게 지속적인 독립운동의 일환임
을 강조하였다.

민족진영의 미소공동위원회 참여를 촉구하다

1946년 봄 한국의 정국은 매우 불투명하였을 뿐 아니라, 비상국
민회의나 민주의원의 출현, 그리고 점차 부상하고 있던 좌우 협력적
인 통일 노선에 대해 불만을 갖고 있던 이승만 계열과 박헌영 계열의
도전으로 분열되고 있었다. 좌익에서는 이미 2월 초부터 비상국민회
의와 별도로 남북의 모든 주요 좌파 인사들을 포괄하는 새로운 좌
파 연합체의 조직을 준비하였다. 이들은 2월 15일 서울 YMCA회관에
서 민주주의민족전선(民主主義民族戰線)을 결성하고, 건국 과정에서 친
일파 및 민족 반역자를 제거하고, (임정 측은) 기성 정부의 법통을 고
집하지 말며, 모스크바 3상회의의 원칙하에 민주주의 독립국가를 건
설하자는 정치 통합의 원칙들을 선언하였다. 한편 민주의원 의장이
면서 평소 강력한 반공주의 입장에서 소련을 반대하는 발언을 계속
해 오던 이승만은 미소공동위원회 제1차 회의가 열리던 3월 20일 돌
연 의장직에서 사임할 것을 표명했다. 민주의원에서는 이를 만류하였
으나, 이 같은 사임 소동은 소련과 협조를 통해 한반도 문제를 해결

코자 했던 미군정 측이 이승만에게 압력을 행사했기 때문이었다. 이후 김규식(金奎植) 부의장이 의장 대리로 일했고, 미군정 측은 김규식과 이승만의 집에만 설치했던 민간인 직통 전화선 중 이승만 집의 것을 철수시키고 집 주위에 미 헌병을 파견하여 그를 감시하였다. 민주의원 의장직 사임을 선언한 이후 1차 미소공동위원회가 국내 정당·사회단체의 참여 대상 선정 문제로 진척을 보이지 못하고 있는 상황을 예의 주시하던 이승만은 4월 16일부터 천안, 김천, 마산, 진주, 광주 등지를 순회하기 시작하였다.[30]

이즈음 1946년 2월 26일 새로 창간된 《한성일보(漢城日報)》 사장으로 취임한 안재홍은 4월 초 《한성일보》에 「미소회담에 기함」이란 논설을 통해 미소공위에 대한 그의 견해 및 스티코프 중장의 발언에 나타난 소련의 국내 상황 인식에 대한 비판을 다음과 같이 피력하였다. 첫째, 미소공위는 한민족이 비록 약소민족이지만 영토, 인구, 자원을 보유하고 또한 고도의 문화를 지닌 탄력성이 강한 단일민족으로서 통일된 독립국가가 될 권리와 실력을 보유하고 있다는 점을 인식해야 한다. 둘째, 모스크바 3상회의가 한국의 자유독립국가의 건설을 원조한다는 것에는 감사하나 신탁통치만은 절대 반대한다는 것이 한민족의 변할 수 없는 총의다. 셋째, 스티코프는 인민위원회를 구성하고 3상회의의 결정을 절대 지지했던 공산주의자들이 진정으로 민주주의적인 민중의 대표인 것처럼 말하고 그 외 대다수의 비공산 계열의 정당·사회단체들을 반역적 또는 반민주주의적 악질분자로 민주주의적 건국 과정상 걸림돌로 간주하였는데 이는 공산주의 세력의 규모를 과대평가한 중대한 오류이다. 넷째, 스티코프는 한국이 장차 소련을 공격하는 요새지 또는 군사 근거지가 되어서는 안된다고 말했으나 과거의 예로 보아 그 같은 주변국들의 전략적 견해는 도리어 한반도가 주권이 유린되고 제3국의 전장이 되는 결과만 초래했기 때문에 이 같은 소련의 발상은 근본적으로 폐기되어야 한다. 다섯째, 카이로선언이 한국의 독립을 약속함에 있어 "적당한 시기에"라고 제약한 바 있었는데, 3상회의에서 그것을 "5개년"으로 규정한 것을 두고 일부에서는 진일보한 것이라고 평가하고 있지만 이것은 틀렸다. 왜냐하면 샌프란시스코회의의 국제연맹규약(國際聯盟規約)으로 침략 방지에 대한 국제 협약이 이미 체결되었고, 일본 제국주의는 전면 붕괴되었으며, 미소 연합군의 점령으로 한국에서의 일본 제국주의적 세력도 붕괴되었으므로 이 "적당한 시기"는 이미 완전히 종료되었다고 봐야 하기 때문이다. 여섯째, 한민족은 연합국들에 감사하나 신탁통치 및 후견(後見)을 절대 반대하며, 친미반소와 친소반미 모두 불가한 것으로 간주하고 있다. 다만 미소 간의 원만한 타협의 결과로 민족의 자주독립과 세계 평화가 재건되기를 열망하고 있다. 일곱째, 우리에게 가장 시급한 과제는 모든 극좌 편향적인 외세 의존적 경향을 배제하고, 진정한 민주주의 및 그 원칙에 의해 자주 통일정부를 수립하고, 반동적 잔재 세력의 발동 가능성을 봉쇄하면서 민족자주노선(民族自主路線)으로 정진하는 것이다.[31]

한편 미소공위는 4월 18일 제5호 성명을 발표하여 미소공위의 협의 대상이 되고자 하는 정당·사회단체는 모스크바 3상회의 결정의 목적을 지지하고 이의 실천을 위해 협력한다고 서약한 선언서를 제출할 것을 요구하였다.[32] 제5호 성명은 지금까지 3상회의 결정을 지지했던 찬탁 진영을 크게 고무하는 것이었으나, 반탁 진영으로서는 커다란 시련이었다. 미소공위의 협의 대상이 되어야만 임시정부 수립에 참여할 수 있고, 협의 대상이 되기 위해서는 3상회의 결정을 지지해야 하는데 반탁 진영으로서는 반탁운동을 계속하자니 건국 과정에 참여하지 못하고 도태될지도 모르는 형편도 예견해야 하는 상황이었다.

민주의원 의장 대리 김규식은 같은 날 민주의원을 대표하여 제5호 성명과 관련하여 과거의 찬탁, 반탁을 불문하고 합작 협력하자는 요지의 성명을 발표하고, 특히 우익진영의 미소공위 참가를 요청했다.[33] 이 같은 요청에도 불구하고 우익진영은 공위 참가 문제로 의론이 분분했다. 사태가 이렇게 되자 하지 사령관은 4월 22일자 성명을 통해 3상회의의 결정을 신중히 검토하여 미소공위에 협조할 것을 요청하였고, 4월 27일에는 특별성명을 발표하여 선언서를 제출한다고 하더라도 찬·반탁의 의사 표현의 자유는 있다고 언명하였다.[34] 이때 안재홍은 전국에 중계되는 방송을 통해 "국제 세력의 제약하의 현실투쟁론"[35]의 시각에서 미소공위와 관련한 국제적 협력이 구한말 일제에 의해 점차 주권을 빼앗겼던 것과 정반대로 단계적으로 국권을 확보하는 길임을 이해할 필요가 있다고 주장했다.

모스크바 3상회의 제3조 제3절에 문제되는 탁치안이 기록되어 있는데, 선언에도 그 말단에서 "모스크바 결정 제3절에 예시된 방책에 관하여 공동위원회가 임시한국민주정부(臨時韓國民主政府)와 협의하여 제안을 작성함에 협력할 것을 자(玆)에 선언"함으로 되어 있으므로, 그 "제안 작성(提案作成)"이 탁치를 반대하는가, 지지하는가, 둘 중 하나를 결정할 것인 고로 이것을 잘못 생각하면 그 제안 작성에 협력한다는 것이 그대로 탁치(託治)를 수락한다는 결과로는 되지 않는가 하고, 의구심을 품는 것이 괴이할 것도 없는 터입니다. 그러나 문의로 해석하여 보아 제안 작성이란 것은 반탁이냐 찬탁이냐의 좌우 간의 결정을 판단하자는 것이지 결코 탁치를 수락한다는 해석으로는 아니 되는 것입니다.[36]

미소공위의 사업이 난항 중에 빠져 가는 4월 하순에 있어 나는 제 5호 성명에 서명(署名)하고 협의 대상에 참가하여 우선 남북좌우 통일정권(統一政權)을 수립하고, 그 정식 정권을 통하여서 국제적으로 공식의 발언권을 보유하면서 재건대업을 추진하자고 주장하였다. 그것은 구한말(舊韓末)에 걸음걸음 일제 침탈의 올가미에 옭겨 감과 달라서 걸음걸음 국권을 회수하여 독립 완성에까지 가자고 하는 현하 국제 세력의 제약하의 현실투쟁론으로 그리하였던 것이다.[37]

그러나 당시 정국은 통일임시정부의 수립을 위한 국내 세력 간의 우호적인 협조가 어려워져 가는 한편으로 미소 양국 간의 대립도 심화되기만 하였다. 미국은 신탁통치에 대한 찬반 여부에 관계없이 미소공위에 참여 의사를 밝힌 정당·사회단체 모두가 협의 대상이 되어야 한다는 입장이었다. 반면 소련은 3상회의의 결정에 반대하는 "판에 찍은 반동분자 이승만과 김구 및 그의 공모자들의 영향하에 있는"[38] 정당·사회단체들은 제외해야 한다는 입장이었다. 이 같은 양국의 견해차로 국내 정국은 다시 혼미하게 되었고, 미소 양국은 협의 대상 선정 문제를 둘러싸고 상대방이 서로 한반도를 자기의 영향권에 둘 것을 기도하고 있다고 인식하기 시작하면서 상호 협상이 성사될 전망은 전무한 상황으로 치달았다. 결국 5월 7일 제1차 미소공위는 결렬되어 무기한 휴회되었다.

이렇게 미소공위에의 참여 문제로 미국과 소련, 그리고 국내의 좌우 진영이 날카롭게 대립하는 가운데, 안재홍의 고명딸인 서용(瑞鏞)의 혼인식이 있었다. 당초 혼인식은 안재홍을 잘 알고 존경하던 이숙종(李淑鍾) 여사가 교장으로 있는 돈암동 성신고녀(誠信高女) 강당에서 치러질 예정이었다. 그러나 혼인식 날인 4월 21일 이 학교의 좌익 교사들이 교문에서 하객들의 출입을 막으며 '우익 반동' 안재홍의 딸 결혼식을 여기서 할 수 없다며 극구 반대하였다. 안재홍은 할 수 없이 학교 바로 건너편에 있던 무용가 조택원(趙澤元)의 연습실을 빌려 황망한 중에 간신히 혼인 예식을 올릴 수밖에 없었다. 아마도 그가 좌경화하기 시작한 건준을 박차고 나와 우익 정당인 국민당을 만들고, 기회 있는 대로 좌파의 계급혁명 노선을 비판했기 때문에 좌파의 견제와 공격 대상이 되었던 것 같다. 또 안재홍은 딸 서용의 혼인식과 관련하여 여기저기 청첩장을 보내 축의금을 받는 것은 마치 딸을 팔아 시집보내는 것이나 마찬가지라 생각하여 친지나 동료들에게는 일체 연락하지 않았다. 결국 일가친척들만 모여 조촐한 예식을 올린 탓에 신랑신부는 물론 일가친척들이 내심 섭섭해했다고 한다.[39] 그렇지만 안재홍이 고명딸의 예식을 검약하게 치른 것은 그가 주요 정치 지도자였으며, 미군정 민정장관으로 재직 중에 있었기 때문에 스스로 절제하며 신중하게 행동하였던 까닭이었다. 이는 가내 혼사를 이유로 다른 사람에게 괜한 부담을 주지 않으려는, 꼿꼿한 조선 선비의 금도(襟度)를 지킨 것이었다.

민공협동 운동에 적극 나서다

1946년 5월 1차 미소공동위원회가 무기 휴회되면서 모스크바 3상회의 결정에 의하여 한반도에 통일임시정부가 수립될 전망은 더욱 불투명해졌다. 이렇게 되자, 국내 각 정파들은 새로운 국면에 대처하기 위해 나름대로 정치적 진로를 모색하기 시작하였다.

우선 미소공위가 성공하여 자신들이 주도하는 정부가 수립될 것을 기대하던 좌익 단체들은 미소공위가 휴회되자 적지 않게 실망하였다. 이들은 우익진영이 정권욕에 사로잡혀 반탁을 내세우며 정부 수립을 방해했다고 비난하는 한편 "미소 양국의 공동 일치한 원조 없이 우리 정부는 설 수 없다."[1]는 입장을 밝히면서 '3상 결정 총체지지(三相決定 總體支持)'의 구호를 내걸고 미소공동위원회의 재개를 위한 정치운동을 전개하였다.[2]

반면 우익진영의 세 영수(領袖) 중 이승만은 남한만의 단독정부 수립을 주창하고 나섰고, 김구는 중경임시정부의 법통을 내세우며 반탁과 자주독립의 방향으로 정국을 주도하고자 했다. 김규식은 미군정 후원하에서 여운형을 상대로 좌우합작을 성사시키고, 미소공위 활동을 재개케 함으로써 모스크바 3상회의 결정을 활용하여 통일임시정부의 수립을 성사시키고자 노력했다.[3] 독립촉성중앙회는 5월 12일 서울운동장에서 20만 명의 시민이 참가한 가운데 독립전취국민대회(獨立戰取國民大會)를 개최하였는데, 국민대회 명예회장 중 한 사람인 김규식은 축사를 통해 남의 힘으로 해방은 얻었으나 남의 손에 의해 정부가 수립될 것을 기다릴 것 없이 우리 손으로 자율적인 정부 수립에 매진해야 한다고 주장하였다.[4] 그러나 김규식은 이러한 문제는 38도선 철폐만으로 되는 것이 아니라 남북에 주둔하고 있는 외국군을 동시에 철수하도록 해야 하는데, 그러기 위해서는 제반 문제를 남한에 있는 미군과 협정하고 그 뒤에 소련에 협정을 요구한다면 소련이 이 요구를 받아들이지 않을 수 없을 것이라고 단언하였다.[5]

결국 불투명한 상황의 타개를 위하여 김규식과 여운형이 주축이 되고, 미군 사령관 하지 중장의 정치고문인 버치(Leonard Berch) 중위가 알선하여 5월 25일부터 좌우합작운동이 본격화되기 시작하였다. 이러한 가운데 침묵을 지키던 이승만이 6월 3일 정읍(井邑)에서 남한만이라도 단독정부를 수립해야 한다는 발언을 하였고,[6] 이로써 그 이후의 국내 정국은 좌우합작운동과 단독정부수립운동으로 분열되었다. 7월 안재홍은 좌우합작이 다시 필요하다고 판단하고, 좌우합작위원회(左右合作委員會)의 우익 측 대표의 한 사람으로 활동하게 된다. 그는 이 시기에 좌우합작이 필요한 이유를 서울중앙방송에서 두 차례의 연설을 통해 다음과 같이 설명했다.

첫째, 건국 과정에서 좌우합작을 통하여 임시정부를 세움으로써 민족의 총의(總意)를 한데 묶어 통합하는 것이 선결 요건이다. 왜냐하면 현하(現下) 조선의 문제는 국제적으로 미소 양국이 이미 깊이 관여되어 있어 민족적 차원의 대처가 불가피하며, 국내적으로는 민족대중의 총의를 골고루 반영시킬 필요가 있다.

둘째, 공산주의가 금권정치(金權政治)로 타락한 자본적 민주주의의 한계를 극복하는 정치 이념인 것은 부인할 수 없으나, "조선의 국정(國情)과 역사 전통과 민족의 본능적인 감정 및 의식은 이를 그대로 받아들임을 허(許)치 않는 것"이기 때문에 새 국가는 이념적으로 어떠한 형태의 계급독재도 배척하는 대중공생(大衆共生) 만민공화(萬民共和)의 신민주주의 민족국가의 건설을 목표로 해야 하는바, 이것은 미소 양국이 안심하고 물러가게 할 수 있는 국내적 조건이 될 수 있으며, 대내적으로는 극좌 및 극우 세력을 정치적으로 배제할 수 있게 할 것이다.

셋째, 그럼에도 불구하고 만약 민공협동으로서의 좌우합작(左右合作)이 성공하지 못할 경우, 국내 정치는 필연적으로 극좌(極左)와 극우(極右) 정치 세력들 사이의 대립이 격화되어 조선왕조 말기의 '동학란' 당시와 같은 대규모 유혈 사태가 초래될 것이다.

넷째, 현하 조선은 정부적 차원의 조치로써만 해결될 수 있는 다음과 같은 중대한 문제들에 직면해 있다. (1) 38선의 철폐와 민족 생활의 통일 (2) 통화(通貨)의 정리 및 긴축 (3) 산업 경제의 재건 (4) 농민에게 토지를 적정하게 배분해 주는 등의 토지정책을 단행 (5) 친일파, 매국노, 독립방해자(獨立妨害者) 등에 대해 국가적 차원의 처분을 마무리함으로써 유능한 인재(人才)들이 건국 과정에 자유롭게 참여할 수 있는 길을 마련 (6) 몇백만에 이르는 중국, 만주, 일본, 남양 지역에서 귀환한 동포 및 전쟁 피해 동포들의 구호 및 생활대책 마련.[7]

갖가지 우여곡절 끝에 7월 25일 덕수궁 석조전에서 전 국민적인 기대와 주시 속에 제1차 좌우합작위원회가 개최되었다. 이때 우익 대표로는 김규식, 원세훈, 안재홍, 최동오가, 좌익 대표로는 여운형, 장건상, 박건웅, 김찬, 강순이 참여하였다. 그러나 이미 단독정부 수립을 공언한 이승만이 김구와 함께 미군정이나 좌우합작위원회에 대립적인 입장에서 민족통일총본부(民族統一總本部)를 조직하여 공세를 취하기 시작하였고, 이에 대해 좌익과 일부 우익 단체들은 맹렬한 비난을 전개하였다. 그런데 이 사이 좌우합작위원회는 합작 원칙에도 합의하지 못하는 등 뚜렷한 성과 없이 지지부진한 상태를 벗어나지 못하고 있었다. 그리고 9월 7일 이승만은 독립촉성국민회 제2차 전국대표자대회에 나가 공산주의에 대한 투쟁 방침을 밝히는 동시에 독립촉성중앙협의회를 해산하고, 이를 독립촉성국민회에 합류시켜 단독정부수립운동 조직을 강화하였다. 또 자신을 지지하는 사람들에게는 멀지 않아 선거가 있을 것이라고 말하고 선거운동을 준비하라고까지 종용하였다.

더구나 10월 1일 이후 대구와 경남북 지역에서 공산당의 조종으로 철도 노조원과 농민들이 중심이 된 대구 10월 사건이 발생하는 등 정국은 날로 불안해지고 있었다. 이즈음 미군정의 측면 지원을 받으며 합작 원칙의 절충을 계속해 오던 좌우합작위원회는 그동안 미군정 당국이 사법부의 실무자를 시켜 준비했던 입법의원 설치 법안을 검토하기 시작하였고, 10월 4일에는 합작 7원칙에 합의했다. 이때 안재홍은《한성일보》논설을 통해 합작 7원칙의 타결과 입법의원 설치와 관련하여 자신의 입장을 다음과 같이 표명하였다.

첫째, 본인은 4개 연합국들 중에서 미국이 "우리의 해방에 가장 거대한 구실을 한 주도 역량의 소모자"로 인식하며, "아무런 제국주의적 야심이 없이 우리의 완전 해방과 자주독립 완성을 원조키에 진력하고 있다는 것을 신뢰"하기 때문에 미군정 당국에 최대한 협조하고 있다.

둘째, 합작 원칙이 타결된 이후, 입법기관의 설치 등과 같은 후속 조치를 계속 성사시켜 "군정 철폐와 임시정부 건립을 그 실천 공작에서 걸음걸음 전진시켜야만" 민생 문제도 하루빨리 안정될 수 있다.

셋째, 모스크바 3상회의의 결정에 따라 남북을 통한 좌우합작으로 임시정부를 수립한다는 제1항이 우리가 신탁통치를 뒤집어쓰는 결과를 초래할 것이라는 지적이 있지만 이것은 "법리적 기우"에 불과할 뿐이며, 신탁통치 문제는 일단 임시정부가 수립된 이후에 상정되어 논의될 사안이다.

넷째, 주요 산업의 국유화 실시, 지방자치제 실시 등의 규정과 함께 국가가 몰수, 유조건 몰수, 체감매상(遞減買上) 등의 융통성 있는 방법으로 토지를 취득한 이후 이를 농민들에게 무상으로 분여하고, 그 세습사유(世襲私有)를 인정하되 국가에게만 팔 수 있도록 한 토지개혁 정책은 토지의 "세습 사유는 보장하되 경제균등의 원칙에서 그 대량 독점을 제한하는 혁명적인 국책이다."

다섯째, 친일파 및 민족 반역자 처리를 입법 기구로 하여금 담당케 한 것은 오직 악질적인 반역자만을 선별적으로 처단케 하고 많은 전문 기술자와 인재들을 구제할 수 있도록 할 것이다.

여섯째, 좌우합작은 "기계적 절충주의"도 아니고 단순히 "미소 양국의 세력균형"에 반사적으로 적응하는 데서 비롯된 것도 아니다. 그것은 대내적으로 "건국구민(建國救民)의 자주의 노선"이 궤도에 오른 결과이며 동시에 대외적으로는 "친미·친소, 반미·반소적인 일국편향(一國偏向) 혹은 일국의존(一國依存)의 폐단"이 해소되어 건국 사업이 정도(正道)로 나가게 되는 계기를 제공하는 것이다.[8]

미군정 개혁을 시도하다

미군정 측은 좌우합작위원들과 한미공동회담(韓美共同會談)을 열어 10월 초 대구 사건 이후의 사태를 수습해 보려고 노력하였다. 이 회담은 8·15 이후 한국 측 지도자들이 미군정을 상대로 가진 최초의 공식 회담으로, 10월 23일부터 덕수궁 석조전 중앙 홀에서 매일 오후 2시부터 거의 1개월을 끌면서 11월 말까지 계속되었다.[9] 여기에는 미국 측에서 러치 군정장관, 브라운 소장(Albert E. Brown, 미소공위 수석대표), 웨커린 준장(미소공위 대표), 존슨 박사(Edgar A. J. Johnson, 미군정 경제고문), 헬믹 준장(C. G. Helmick, 군정장관 대리) 외 5인이 더 참석하였다. 한국 측에서는 좌우합작위원회의 김규식, 여운형, 원세훈, 안재홍, 최동오, 김붕준, 박건웅, 장권, 강순, 여운홍 등 10명이 참석하였다. 공동회담의 개최에 즈음하여 10월 26일 양국의 대표들은 한미공동성명(韓美共同聲明)을 발표하였다. 그 내용은 아래와 같다.

조선 국민에게

동족상잔(同族相殘)은 언제나 죄악이다. 그것은 다만 민족의 역량을 소모하고 조국의 재건을 지연할 뿐이다. 더욱이 도에 넘친 잔인한 행위는 국제적으로 조선 민족의 위신을 추락케 하여 독립을 방해하는 결과를 가져올 뿐이다. 얼마나 비탄한 일이냐?

여러분! 지금부터 여러분은 정치·경제상 어떠한 불행, 불만이 있든지, 또는 좌이거나 우이거나 어떠한 악질의 선동이 있든지 그 선동에는 속지 말고, 여러분의 불평불만은 합법적으로 해결을 얻기로 하고, 각각 고생스러운 생활을 참고 지켜 가면서 동포끼리 서로 싸우는 비극은 즉시 그칠 것이다.

살벌과 파괴와 방화 등은 가장 큰 죄악이요, 민족의 대불행이다. 여러분은 다만 합작에 의한 고심참담한 건설을 함께 신뢰하고 지지하면서 총역량을 집합하여 이 중대한 시국을 수습키로 하자!

합작 노선(合作路線)을 절대 지지하는 것만이 민생 문제의 해결과 임시정부 수립과 자주독립 촉성에 유일한 길이다. 여러분이시여! 명심하라! 안정하고 모든 직장에서 정진하자![10]

이 회담에서 참석자들은 대구 10월 사건의 원인을 일단은 공산당의 비합법적인 폭력 전술에 있다고 파악했으나, 근본 원인은 미군정의 경찰 행정과 식량 행정의 실패, 경찰의 불법적 고문, 친일파 등용, 그리고 군정 관리의 부패에 있음을 지적하였다. 그리하여 공동회담은 조병옥(趙炳玉) 경무부장, 장택상(張澤相) 수도경찰청장, 최능진(崔能鎭) 경무부 수사국장을 출석시켜 사건의 진상에 대한 증언을 청취하는 동시에 지용은(池用殷) 식량행정처장의 식량 정책에 대한 증언도 청취하였다. 이때 경찰 토벌대를 직접 이끌고 출동했다가 "개선장군처럼" 당당하게 돌아왔던 조병옥 경무부장은 "경찰관의 고귀한 희생"을 주장하였다. 조병옥은 "노동운동을 가장한 간판하에 불순한 파괴적 정치 활동을 전개하여 민중을 도탄에 빠지고 조선 민족의 장래를 말살하려는 자에게는 일대 철퇴를 내리지 않으면 안 된다."고 증언했다. 반면 폭동의 진상을 규명하기 위해 미군정의 명령으로 현지 조사를 수행했던 최능진 수사국장은 "폭동이 일어날 수 있는 요인이 경찰 자체에도 내재해 있다."고 증언하여 큰 논란이 되었다. 특히 최능진 수사국장은 현지에서 폭동 피의자들을 만나 본 결과를 증언함으로써 조병옥 경무부장의 발표와는 달리 일반 시민들이 "불순한 정치적 파괴적 활동에 선동"되어 폭동에 가담한 것만은 아니라는 사실이 드러났다.[11]

또 이 회담에서는 일제강점기 동안 고등계 형사를 지냈던 경찰관들의 숙청과 같은 경찰 내부의 일제 잔재 청산 문제가 특히 논쟁의 중심이 되었는데, 현상 유지를 바라는 미군정과 한민당의 영향하에 있는 조병옥과 장택상은 이 문제에 대해 극히 소극적이었다. 수도경찰청장 장택상은 1946년 1월 12일 "경찰은 기술직이기 때문에 어쩔 수 없다."는 논리로 노덕술, 이익흥, 최운하 등 일경 출신들을 주요 직책에 앉혔다. 조병옥은 일경 출신이라고 모두 "pro-Jap(친일파)"이 아니라 생계를 위한 "pro-Job"이라 할 수 있다는 논리로 경찰 내 친일파의 제거를 요구하는 좌우합작 진영의 주장을 반박했다.[12] 이에 최능진은 "공산당을 잡는다고 이런 고등계 형사를 그냥 놔둬야 되는가?"라고 반박했다. 조병옥은 당시 경찰 간부 중 53퍼센트가 일경 출신이라고 인정했지만, 당시 경찰을 지도했던 미군정의 매글린(W. Maglin) 대령은 11월 1일 한미공동회담에서 경위 이상의 간부 1157명 중 949명, 곧 82퍼센트가 일경 출신이라고 보고했다.[13]

그러나 사태 발생의 주요 인물로 지목되어 비판의 대상이던 조병옥은 나름대로 2차 대전 말기에 일제에 협력을 약속했다는 중간파 인사들의 성명과 담화문을 영어로 번역한 자료들을 제시하며 자신에 대한 공격을 반박하기도 했다.[14] 이렇게 1개월 가까이 계속되던 한미공동회담은 입법의원(立法議院)의 개원을 앞두고 일단 종결되었고, 이때까지 논의했던 내용을 종합하여 다음과 같은 공동결의안(共同決議案)을 하지 중장에게 제출하고 이의 처리를 촉구하였다.

1. 일제하에서 항일 애국자들을 탄압하고 박해하던 악질 고등계 형사들이 미군정 경찰의 일선에 배치되어 그들이 체포 고문하는 사람들이 비록 공산주의자들이라 할지라도 이것은 국민들의 일

반 감정을 손상시키고 군정 경찰에 대한 민중의 반감을 초래하는 처사이므로 이러한 인사 정책을 시정할 것.

2. 미군정청 내에 잔류하고 있는 친일파들을 "열성적으로 자진하여 일제에 협조함으로써 민족에 해를 끼친 적극적인 친일파"와 "부득이 살기 위한 친일파"와를 구분하여 처리할 것.

3. 미군정 내의 통역들이 이른바 '통역정치'라는 부정적인 결과를 초래하여 필요악으로까지 인정되고 있으니 이를 시정할 것.

4. 광범하게 행해지고 있는 관리들의 각종 부정부패 행위, 특히 귀속재산 처리 과정에는 한국인과 미국인이 다 함께 관련되어 있으므로 이에 대한 엄중한 단속을 기할 것.

5. 조선의 복리(福利)에 반대하는 선동자(煽動者)와 비합법적 폭력에 의한 공산주의자들의 파괴적 행동을 방지할 것.[15]

한미공동회담에 참여했던 좌우합작위원회의 위원들은 이상의 5개 건의안 외에도 식량의 원활한 공급을 통한 민생 안정과 10월 대구 사건의 최고책임자로 조병옥 경무부장의 파면을 요구하였다. 이에 대해 미군정 측은 조병옥 대신 장택상 수도경찰청장의 인책 경질을 대안으로 제기했는데, 표결 결과가 10 대 10 동수가 되어 결정을 하지 중장의 최종 결단으로 넘겼다. 한미공동회담의 건의를 접수한 하지 중장은 12월 6일 최대의 개선과 대책을 강구할 것을 약속하는 성명을 발표하였다. 그래서 그 이후부터 이듬해인 1947년 5월까지 '악질경찰관' 56명이 파면되었다.[16] 그러나 조병옥과 장택상의 경질은 실현되지 않았는데, 이 같은 미군정의 조치는 당시에 팽배하던 군정 불신풍조를 불식하기엔 매우 미약한 것이었다. 한미공동회담에 줄곧 참여했던 안재홍도 후에 이때를 회고하면서 "전후 1개월이 넘도록 90 수 시간의 토의를 가졌으나 결국 아무런 성과도 없었다."[17]고 썼던 것이다.

미군정 내 친일파 제거와 관련하여 조병옥 경무부장과 대립하여 활동하였던 최능진 수사국장은 10여 년 동안 미국에서 살면서 이승만의 '외교제일주의'의 허상과 개인적 비리를 잘 알고 있던 인물이었다. 그는 1948년 5·10선거에서 이승만과 함께 동대문 선거구에 입후보하려 하였으나, 서북청년회의 방해로 뜻을 이루지 못하였다. 그리고 이승만의 보복으로 소위 '혁명의용군 사건' 주범으로 몰려 5년의 징역형을 받고, 6·25로 출옥한 이후에는 김구, 김규식 계열 인사들과 '즉시정전·평화운동'을 벌이기도 하였다. 그렇지만 그는 일본군 하급 정보원이었던 특무대장 김창룡에 의해 구속당해 이적죄(利敵罪)로 총살형을 당하였다.[18] 이는 이승만 정권하에서의 일제잔재 청산이 거의 불가능한 프로젝트였음을 적나라하게 보여 주는 사례라 할 수 있다.

반탁결의안을 혼자서 반대하다

미군정 당국은 합작 7원칙이 합의되자, 10월 12일 법령 제118호 '조선과도입법의원의 창설에 관한 법령'을 발표하고 지역별로 민선의원을 선출하기 위한 준비를 진행시켰다. 원래 미군정 측은 5월 25일 좌우합작을 위한 만남이 처음 성사된 지 1개월 반 뒤인 7월 9일에 하지 사령관의 성명을 통해 입법의원 설치 구상을 발표했던 터라 좌우 합작운동과 입법의원 설치는 사실상 표리 관계를 이루며 진행되고 있었다. 미군정 측은 이를 통해 남한의 입법기관에 약간의 좌익을 끌어들이려고 의도하였고, 합작위원회 측은 합작 7원칙의 타결과 함께 '입법기관에 관하여 하지 중장에 대한 요망'이란 7개 항목의 건의를 미군정 측에 제시했다. 이를 통해 미군정 측에 요구했던 것은 (1) 의원 정수를 관선 45명, 민선 45명으로 할 것, (2) 일체의 결의안은 군정장관의 동의를 거쳐 발표시킬 것, (3) 친일파, 민족 반역자, 일제 도·부의원, 칙임관(勅任官) 이상의 관리, 악질 경관, 악질 정총대(町總代, 동장을 말함) 및 악질 모리배(謀利輩) 등은 의원에서 제외할 것 등이었다.[19]

그러나 좌우의 각 정당들은 입법의원 설치는 군정 연장을 기도하는 것이며 입법의원은 단지 미군정의 자문기관에 불과하다고 비난하기 시작했고, 그러는 가운데 입법의원의 시·도별 민선의원 선거가 진행되었다. 워낙 좌우 대립이 심한 가운데 처음으로 치르는 선거라서 투표율은 전반적으로 저조했고, 곳에 따라서 30퍼센트를 밑도는 지역이 많았다. 결과는 예상 외로 한민당과 독립촉성국민회 등의 극우진영 후보자들이 압도적으로 많이 당선되었다. 이에 김규식은 즉시 성명을 발표하여 선거 결과가 "전 민중의 실망을 주었고 충분한 민의를 반영시키지 못한 반민주적 선거라는 것을 인식케 했다."며 전부 또는 일부 무효 선언을 제안하였다. 안재홍이 발행했던 《한성일보》는 사설을 통해 서울시의 선거 결과 한민당이 압승을 거둔 사실을 거론하면서, "……자중하면서 적당한 시기를 기다려도 좋을 인사가 (당선되어) 무용한 파문과 물의를 양성하고 있다."고 경고하기도 하였다.[20] 미군정 측은 결국 서울과 강원 지역에서만 재선거를 실시함으로써 사태를 수습했다. 이때 이승만은 서울의 어느 선거구에서 장덕수와 김도연의 기권으로 무투표로 민선 입법의원에 당선되었으나 수락을 거부하였다. 그는 평소 하지 사령관의 좌우합작 세력 육성 정책에 불만을 품고 있었기 때문에 일단 미군정과의 제휴 노력을 일단 단념하고, 직접 미국에 가 국무성과 세계 여론에 호소하는 개인 외교를 추진하였다.[21] 이승만은 먼저 동경에서 맥아더 사령관을 만나 하지의 중간파 지원을 용공정책이라고 매도하면서 이를 철회시켜야 한다고 주장했으며, 미국 워싱턴 D. C.에서도 같은 맥락에서 주로 미국 정가와 언론계의 극우 보수 인사들을 대상으로 한반도에서 반공주의적 단독정부가 세워져야 한다는 주장을 계속 폈다.[22]

한편 미군정은 좌우합작위원회와 관선의원 선정 작업에 착수하여 12월 7일 그 명단을 발표하였다. 45명의 관선의원에는 합작위원회 6명, 좌우익 정당 대표 각 12명, 종교계 4명, 여성계 4명, 법조계 1명, 언론계 1명, 이북 등 각 지역 대표 5명 등이 포함되어 있었다. 그러나 이 과정에서도 물의가 많았다. 한민당은 혹독한 비판을 가하였고, 민주주의민족전선 측에서도 자파 인사들의 참여를 허용치 않겠다는 성명을 발표했다. 또 관선의원으로 내정된 인사 가운데 여운형, 조완구, 엄항섭, 장건상, 홍명희 등 5명은 등록을 거부하였다. 결국 입법의원은 1946년 12월 12일 정원 90명 중 53명만이 참석한 가운데 개원되었고, 군정장관이 해산권 및 제정된 법률안에 대한 거부권도 가지는 지극히 제한된 입법권을 행사하는 입법기관으로 출범하였다. 이러한 입법의원이 정치적, 제도적으로 여러 가지 불비한 점이 많았음을 부인할 수 없지만, 그것은 "한국 근대사상 최초의 대의 정치기관"이었고, 그것의 설치는 "미국에 의한 조선의 조선인화(朝鮮人化)의 한 과정"이었다.[23]

그러나 당시 입법의원은 미군정의 절대적인 영향하에서 작동할 수밖에 없었다는 측면에서 "매국적 입의(賣國的 立議)", 혹은 "양참의(洋參議)"라고 비난받았다.[24] 그럼에도 불구하고 이러한 입법의원의 관선의원 중 한 사람이었던 안재홍은 주어진 여건 속에서 자신의 정치적 소신을 밝히고 실천하기 위해 최선을 다하고자 하였다. 그런데 1947년 초부터 정치적으로 큰 이슈가 되었던 것은 하지 장군이 1946년 4월 19일 발표한 미소공위 제5호 성명이었다. 제5호 성명은 미소공위에 참여하는 모든 정당·사회단체는 첫째, 모스크바협정 제1조에 적시된 목적, 즉 "조선을 독립국가로 부흥시키고, 조선을 민주주의 원칙 아래 발전시켜, 오랜 세월에 걸친 일본 통치의 나쁜 결과를 조속히 청산하는 제 조건을 창출한다."는 목적을 지지할 것, 둘째, 임시정부 수립에 관한 미소공위의 결정을 준수할 것, 셋째, 미소공위가 장차 수립될 조선민주주의 임시정부와 더불어 신탁통치 여부 등과 관련된 각종 제안들을 작성하는 과정에 협력할 것 등의 내용에 찬동하고 서약하지 않으면 안 된다는 내용이었다.[25]

그리고 1947년 1월 11일 하지 사령관은 미군정 공보부를 통해 북한 주둔 소련군 사령관 스티코프 장군에게 미소공위의 재개에 관한 서한을 보냈다. 서한에는 미소공위의 성명서 제5호에 서명하는 것은 모스크바 3상회의 결정을 전면 지지하는 것이라는 내용이 언급되었는데, 한민당 계열 입법의원들이 이를 문제 삼았던 것이다. 1월 13일

한민당의 이남규 의원 외 40명의 우파 입법의원들은 이것은 신탁통치에 대한 "전 민족의 절대 반대" 의사에 어긋나는 것이며, 의사 표현의 자유를 구속하는 것은 "신탁통치를 조선 민족에게 강요하는 것으로서 태평양헌장에 보장된 언론 자유의 원칙에 위반될 뿐 아니라" 1946년 5월 제1차 미소공위의 결렬 당시 발표된 '하지 중장의 성명'과도 배치된다는 내용의 긴급결의안을 제출하였다. 긴급결의안은 반탁의 입장을 견지해 오던 한민당 의원들에 의해 제안되었을 뿐 아니라, 반탁적 시각에서 미국 및 하지 사령관의 대소 협상 노선을 비판하는 내용을 담고 있었기 때문에 '반탁결의안'으로 불렸다.

이렇게 되자 입법의원 간부 측 즉, 김규식, 최동오, 윤기섭 등 의장단과 안재홍, 김붕준, 신기언 등 6명은 이 문제를 해결하기 위해 이남규, 엄우룡, 백관수, 홍성하, 김영하 등 7인을 초청하여 그 결의안은 "입법의원 본래의 사명에서 거리가 먼 것으로서" 이러한 결의안 제출은 "남북을 통일하려고 하는 우리 민족의 입장은 물론 국제 정세로도 불리하다는 것"을 간곡히 설명하였다. 김붕준 의원은 반탁결의안 제출이 "매우 경솔하다."고 지적하였다. 그러나 입법의원 의장단과 안재홍 등의 이 같은 설득 노력은 성공하지 못하였으며, 반탁결의안을 제안했던 의원들과 하지 중장 등 군정 내 주요 인물들과의 대담에서도 상호 간의 이견이 해소되지 못하였다. 1월 20일에 열린 회의에서 제안자 이남규 의원과 염정권, 원세훈, 김붕준 의원 사이의 치열한 공방전이 있었고, 이어 신익희(申翼熙) 의원의 원안 지지 발언이 있었다. 그러나 안재홍 의원은 반탁결의안에 대한 수정동의안(修正動議案)을 제출하면서 다음과 같은 요지의 제안 설명을 하였다.[26]

첫째, 신익희 의원의 발언도 결국은 반탁 연설인데 반탁(反託)에 관한 한 본인도 충분한 소신을 갖고 있기 때문에 이에 대하여는 더이상 언급하지 않겠다.

둘째, 다만 탁치 문제에 대한 소견을 말하겠다. 과거 구한말 청일전쟁, 러일전쟁에서 승리한 일본은 이후 한반도에 대한 배타적, 독점적인 위치에서 우리를 합병할 수 있었다. 그러나 일제가 물러간 지금의 한반도에는 미소가 분할 점령하고 있기 때문에 어느 일국의 독점 지배가 불가능한 상황이다. 그리고 신탁통치안은 바로 이러한 상황에서 한반도가 친소반미(親蘇反美), 혹은 친미반소(親美反蘇) 어느 쪽으로도 편향되게 해서는 안 되겠다는 취지에서 제기된 것이다.

셋째, 현재 미국과 소련이 점령하고 있는 현실에 대한 인식 및 우리의 건국운동이 양국 중 어느 일방의 한반도에 대한 독점적 지배의 결과로 나타나서는 안 된다는 고려에서, 우리가 신탁통치를 반대하는 과정도 반드시 미소 양국에 대한 균형 있는 접근 방식으로 이루어져야지, 지금 문제가 되고 있는 '반탁결의안'처럼 미국의 하지 중장만을 비판의 대상으로 삼아서는 안 된다.

넷째, 하지 중장이 소련군 사령관에게 보낸 편지에서 "5호 성명에 서명한 것은 3상회의 결정을 전면적으로 인정한 것으로 간주한다."고 한 것은 "5호 성명에 서명한 민족주의 진영의 제(諸) 인물을 모두 제외됨이 없이 협의 대상으로 참가시켜야 되겠다는 것을 강조한 것"이고(왜냐하면 소련은 계속해서 이승만이나 김구 계열의 사람들이 5호 성명에 서명을 했음에도 이들만은 협의 대상에서 배제할 것을 고집했음), 언론의 자유를 제한할 수 있다는 부분은 "폭동이나 소요를 선동하는 이외에 협의 중의 언론은 자유"라는 것이 그 본래의 뜻으로 알고 있다.

다섯째, 그러므로 우리는 미소 양국에 대하여 3상회의에서 조선이 민주주의 독립국가를 만드는 것을 원조하기로 한 결정과 공약을 실천할 것을 요구할 것이며, 반탁운동도 미국과 소련 중 어느 일방에 대하여만 아니고 양국에 대하여 당당하게 벌여야 한다.[27]

안재홍은 이상과 같은 제안 설명을 끝내고, 반탁결의안을 대신할 다음과 같은 수정동의안을 제안하였다.[28]

수정동의안(修正動議案)

각년 12월 24일부 남조선 미 주둔 사령관 하지 중장이 북조선 소련 사령관 스티코프 대장에게 보낸 미소공동위원회 속개에 대한 답서는 동 공위 속개 촉진으로써 모스크바 3상회의에서 공약한 조선의 민주독립을 신속 실현코자 하는 고충에서 나온 것임을 양해한다.

그러나 그 운용의 실제에서 조선독립운동자의 의사 표시의 자유를 구속하고 일방에 편향한 자들의 정부를 수립하는 결과에 타(墮)할 우려 있을뿐더러, 동 3상회의 결정의 민주주의 임시정부 수립의 결정 원칙에도 위배되는 것이다.

그러므로 본 의원(議院)은 미소 양군 사령관에 향하여, 미소공위의 조기속개와 대서양헌장에서 보장된 민주주의 언론 자유의 원칙에 준한 각 정당 사회단체 대표자들과의 협의로써 남북통일임시정부를 조속 수립하여 조선의 완전 독립을 성취하고, 나아가 국제 평화에 기여케 하기를 요청하고, 아울러 그 관철을 기한다.

우결의(右決議)함.

1947년 1월 20일 남조선과도입법의원 의원 안재홍

요컨대, 안재홍은 이남규 등이 제출한 반탁결의안이 하지 사령 관만을 비판의 대상으로 한 것은 미소공위가 재개되지 못하는 책임을 소련을 빼놓고 미국에게만 돌리는 결과가 될 것을 고려하여 이같이 모스크바 3상회의 결정의 내용을 상기시킴으로써, 1946년의 국제 상황이 일본이 한반도를 독자적으로 병탄하기 시작했던 "을사당년보담 광명이 있음"[29]을 환기하고자 수정동의안을 제출했던 것이다. 그러나 이 동의안은 찬성 16,[30] 반대 43으로 부결되고 말았다. 그리고 곧이어 표결에 붙여진 이남규 의원의 긴급결의안은 출석 의원 57명 중 찬성 44, 반대 1, 기권 12로 통과되었다. 이때 반대 1표는 이남규의 긴급결의안에 대한 부당성을 주장했던 안재홍이 자기주장을 굽히지 않고 던진 것이었다.[31] 긴급결의안이 통과되었다는 소식을 접한 하지 사령관은 1월 24일 "곡해와 오견으로 인하여 미국의 태도를 부정확하게 표시한 것은 불행한 일"이라는 성명을 냈고, 한민당 계열이 주류를 이루고 있던 민주의원은 그것이 "남조선 이천만 민중의 신탁통치 반대 의사를 반영한 것"이라는 논평을 발표하였다. 그러나 일부에서는 "법령 제정을 사명으로 하는 입법의원이 그 본래의 사명을 이탈한 것"이라고 비난했다.[32]

민정장관에 임명되다

안재홍은 미국과 소련이 상호 협의하여 한반도 문제를 평화적 협상으로 매듭짓고자 했던 이 시기가 한민족의 역사상 매우 중대한 고비라고 판단했던 것 같다. 그는 정치 활동을 벌이며 국내 세력 간의 단합과 국제적 협조를 통해 미소공위가 순항하기를 바랐고 이를 위해 최선을 다했다. 이즈음 그는 《한성일보》에 쓴 한 시론을 통해 민족주의자로서의 성찰과 판단을 피력했다. 그는 "민족이란 뚜렷한 역사적 존재요, 또 현재의 존재이다."라고 전제한 뒤, 인류가 유사 이래 축적한 문화적 유산들은 세계 각 민족들이 서로 경쟁하며 존립번영하는 객관적 환경이며 이러한 역사와 환경 속에서 공산국가인 소련도 소비에트 민족주의로써 나치 독일과 투쟁하며 오늘에 이르고 있다고 지적했다. 그리고 우리 한민족의 경우, "건국한 지 사십

수 세기"동안 허다한 국제 침략을 받았으나 선민들의 피땀 어린 노력과 투쟁으로 "조국의 자유를 방호"했고, 또 그랬기에 "20세기 극심한 제국주의 악마의 커다란 아가리 속에서도, 녹는 듯 그러나 꾸준히 건투하여 온 것이다."라고 평가했다. 그러면서 이런 민족사 속에는 큰 은인(恩人)이 있고 수인(讐人) 혹은 죄인(罪人)이 있으니, 한민족사에서는 을지문덕, 강감찬, 이순신이 큰 은인들이며, 연개소문, 홍복원, 이완용이 큰 죄인들이라고 지적했다.[1] 안재홍은 당시 민족적 단결과 국제 협조로 분단을 극복해야 한다는 정치적 당위를 자기 자신과 주변 사람들에게 상기시켰던 것이다.

　미소공위 재개 여부가 초미의 정치 현안으로 되어 있던 1946년 말, 미국의 트루먼 대통령과 그의 참모들은 한국에 경제원조를 제공하고 한국인들이 자율적인 정부를 운영하도록 조치한다면 미군정에 대한 한국민들의 지지가 더 높아질 것으로 판단하였다. 그리고 미 정부 내 특별부처간위원회는 6억 달러 상당의 경제원조를 한국에 제공할 것을 건의하였다. 또 이때 서울을 방문했던 미 국무부의 특별고문 랭던(William R. Langdon)은 김규식을 지도자로 하는 강력한 민주정부 수립이 매우 필요하다는 결론을 내렸다. 미국으로서는 이 같은 일련의 정책을 통하여 한국 내에서의 정치적 지위를 확고히 하는 동시에 소련의 영향력을 감소시키고 그들로 하여금 미소공위 재개에 응하도록 하는 데 효과가 있을 것으로 판단하였다. 다시 말해서 이때 미국의 정책 당국은 경제원조와 미군정의 한국화(韓國化, Koreanization)는 궁극적으로 한국에서 다수의 온건한 정치 세력들을 강화시킬 수 있을 것으로 판단했던 것으로 보인다.[2] 미군정은 또 이미 1946년 3월 군정

법령 제64호를 통해 군정청의 각 국을 부로 개편하면서 각 부처장에 미국인과 한국인 두 사람을 임명하였고, 이어 9월 11일에는 군정의 행정권을 점차로 한국인에게로 이양하겠다는 러치 군정장관의 특별 발표가 있었다.[3]

이 같은 배경에서 1947년 1월 말 당시 미소공위의 미국 측 수석대표이던 브라운 소장은 안재홍에게 미군정 민정장관(民政長官)에의 임명 요청을 수락해 달라는 하지 사령관의 편지를 전했다. 편지에서 하지는 군정 초기부터 한국에 독립정부를 세우기 위한 목적에서 군정의 업무와 책임을 한국인에게 넘겨줄 방침이었으며 앞으로 민정장관은 한국인들이 책임을 맡고 있는 군정 내 각 부처의 업무를 총괄 조정하는 일을 담당할 것이라고 밝혔다. 그는 편지에서 안재홍이 학력, 경험, 유연한 성품, 그리고 누구 못지않은 애국심을 갖추고 있을 뿐 아니라 한국의 사정에 밝은 인물이기 때문에 민정장관에 가장 적합한 지도자로 정평이 나 있고, 현재 문제가 되고 있는 경찰 내의 부정부패 문제와 식량 부족 현상, 그리고 친일파 문제(親日派問題)를 누구보다도 정직하고 인내심 있게 해결할 수 있는 지도자가 바로 안재홍이라고 썼다.[4]

안재홍은 이러한 제의를 받고 적어도 일주일 동안 심사숙고한 것으로 보인다. 그는 미군정이 한국인들 사이에 인기가 없고 불신의 대상이 되어 있는 당시의 상황에서, 민정장관이란 자리가 오로지 정치적 비난과 비판의 표적밖에 되지 않을뿐더러 자칫 잘못하면 '친미파'라는 오명을 면하기 어려워 웬만한 정치인들은 각자의 경력 관리에 이로울 것이 없다는 생각에서 될 수 있으면 피하려고 하는 자리

1945년 2월 민정장관 취임 연설을 하는 안재홍.

라는 것을 익히 잘 알고 있었다.[5] 당시 미군정 측은 한민당의 주요
인사들에게 먼저 제의했지만 그들 모두 미군정의 잘못에 대한 책임
을 도맡아 뒤집어쓸 것을 염려하여 민정장관직을 거절했다는 얘기도
있었다.[6] 그러면서도 좌익이나 우익의 사람들 사이에서는 안재홍이
초파벌적(超派閥的)인 민족주의자이기 때문에 가장 흠잡힐 데가 없는
사람으로 평가되고 있었다고 한다.[7] 이때를 회고하여 안재홍은 당시
자신의 심경을 다음과 같이 썼다.

입법의원 성립보다 앞서 행정권 이양론이 미인(美人) 군정 수뇌자
측에서 일어났다. 행정권 이양은 미소공위 결렬로 인하여 조선인의
민주통일정부의 수립이 요원하여지는 정세에서 조성된 방편이다.

남북 분단이 그대로, 미소길항(美蘇拮抗)이 그대로, 좌우 대립이 그대로, 군정의 권병(權柄)이 미국인의 방촌(方寸) 하나에 좌우됨이 그대로, 조선인이 각 개인적 이해와 파당적 사관(私觀)에 따라 권병을 쥐고 있는 미국인 고관에게 취송배제(聚訟排除)함이 그대로, 미국인이 조선에 대한 통찰 인식이 아직도 미급한 바 있어, 취송자의 언변에 따라 시비(是非) 혹은 번복(飜覆)될 수 있음이 그대로, 국제적 또는 사상적 분규(紛糾)한 속에서 미(美)의 입장 혹은 험지에 빠질까 회의 초조함이 아직도 없을 수 없는 것이 또 그대로이므로, 그들의 조선인 상대자에 대한 판단이 확정키 어려운 조건하에서, (나 자신의) 역량은 민중을 총집결할 수 없고, (나 자신의) 어학(語學)은 아의(我意)를 다소라도 소통할 수 없는 내가, 이때의 민정장관을 담당하는 것은 너무 몰아적(沒我的)이었다.[8]

그러나 안재홍은 미소공위의 재개가 어차피 불가능한 상황에서는 미소 협조에 의한 남북통일정부의 수립이 어려워지게 되었다고 판단하였다. 그리고 이러한 상황 판단을 전제로 미군정이 종식된 이후 남한만에서라도 정치가 극우나 극좌 세력에 의해 지배되지 않고 '민주주의 민족진영'에 의해 주도될 수 있기를 바랐고, 또 정치 현장에서 그렇게 되도록 노력하겠다는 분명한 목적에서 안재홍은 하지 사령관의 거듭된 요청을 받아들여 민정장관직을 수락하였다. 당시 그의 생각은 다음과 같았다.

미소공위는 좀체로 다시 아니 열릴 것으로 보았으며, 미소 협조가 멀어지고 남북통일의 민주정부 수립이 늦어진다고 하면, 민정 수뇌부(민정장관)에 앉아 한국의 독립을 원조하는 미국의 군정으로 하여금 민의에 가까운 정치가 되도록 협력하고, 남한의 민주주의 민족진영의 정치 토대가 바로 잡히도록 노력하는 것이 애국자로서 사양할 수 없는 일이라고 나는 각오하여 모처럼 권유하여 온 일을 수락하였던 것이다.[9]

이리하여 1947년 2월 5일 안재홍은 민정장관에 취임하면서 미군정의 제반 방침과 법규를 준수하되 "행정권의 완전이양과 독립조선의 성취를 지향하는 노선에서" 최선을 다해 "관기(官紀)의 숙정(肅正)과 민생 문제의 해결"을 위해 노력할 것이라는 선서를 하였다.[10] 그는 곧이어 열린 미국 기자단과의 비공식 인터뷰를 통해 "한국의 영원한 독립을 보장하는 문제는 유엔에 달려 있다. 그리고 미군과 소련군의 철수는 동시에 이루어져야 한다."는 견해를 밝혔다.[11] 이로써 미군정은 입법(立法)은 김규식, 사법(司法)은 김용무, 그리고 행정(行政)은 안재홍이 각각 최고책임자가 된 상태에서 운용되기 시작했던 것이다. 이튿날 입법의원은 출석 의원 53명 전원 찬성으로 안재홍의 민정장관 취임을 승인하였다. 대부분 한민당 계열 사람들이었던 군정청 내 한국인 직원들도 "평소 선생의 숭고한 정신과 관용적인 인격 및 그 수완은 모름지기 행정 최고책임자로서 제1인자라 할 것이요, 따라서 기대하는 바 크다. 이제 관직에 있는 우리들은 안 민정장관의 취임을 기하여 그 의도와 경륜을 체득함으로써 건국에 진력할 것"이라는 환영과 찬사의 성명을 발표하였다.[12]

그러나 군정청 내 각 부처의 한인 부처장들은 민정장관 안재홍에 대한 당초의 호의적인 태도와는 반대로 행동하였다. 민정장관이 체계상 이들을 관장하는 최고 행정 책임자이긴 했으나, 이들은 이른바 통역정치(通譯政治)를 통하여 주요 문제는 민정장관은 제쳐 두고 하지 사령관 이하 미군정 내 미국인들과만 상의하고 이들의 지시대로만 움직였다. 특히 경찰권을 장악했던 조병옥 경무부장을 비롯한 경찰 관리들은 민정장관의 존재를 아예 무시하였다. 조병옥은 후에 자신이 쓴 『나의 회고록』에서 미군정과 관련된 부분을 기술하는 가운데 민정장관에 대한 언급은 한마디도 하지 않았고, 1948년 5·10선거가 성공리에 끝난 것도 오로지 자신의 "비장한 결의와 비범한 경륜의 결과"라고 자화자찬하였다.[13]

그런가 하면 안재홍이 민정장관에 발탁되자 항간에는 이를 시기하는 사람들도 많았다. 어떤 이는 "1개월 안에 이 자를 장관 자리에서 쫓아내고 말겠다."고 별렀고, 1개월이 지나서는 "반년이 못 가서 쫓겨나게 만들겠다."고 떠들었다. 또 다른 이는 "그 위인이 지방 군수 하나도 못 내어 보고 꼼짝 못하고 쫓겨 나가게 만들겠다."고 공언하기도 했다. 뿐만 아니라 안재홍이 소속했던 한독당에서도 처음부터 임시정부의 법통을 무시하는 입장에 서 있던 미군정에 한독당원이 '협력자'로 들어간다는 것을 매우 못마땅하게 생각하였다.[14] 안재홍은 민정장관직을 수락하기로 결심한 다음, 인사차 김구를 방문하고 수락하게 된 저간의 사유를 말하였다. 이때 김구는 "승낙하기 전이라면 나로서는 단연 민세의 민정장관 취임을 말라고 했겠다."라면서 "금후 그대는 도로무공(徒勞無功)일 것이고, 결국 득담(得談)만 많이 할 것이다."[15]라고 염려하였다. 안재홍이 민정장관직을 수락한 것은 필시 내외로 혼돈스러웠던 해방 정국에서 나름대로 민족자주의 길을 열고자 선택한 것이었지만, 그것은 주변으로부터 갖가지 견제와 염려, 그리고 의구심이 교차되는 가운데 그 자신이 홀로 감당해야 하는 무거운 짐이었던 것이다.

한독당에서 제명당하고 독도 현지 조사를 추진하다

안재홍은 미군정을 도와 향후 국내 정국을 보다 민주적이고 건강한 민족진영이 정치적 토대를 갖출 수 있도록 도모하기 위한 나름의 목적에서 민정장관에 취임했다. 그러나 그는 정치적으로 좌우 양진영에서 비난과 질시의 대상이 되고, 심지어 미군정 내 한인 관료들로부터 직·간접적인 견제를 받는 가운데 민정장관 직무를 수행해야만 했다. 안재홍은 이 같은 악조건에도 불구하고 조금도 흔들림 없이 민정장관직을 고수하면서 스스로 다짐한 목표와 원칙을 실천하는 데 매진하였다. 그가 민공협동론에 입각하여 좌우합작과 통일정부 수립 운동에 일관되게 관여해 왔던 진보적 민족주의자였음에도 불구하고 민정장관에 취임한 것은 이즈음 그가 좌익과의 합작 가능성에 대한 기대를 포기하고 미군정에 협조하는 길만이 최소한 남한의 적화(赤化)를 방지하고 나아가 친일파의 지지를 받는 극우 보수 세력의 정치적 득세를 사전에 방지하는 데 가장 유리한 최선의 선택이라고 판단했기 때문이었다. 또 이러한 안재홍의 선택은 그가 당원으로 있던 한국독립당의 반탁 및 미군정 거부 일변도 노선과는 크게 차이가 나는 것이었다. 따라서 민정장관 안재홍은 그만큼 큰 정치적 시련도 감당해야만 했다.

먼저 안재홍은 한독당(韓獨黨)으로부터 제명당하였다. 1947년 5월 21일 제2차 미소공위가 열리게 되었지만, 한독당은 협의 대상에 참여하자는 안재홍 등 국내파와 반탁의 입장에서 보류를 주장하는 해외파 사이의 첨예한 대립으로 분열되어 있었다. 그런 가운데 안재홍은 6월 2일 엄우룡, 박용희, 구철회 등 84명의 당원들을 규합하여 한독당에게 미소공위 참여를 촉구하는 성명을 발표하였다. 더욱이 6월 4일 러치 군정장관은 법령 제184호를 통해 "38이남을 통치하는 입법·행정·사법 부문 등 재조선 미군정청 조선인 기관을 남조선과도정부(南朝鮮過渡政府)라고 호칭한다."고 발표함으로써 해외파 한독당원들의 자존심을 크게 상하게 하였다. 안재홍은 김구가 암살당한 후 그를 회상하는 글을 쓰면서 이때의 상황을 다음과 같이 적었다.

반탁사상은 이미 국민적인 대심층(大深層)에 침투되어 있고, 정부가 없이 거저 민간인의 투쟁만으로는 성명·결의·가두데모 등이 국민 여론에 반영은 주지마는 아무런 결정적 효과를 내지는 못하고 있고, 민족적인 실망·낙담·이반·곤고는 갈수록 걷잡을 수 없게 되는 터인즉, 반탁 문제는 아직 건드리지 말고 미소공위를 성립시켜 그에 인하여 정부 수립된 후에 실천으로써 탁치를 반대하자는 것이 나의 주장이었고, 이 점 김규식 박사와 나와의 견해는 일치되는 것이었는데, 이것이 어느덧 '찬탁파'라고 허다한 중상모략이 떠돌고

있는 것이다.[16]

이러한 사유와 배경에서 안재홍은 어이없게도 '찬탁파'로 비난받으면서 6월 19일 한독당에서 다른 동료 45명과 함께 제명당했다. 안재홍도 김구나 이승만과 같이 신탁통치에 철저하게 반대하는 입장이었으나, 그것을 이루기 위해서는 '반탁'이나 '반공'을 앞세운 대중운동을 벌이기보다 우선 미군정과 최대한 협조하고 연합국들에 대한 균형 있는 태도를 견지하여 미소공위를 성공시켜 임시정부를 수립해야 한다는 것이 이제껏 그가 변함없이 추구해 온 정치 노선이었다. 그는 "반탁만 부르짖으며 민족통일로 가는 길을 막지 말고, 미소협조의 가능성을 최대한 활용하여 우선 임시정부를 세워놓고 그 다음에 탁치를 거부하자."는 정치적 현실 논리에 따라 문제를 해결하자는 입장이었다. 이 같은 제명 사태로 한독당은 1년 2개월 전인 1946년 4월의 3당 합당 이전의 상태로 되돌아갔고, 안재홍과 그를 따르던 당원들은 그들대로 6월 21일 신한국민당(新韓國民黨)을 발기하고 조직 확대에 나섰다. 이때 안재홍은 민정장관의 직에 있었기 때문에 당수가 되지 않고 대신 박용희가 당수직을 맡았고, 그 자신은 8인 정책위원의 한 사람으로 신한국민당에 참여했다.

1947년 초여름 서울에서는 한독당 측의 주도로 반탁 시위가 시내 곳곳에서 벌어지고 있었다. 마침 6월 23일 중앙청 광장에서는 보스턴 마라톤 대회에서 우승한 서윤복 선수에 대한 환영식이 내외 귀빈이 참석한 가운데 열리고 있었는데, 이때에도 세종로 거리에서 반탁 시위가 계속되고 있었다. 이날 오후 5시경 안재홍은 반탁 시위에 관한 보도를 접하고 사태를 걱정하고 있던 차에 군정장관 대리로 있던 헬믹 준장의 연락을 받고 그의 사무실로 갔다. 그런데 안재홍은 헬믹 준장으로부터 반탁 시위자들이 김구와 이승만의 열렬한 지지자들이라는 말과, 그들이 미소공위 소련 대표의 차량에 돌을 던져 미국의 입장이 난처해졌다는 말을 들었다. 더불어 헬믹 준장은 김구가 화신상회 2층에 확성기를 달고 두 시간 동안 반탁 시위를 지휘 선동하여 미소공위를 파괴했다면서 "민정장관인 당신의 동의만 있으면 당장 김구에 대해 법에 따라 상응한 제재 조치를 취할 것이고, 지금이에 대한 미군정 최고책임당국으로부터의 연락을 기다리고 있는 터이니 이에 동의하라."고 요구하였다.[17]

안재홍은 이러한 헬믹 준장의 말에 대해 "나의 받은 정보로써 김구 선생의 화신방송은 허보(虛報)일 것이다. 그것은(김구를 법적으로 제재하는 것은) 안 된다. 김구 선생은 일생을 투쟁하여 투옥과 망명에 일관하여 나려온 혁명가인데, 어떠한 위압에도 겁을 낼 리도 없고, 또 그런 일은 한국의 독립을 원조하는 미국으로서는 한갓 민중의 반향(反響)만을 일으킬 것이니, 단연 불가하다."고 말한 다음 "언제든지 이 일은 나의 의견을 듣지 않고, 당신들의 전단(專斷)으로 하여서는 안 된다."고 다짐시켰다. 안재홍은 이튿날에도 경무대 관저에서 헬믹을 만나 이같은 뜻을 다시 상기시켰고, 미소공위 미국 측 대표인 브라운 소장을 만나서도 같은 내용을 전해 그로부터 "당신의 의견을 무시하고 중요 문제를 처단하는 일이 있겠느냐."는 대답을 들어 두었다.[18]

이렇게 안재홍은 비록 시국 대응 문제로 뜻이 달라 한독당에서 제명당하기는 했어도 평소 존경했던 김구를 보호하기 위해 노력했다.

그런데 안재홍을 곤란하게 만든 일이 6월 24일 오전의 군정회의 석상에서 발생하였다. 이 자리에서 헬믹 군정장관 대리는 "미스터 김구의 건은 당신의 의견대로 하거니와, 보고에 의하면 엄항섭(嚴恒燮), 김석황(金錫璜) 양인이 23일의 가두시위를 직접 지휘하였다고 하니, 좌익의 범법자는 법에 의해 검거하면서 우익의 범행자는 방치할 수 없는 터에 이 두 사람은 꼭 체포하여야겠다."고 말했다. 이에 대해 안재홍이 "그러한 사실이 있다면 체포할 수밖에 없다."고 대답하자 헬믹은 "이미 질서·치안 유지를 위한 행정명령 제3호가 민정장관의 명의로 나간 만큼 이들에 대한 체포 명령도 민정장관의 명의로 내려야 한다."고 주문하였다.

안재홍은 헬믹 준장의 이러한 주문에 잠시 망설였다. 혼란한 해방 정국에서 같은 민족주의의 대의에서는 한독당이나 김구와 다를 바 없는 입장이었던 안재홍으로서는 비록 한독당으로부터 제명당하기는 했지만 얼마 전까지만 해도 동지로 있던 사람들을 직접 자기 이름으로 체포 명령을 내려 구속한다는 것은 정말 내키지 않는 일이었다. 그래서 안재홍은 이러한 그의 입장을 표명했지만, 공과 사는 구별해야 한다는 원칙론에서 헬믹의 주문에 동의하였다. 이때 그는 당시 소위 '4지사 이동안(四知事 移動案)' 문제로 입법의원과 대립하는 한편 헬믹 군정장관 대리에게 이의 조속한 단행을 요구하고 있던 차였음을 감안하고, "시위 주동자들의 체포 명령이 민정장관의 명의로 즉각 시행되는 것처럼 민정장관의 책임으로 시행되는 4명의 도지사 이동 발령에 대해 군정장관이 지체 없이 승인하는 것이 당연하지 않은가?"라고 역설하여 후에 네 지사의 이동이 자신의 의도대로 이루어지게 하였다.

결국 문제가 되었던 엄항섭과 김석황 두 사람은 구속되었지만 모두 무혐의로 석방되었다. 그러나 안재홍은 이 사건 이후 4~5명이 민정장관의 명령과 관계없이 일시로 구금되는 일이 발생하자, 이 모두 민정장관의 명령으로 된 일이라는 소문과 비난으로 곤욕을 치렀다. 그는 후에 "민정장관의 재직 중 허다한 사고를 책임지어도 이유 아니될 일은 아니다."라고 회고한 바 있지만, 당시로서는 정신적으로 매우 힘들었던 것 같다. 그래서 이 같은 비난을 당하고 있는 안재홍을 보다 못한 민정장관실 행정관 겸 전용 비서였던 이화석(李華石)은 일부러 경교장으로 김구 선생을 방문해 그 전말을 일일이 설명하기도 했다. 이때 김구는 이화석에게 헬믹이 자신의 시위 주도 문제를 문제 삼던 "6월 23~24일 당시 (미군정 당국으로부터 시위 문제와 관련하여 자신에 대한) 비상조처라도 있으리라는 소식을 듣고 출입도 아니하고 사람들이 오기를 기다렸으나, 결국 아니 오고 말더라."고 말한 다음 민정장관으로서의 안재홍의 움직임과 입장을 충분히 이해하고 알게 되었다고 말하였다. 사실 김구의 신변에 아무런 사고가 없었던 배후에는 안재홍의 숨은 노력이 있었지만, 그 스스로 김구를 찾아가 자신을 변명하거나 공치사(功致辭)하지는 않았다. 다만 이후 수시로 김구를 방문하고 필요한 제의도 하는 등 존경의 예를 지키었다. 또 그가 민정장관직을 사임하고, 1948년 6월 10일 경교장을 찾았을 때 김구는 안재홍을 맞아 재임 중의 노고를 위로하기도 하였다.[19]

이렇게 어수선한 시기에도 안재홍은 과도정부 민정장관으로서 정치·외교적으로 매우 중요한 국사(國事)를 하나 챙겼는데, 바로 당시

패전국 일본이 슬그머니 자기 영토로 만들려 했던 독도에 관해 최초의 역사적 연구와 현지 조사를 지시하고 매듭지었던 것이다. 이해 4월에는 일본 시마네현(島根縣) 주민 7~8명이 독도를 불법 점거하여 한국인의 어로작업을 금지시키고 총격을 가한 사건이 발생했다. 또 6~7월에는 제주도 근해에 일본 어선 6척이 몰래 들어와 조업하다가 우리 해안경비대에 의해 나포되는 사건까지 발생했다. 이에 따라 국내에서는 독도 영유권 문제와 어로 구역 획정 문제가 여론화되고 정국 현안으로 부각되었다. 게다가 일본 외무성은 독도가 일본 영토라는 허위 사실을 담은 팸플릿을 만들어 동경의 맥아더 사령관과 연합국들에게 배포하면서 전방위적으로 왜곡 선전에 나서고 있었다. 당시 아직 독립적인 주권 정부를 가지지 못했던 한국인들은 이 같은 분쟁에 제대로 대처할 만한 태세를 갖추지 못했기 때문에 미군정을 통해 간접적으로나마 그 해결책을 강구하는 수밖에 없었다. 이러한 상황에서 대표적인 민족주의 사학자였던 안재홍이 민정장관이었다. 안재홍은 8월 초 자신을 위원장으로 하는 '독도에 대한 수색위원회'를 조직하였다. 처음부터 그가 주도했던 수색위원회는 8월 4일 각 분야 전문가들을 초청한 가운데 제1차 회의를 민정장관실에서 열었고, 독도에 관한 역사적인 문헌 발굴과 현지 조사를 통해 영유권문제에 대처한다는 결정을 내렸다.[20]

이에 대한 후속 조치로서 과도정부는 독도조사단의 파견을 결정했고, 민정장관 안재홍의 명령으로 국사관(國史館) 관장 신석호, 외무처 일본과장 추인봉, 문교부 편수사 이봉수, 수산국 기술사 한기준 등 4명으로 조사단을 꾸려 현지에 파견하였다. 나중에 경상북도 직원 2명이 합류하여 도합 6명의 조사단이 독도에 파견되었는데, 이 외에도 정부 산하기관 요원 6명이 조선산악회 울릉도독도조사대에 합류하면서 총 12명이 과도정부의 독도조사단 이름으로 활동을 벌였다. 이러한 독도 조사의 결정과 수행은 매우 조용하고 은밀하게 추진되었다. 독도조사단 관련 업무는 사실상 과도정부 내 한인 관리들이 맡았고, 독도조사단 파견 사실은 당시 신문에도 일절 보도되지 않았다.[21] 그리고 독도 조사단의 현지 활동 결과는 나중에 신석호가 1948년 12월 역사 잡지 《사해(史海)》에 게재한 논문으로 보고되었는데, 이 논문에 담긴 역사적 문헌 고증의 요지는 다음과 같았다.

첫째, 독도는 조선 시대 성종조 삼봉도(三峯島)와 동일한 섬으로, 15세기부터 우리나라 영토가 되었다. 둘째, 숙종조에 일본은 竹島(울릉도)를 조선 영토로 인정하였으니, 그 소속인 송도(松島) 즉 독도 또한 조선 영토로 승인하였다고 간주한다. 셋째, 일본 해군성에서 발행한 『조선연안수로지』와 울릉도 노인 홍재현 씨 등의 말에 의하여 독도는 울릉도 개척 이후 광무 9년(1904)까지 울릉도 사람이 이용하던 조선에 속한 섬이었음이 명백하다 등이다.

신석호는 이 논문에서 1947년에 만들어진 독도조사단의 유래, 구성원, 그리고 결과 등을 민정장관 안재홍에게 보고하는 것이라고 명기함으로써 미군정기에 진행되었던 독도에 관한 연구 조사가 안재홍에 의해 주도되었음을 확인하였다.[22]

미군정을 활용하고자 했던 실용주의자

미군정 내 조직 중 한국인 관리들이 관장하는 기구가 남조선과 도정부(南朝鮮過渡政府)로 불리게 되면서 민정장관의 재량권이 강화되는 듯한 분위기가 조성되었다. 그러나 미군정 내 한민당 계열의 사람들은 안재홍을 더욱 시기하고 견제하기 시작하였다. 1947년 6월 25일 안재홍 민정장관은 4개 도지사의 이동 발령을 냈다. 전남지사 서민호(徐民濠)를 강원지사에, 강원지사 박건원(朴建元)을 전남지사에, 인사행정처장 정일형(鄭一亨)을 충남지사에, 충남지사 박종만(朴鍾萬)을 전북지사에 각각 전보, 발령한 것이었다. 그런데 이에 대해 평소 안재홍을 견제하고자 했던 한민당계 입법의원들은 서민호를 연고가 없고 도세가 약한 강원지사에 발령하는 것은 유능한 인재에게 퇴직을 강요하는 것이며, 정일형에 관한 서류를 정무위원회가 허위 작성하였다는 등 악의에 가득 찬 반대론을 펴며 인준을 거부하였다.[23]

이에 대해 안재홍은 그러한 비난은 전혀 사실무근일 뿐 아니라, 실은 신규 임명이 아닌 이동 발령인 만큼 입법의원의 인준조차 필요 없다고 맞섰다. 이 문제는 결국 7월 9일 "인준이 불필요하다."는 결의로 일단락되었다. 그러나 안재홍이 이끄는 과도정부와 한민당 계열이 우세했던 입법의원 사이에는 서로 정치적 이해가 엇갈리면서 내내 대립 관계가 지속되었다. 이때 비(非)한민당계 10개 정당 단체들은 "한민당은 일찍이 갖은 모략중상(謀略中傷)으로 김규식 박사에게 항거했고, 이제 자기 당원이 아닌 민정장관 안재홍 선생을 필사적으로 모략중상하는 것이다. 이것이 바로 봉건적 잔재이며 친일파, 민족 반역자의 악질 근성이다."라는 내용의 한민당 비난 성명을 발표하면서 한민당 측의 처사에 적극 대처하였다.[24]

　미군정청 내에서의 이런 집안싸움과 함께 1947년 여름은 무척이나 지루하였다. 가까스로 재개된 제2차 미소공위가 7월 10일 다시 결렬되면서 미소 협력을 통한 한반도 내 통일정부 수립 가능성은 완전히 사라지게 되었다. 게다가 이해 7월 19일 서울 혜화동 로터리에서 여운형이 대낮에 총격을 받고 절명(絶命)했기 때문에 정국은 더욱 혼미한 상태로 빠져들었다. 또 다가오는 8·15 기념식을 기해 대대적인 좌우 충돌이 있을 것이라는 소문이 퍼지면서 사회불안은 날로 고조되어 갔다. 이에 하지 사령관은 특별성명을 통해 "모든 법령 시행 기관은 정치 행동에 간여하지 말고, 테러분자는 정치 이념을 불문하고 검거 처벌할 것, 그리고 모든 정치 지도자들은 욕설과 분란을 중지하고 애국적인 지도력을 발휘할 것" 등을 요구했다. 이와 함께 민정장관과 군정장관 대리는 연명으로 행정명령을 발표하여, "어떠한 집단이라도 옥외에서의 (8·15) 축하 집회와 행렬을 금지"하는 조치를 취하였다.[25]

　또 입법의원의 한민당계 의원들은 '친일파·민족반역자·전범·간상배에 대한 특별조례안' 및 '민주임시약헌안' 등을 결의하였으나 미군정 측은 그때마다 여러 가지 이유를 들어 이들의 인준을 거부하거나 연기함으로써 양자 간의 갈등이 점차 노골화되고 있었다. 한편 9월 12일 하지의 정치고문 제이콥스(Joseph E. Jacobs)는 "과도정부의 안재홍이나 입법의원의 김규식이 제대로 인정받지 못하고 미국 측 지원이 없기 때문에 체면이 서지 않는다고 불평하고 있다. 이것을 부당하다고 볼 수 없으며 미국은 이들을 최대한 지원해야 한다."는 요지의 내용을 본국의 국무부(國務部)에 건의하였다.[26] 이것은 당시 미군정 측이 이승만과 연계된 한민당 계열보다는 안재홍과 김규식 등이 참여하고 있던 과도정부 쪽에 여전히 더 많은 관심을 가지고 있었음을 시사하는 것이다.

그럼에도 불구하고 민정장관 안재홍은 안팎으로 비난과 정치적 공세의 표적이 되어 있었다. 그렇지만 그는 크게 위축됨이 없이 처음부터 그가 의도한 바대로 정치적 극단 세력의 득세를 미리 막고, 좌우 극단주의자들에 의해서 세칭 '중간파'로 불렸던 민족 지도자들을 집결시키는 데 많은 노력을 기울였다. 그해 7월 3일 서울 보광동 민규식(閔奎植)의 별장에서 시국대책협의회(時局對策協議會)가 결성된 것도 이러한 노력의 한 결실이었다. 협의회에는 김규식을 비롯하여 여운형, 원세훈, 이극로, 오하영, 정구영 등 100여 명에 이르는 정치 지도자들이 참여하였다. 이들은 일찍이 '정읍발언(井邑發言)' 등을 통해 남한만의 단독정부 수립을 추진해 오던 이승만 세력에 대항하여, 미소공위가 협의 대상 선정 문제로 난관에 부딪히는 것을 막기 위한 대책 마련에 노력했다. 그러나 7월 19일 여운형이 암살당한 이후 시국대책협의회는 잠시 흔들렸다.[27] 이때 안재홍은 국내 정치가 분열되고, 통일국가의 성립 가능성이 점점 시들어 가는 상황을 안타까워하면서 김병로, 이극로, 홍명희, 박용희, 김호, 김원용 등과 함께 다음과 같은 내용으로 시작되는 7인공동성명(七人共同聲明)을 발표하여 세인의 주목을 받았다.

오늘날 우리 민족에게는 오직 하나의 뚜렷한 목표가 있다. 그 목표란 민족국가로의 독립이다. 지금 우리들은 민족독립의 절대적 사명을 다시 한번 선양(宣揚)코자 소이(小異)를 버리고 대동(大同)을 취하여 한 기치 아래 모이기로 약속하였다. 하루바삐 큰 노력으로 성장하여 절대적 사명을 완수하려 하니 민족독립을 염원하는 동지여, 우리 한데 뭉쳐 함께 나가자.[28]

이 같은 7인공동성명은 곧 홍명희(洪命熹)를 위원장으로 하는 민주독립당(民主獨立黨)의 결성으로 이어졌다. 여기에는 신한국민당(박용희, 안재홍), 민주통일당(홍명희), 민중동맹(김병로), 신진당(김호, 김원용), 건민회(이극로) 등 5개 단체가 참여하였다. 민주독립당은 제2차 미소공위가 협의 대상 문제로 교착 상태에 빠진 시점에서 시도된 정계 개편의 산물이었으며, 곧이어 12월 20일 김규식을 중심으로 결성된 민족자주연맹(民族自主聯盟)의 실질적인 토대가 되었다. 이때 안재홍은 민정장관의 직에 있었기 때문에 민주독립당의 당직을 맡지 않고 제2선에 머무르면서 민족자주연맹 상임위원으로 참여하였다. 그런데 안재홍은 1947년 9월 군정청 경무부장 조병옥과 연명하여 시국대책요강(時局對策要綱)이란 문서를 하지 사령관에게 제출하면서 그를 질시하던 우파 단체들로부터 "미군정을 연장시키려고 한다."는 비난을 받기도 했다.

시국대책요강은 제2차 미소공위마저 결렬되고 남북통일정부의 수립이 더욱 늦어질 것으로 전망되던 시점에서 작성된 일종의 정세판단서(情勢判斷書)로, 9월 25일부로 남조선과도정부 정무위원회를 통과하고 9월 26일과 27일에 열린 각 도지사와 부처장의 합동회의에서

만장일치로 추인된 공식 문서였다.[29] 문서의 서문은 다음과 같은 내용이었다.

국제 정세의 부조화에 기(基)한 자주독립의 지연으로 인하여 국내 상태는 혼란의 극(極)에 달하여 민중은 정치적 실망과 경제적 핍박에 시달리어 기귀추(其歸趨)를 판단하지 못할 경지에 처하였다. 이때야말로 남조선 위정 당국은 정부의 기본 정책 및 그에 따른 시책을 수립하여 기통치(其統治)에 임함으로써 남조선에 부과된 건국도상(建國途上)의 임무를 완수하여야 한다."[30]

시국대책요강은 이 같은 서문에 이어서 독립국가의 완성과 진정한 민주주의 및 경제적 민주주의의 확립을 "남조선의 3대 목표"로 내걸었다. 이때 민정장관은 진정한 민주주의란 그의 "순정우익(純正右翼)의 사상과 정책을 옹호하는 민주주의"이며, 경제적 민주주의는 정치적 민주주의의 기본이 되는 것으로 독점자본과 대지주의 전횡을 배제하고 대부분의 민중의 복지를 보장하고 증진시키는 것임을 부연하였다. 요컨대 이 3대 목표는 "공산당의 집권을 반대하고, 또 극우적인 편향도 방지하면서 진정한 민주주의 정책에 대중을 집결시키어 민족자주독립을 완성하자."[31]는 취지를 그대로 표현한 것이었다.

또 시국대책요강은 "남조선과도정부는 조선 건국 과정의 역사적으로 규정된 자주독립의 준비 완성 수단과 기관이다. 남북통일은 결국 그 노력과 세력으로 완성될 것이다. 그러므로 우리 삼천만 민중은 남조선과도정부를 실질상 우리 정부로 인식하고, 그에 충실히 협력하고 애무육성(愛撫育成)하여 하루바삐 환골탈태(換骨脫胎)시켜서 명실상부하는 우리 정부로 받들어야 한다."라고 씀으로써 남조선과도정부를 미국의 한반도 착취 및 식민지화를 담당하는 기관이라고 악선전하고 있는 공산주의자들의 억지 주장을 반박하고 남조선과도정부의 성격을 독립과 통일의 준비 기관으로 규정하기도 하였다. 이와 함께 시국대책요강은 아직 통일정부가 서지 못한 채 미군 사령관이 완전한 통치권을 행사하고는 있지만, 그 권한의 행사만큼은 미국을 대표하는 장군의 입장에서가 아니라 조선인의 민족적 입장에서 운용(運用)되기를 바라는 뜻에서 "미 주둔 사령관은 남조선 통치의 주권을 장악하고 있다. 그러나 그 주권 운용은 제3자의 입장에서 할 것이 아니요, 민족적 입장에서 그 주권이 운용되기를 기대한다."[32]고 밝혔다.

　이러한 시국대책요강을 접한 한민당이나 독촉국민회 등 15개 우익 단체들은 "안재홍이 미군정을 연장시키려고 기도하고 있다."라며 비난의 화살을 퍼부었고 《동아일보》 등 같은 계열의 언론기관을 동원하여 "시국대책요강을 발표한 것은 1905년의 을사조약과 같은 반역 행위"라든지 "민족정기에서 용서할 수 없는 언어도단"이라고 몰아세웠다. 이들은 또 유진산, 김성주, 신창균, 최규설 등을 대표로 선정하여 민정장관 안재홍을 방문케 하고 해명을 요구하기도 하였다. 이때 제기된 비난의 핵심은 과도정부를 "실질상의 정부로 인식하자."고 한 점과, "군정장관은 남조선 통치의 주권을 장악했다."는 식의 상황 인식에 있었다.[33] 결국 안재홍은 11월 초 서울중앙방송에 나가 「소위 '군정연장책모, 반역행위' 문제의 진상」이란 제목의 해명 방송을 할 수밖에 없었고, 이를 통해 앞서 말한 바와 같은 자신의 의도를 밝힘과 동시에 영문으로 된 성명을 우리말로 번역하는 과정에서 큰 오류와 오해가 발생했음을 설명하였다. 그는 또 조병옥과 함께 입법의원에 출석하여 해명하기도 하였다.[34]

한편 시국대책요강을 접수한 미군정 측은 이에 대해 긍정적인 태도를 보이고 궁극적으로 극우파를 배제한 상태에서 남한만의 단독정부 수립을 구상하고 있었다. 하지의 정치고문 제이콥스는 10월 10일 미 국무장관에게 보낸 보고서에서 "그 작성 동기는 좌익 급진 세력의 보수파에 대한 포위 위협을 스스로 막아 보려는 노력"이라며 호의적으로 평가하고, "장차 유엔 토의에서 아무런 성과가 보이지 않고 어쩔 수 없이 미국이 남조선을 점령해야 할 형편이라면 이 같은 조치의 일부를 채택해야 할 것"이라고 건의하였다. 또 보고서에 의하면 민정장관 안재홍은 하지에게 별도의 각서를 보내 첫째, 현재 자기에게 주어진 이상의 권한을 부여할 것, 둘째, 극우파에게 제동을 걸 것, 셋째, 경찰을 보다 비우파적인 인사로 충원할 것 등을 요청하였다.[35]

이와 별도로 안재홍과 조병옥은 시국대책요강을 발표함과 동시에 하지에게는 서울에 있는 고급 장교와 군사고문단 가운데 몇 사람을 발탁하여 한국 측 몇 사람과 짝을 맞추어 정책고문단을 구성하여 시국대책요강의 내용을 검토하고, 이를 실천하는 데 필요한 수단과 방법을 모색하도록 하자고 제의했다. 이에 대해 하지와 헬믹은 호의를 표하면서, 큰 변화가 없는 한 적당한 시기를 보아 이 같은 고문단을 구성할 것임을 말하였다. 반면, 입법의원의 특별위원회는 12월 9일 시국대책요강의 책임을 물어 민정장관과 각 부처장들에 대한 불신임 결의안을 내었다. 그러나 투표 결과 재적 의원 63명 중 가 27표, 부 35표로 불신임안은 부결되어 시국대책요강 문제로 야기된 혼란은 일단 수습되었다. 이 같은 일련의 사태가 지나는 동안 미국은 "특히 극우파와 극좌파의 협공을 헤치면서 궁극적으로는 남한만의 단독정부 수립을 노리고 있었다."[36] 그리고 민정장관 안재홍은 분단이 고정화되는 가운데 남한만의 단독정부수립안이 세를 얻어 가는 상황에서 한때 정치적으로 서로 대립하기도 했던 조병옥과 같은 보수적 인물과 보조를 같이하였다. 이는 일단 남조선과도정부를 실질적이고도 건강한 남한의 정부로 만들어 자신이 추구했던 순정우익(純正右翼)의 정치를 구체화하고자 했던 것으로 이해된다.

군정 초기 행정개혁과 토지개혁을 추진하다

안재홍이 민정장관으로 취임한 지 두 달이 채 되지 않은 3월 21일, 군정청 회의실에서는 전국 도지사 회의가 열렸다. 이때 안재홍 민정장관은 개회 연설을 통해 "이제 우리가 해야 할 일은 신민주주의 국가를 건설하는 것이며 이를 위해서는 우선 국민들의 적극적이고 자발적인 참여와 단결을 도모하여 귀속재산(歸屬財産)의 처리, 식량 대책, 세금, 행정권 이양, 인플레, 친일 행위자 처리, 그리고 경찰의 부정부패 등과 관련한 일대 개혁적 조치를 실행해야 한다."고 천명했다.[1] 안재홍은 민정장관에 취임하면서 당시 그 자신과 각 부처 한국인 부장들이 모두 미군정하에서의 자치 정부를 염두에 두었거나 멀지 않은 장래에 예견되는 독립국가의 건설을 미리 준비한다는 기대를 품고 각자 나름대로 사명감을 가지고 직무에 임했다고 생각했던 것 같다. 왜냐하면 그들은 1947년 4월 9일 군정장관에게 낸 제안에서 기존의 부서들 외에 외무부, 내무부, 그리고 민정장관 직속의 관방(官房)을 신설할 것과 효율적인 행정을 위해 정부 고용인 및 관리 직원들을 감축할 것을 요구했기 때문이다.[2] 특히 외무부나 관방은 독립국가에서나 볼 수 있는 정부 직제인데, 미군정 내 한인 관리들은 민정장관을 한 국가의 수상이나 국무총리쯤으로 강화함으로써 그들의 활동을 사실상의 독립국가의 정부 활동과 같은 것으로 간주하고 싶어했던 것으로 보인다.

그러나 정부 조직과 관련된 이들의 개혁 구상은 미군정 당국에 의해 거부되었다. 당시 군정청의 미군 장교들은 "(민정장관) 한 사람에게 권력이 집중되는 것은 민주주의에 어긋난다."[3]고 대응하면서 그들의 의도대로 미군정을 통해 남한을 통치하며 때를 보아 오로지 그들의 통제하에서 행정권 일부를 이양할 계획임을 내비쳤다. 결국 미군정 당국은 민정장관 개인의 권한 강화를 초래할 관방을 설치하거나 독립국가에나 있을 외무부의 신설은 허용하지 않고 대신 공보처와 법무부의 신설만 허용했다.[4] 그럼에도 불구하고 안재홍은 계속해서 내정 개혁을 위한 새로운 제안들을 제시하였다. 그는 우선 군정청 내 한국인 관리들이 책임을 맡고 있는 입법·행정·사법기관을 '남조선과도정부'로 호칭할 것을 요구했고, 미군정 당국은 결국 이를 승인했다.[5] 또 6월 28일에는 과도정부의 공식 언어를 한글로 한다는 군정 당국의 발표도 있었다.[6]

민정장관 안재홍은 또 8·15 제2주년 기념식은 과도정부가 주도하여 치를 것이며, 이 행사가 말 그대로 민족적인 대집회가 되도록 많은 국민들이 협조하고 참여해 줄 것을 당부하였다.[7] 그리고 그는 이 행사를 주관하기로 되어 있던 서울시 당국에 대해 기념식에서 사용할 모든 구호나 슬로건은 파당적이거나 이념적인 대립을 나타내지 않도록 할 것이며 또한 한국을 '해방'시켜 주고 민주적 독립국가의 건설을 바라는 한국민들의 염원에 부응하기 위해 애쓰는 연합국들에게 감사하는 내용이어야 한다는 지시를 내렸다.[8] 민정장관과 과도정부의 이와 같은 이니셔티브에 대하여 여운형은 과도정부의 이 같은 조치들이 과거의 반민족적인 분단정부 수립 운동들과는 다르며 따라서 민족통일을 위한 제반 노력들을 방해하지는 않을 것이라는 환영의 논평을 발표하였다.[9] 여운형은 당시 조선공산당과 결별하고 근로인민당(勤勞人民黨)의 창당을 준비하고 있었다.

안재홍은 또한 민정장관으로서 미군정하에서 시행된 토지개혁과 귀속재산 처리 과정에서 일정한 역할을 수행하였다. 미군정은 이미 1945년 10월 5일 소작인이 지주에게 연간 소출의 3분의 1을 내도록 하는 '3·1제'를 실시한다고 선포하였고, 10월 30일에는 일제의 동양척식주식회사나 일본인들이 소유했던 적산(敵産) 토지를 조만간 한국인들에게 분배할 계획임을 밝혔다. 그리고 1946년 2월 21일에는 이를 관장할 신한공사(新韓公司)를 발족시켰다.[10] 이후 미군정 측은 1947년 봄에 이 같은 토지개혁 문제를 입법의원과 상의하고 1947년 9월까지 입법 조치할 수 있도록 제반 준비를 완료했는데, 같은 해 3월 6일에 있었던 한 기자회견에서 민정장관 안재홍은 이 토지개혁안은 그가 좌우합작위원회에서 채택했던 것과 똑같은 것이라고 밝혔다.[11] 이로 미루어 미군정의 토지개혁안이 만들어지는 과정에서 민정장관 안재홍과 새로 만들어진 법제처(法制處)가 상당한 영향력을 행사했던 것으로 보인다.

그렇지만 당시 대부분의 입법의원들은 소유 토지를 그대로 유지하고 싶어 했던 지주들이나 기업인들과 직접, 간접으로 연결되어 있었다. 그 까닭에 토지개혁은 독립정부가 세워진 다음에나 실시되어야 한다고 주장하였다. 그렇지만 미군정 측과 입법의원의 산업노동위원회 사이에 진행된 장시간의 논의 끝에 토지개혁 법안이 만들어졌고, 이 법안은 12월 23일 본회의에 상정되었다. 그러나 이 법안의 심의는 연말 연휴라는 들뜬 분위기를 이용한 많은 보수적 입법의원들의 사보타지로 다음 해인 1948년도 회기로 넘겨지고 말았다.[12] 하지만 5·10총선이 공고된 1948년 봄의 국내 정국이 선거 보이콧 운동에 휘말리면서 흥분과 혼란이 계속되고 있었기 때문에 입법의원 중 어느 누구도 '인기 없는' 토지개혁안의 심의를 서두르려 하지 않았다.

결국 미군정 당국은 안재홍이 수반으로 있는 과도정부를 중심으로 토지개혁을 추진하기로 하고, 중앙토지행정처(中央土地行政處)를 설립하였다. 이로써 중앙토지행정처는 지방의 6개 지부와 함께 과도정부의 토지개혁을 담당하는 주무 관서가 되었고, 이때는 가축이나 농기구와 같은 생산수단, 과수원, 목장 등을 제외한 논과 밭만이 분배의 대상이었다. 또 농민들은 소작인, 농토 근처에 거주하는 무(無)토지 농민, 농촌 임금노동자, 이북에서 남하한 이주 농민, 해외에서 귀국한 이주 농민 등의 순서로 토지를 분배받았다. 결과적으로 20만 6000정보의 논과 6만 2600정보의 밭 중 75퍼센트가 44만 5000명의 농민들에게 배분되었다. 상환 조건은 각 농가가 연 소출의 3배에 해당하는 토지 대금을 매년 소출의 20퍼센트씩 15년 동안 갚아 나가도록 되어 있었고, 사정에 따라 상환 기간은 연장될 수 있었다.[13]

민정장관 안재홍은 토지 이외에 일본인의 소유였다가 미군이 진주하면서 군정청에 몰수되었던 가옥이나 상공업 시설물들을 한국인에게 되돌려 주는 과정에서도 일정한 역할을 하였다. 미군정 당국은 1945년에 관재령(管財令) 제8호를 공포하여 이러한 적산 시설물들을 군정청의 소유와 관리하에 두었는데, 이에 대한 국민들의 불만이 고조되자 1947년 2월 21일 민정장관 안재홍으로 하여금 조미공동위원회(朝美共同委員會)를 구성케 하고 적산 시설물의 소유권 이전에 필요한 정책 수립에 착수하도록 했다. 이 위원회는 한인 측 10명, 미국 측 4명으로 구성되었고 민정장관이 주재하였다. 또한 효과적인 정책 수립을 위해 안재홍 민정장관, 김호 입법의원, 오정수 상공부장, 그리고 3명의 미국인 고문들로 특별위원회를 구성하여 운영하였다.[14]

특별히 만들어진 이 위원회는 우선 관재령 제8호를 수정하여 한국인 관리들의 적산 관리 체제를 확립코자 하였다. 또 관재국의 업무 처리를 자문하기 위한 조미공동고문위원회(朝美共同顧問委員會)의 구성을 제의하였다. 그러자 미군정 당국은 이러한 제의를 모두 받아들여 9명의 한국인 관리들과 3명의 미국 측 대표로 조미공동고문위원회를 만들어 적산 산업 시설의 한국인에 대한 양도 작업에 활용하였다.[15] 이어서 과도정부는 제조업 공장, 사업체, 가옥, 선박, 광산과 같은 적산(敵産)을 한국인에게 양도하는 것에 관한 행정상의 제(諸) 규정을 발표하였다. 결국 513개 회사, 893건의 부동산, 기타 916종류의 적산들이 한국인들에게 양도되었다. 그러나 1948년 말에 3551개의 적산 회사와 20만 개의 적산 부동산이 양도되지 않은 채 그대로 미군정의 소유로 남아 있었기 때문에 과도정부에 의해 총 2958건의 적산 시설물들이 한국인들에게 양도되었다고 해서 미군정 시기의 토지개혁이 성공적이었다고 평가할 수는 없었다.[16] 그럼에도 불구하고 민정장관 안재홍이 주도적으로 관여했던 미군정기의 토지개혁은 훗날 이승만 정부가 추진했던 토지개혁의 전조적(前兆的) 조치로서 그 중요성을 간과할 수는 없을 것이다.

'순정우익의 집결'을 주창하다

1947년 여름 이후 한국의 정세는 연이은 정치적 테러 사건으로 얼룩지고 있었다. 7월 19일 여운형이 피살된 데 이어 12월 2일에는 장덕수(張德秀)가 암살당했다. 이즈음 안재홍도 경교장에서 김구를 만나고 나오는 길에 저격을 받았다. 그런데 암살범들의 실수였는지 총알이 바로 발끝에 떨어지는 바람에 위기를 모면할 수 있었다.[17]

이렇게 국내 정국이 어수선한 사이에 미소공위는 10월 18일 제62차 본회의를 끝으로 아무런 성과 없이 결렬되고 말았다. 이로써 미소 협조와 국내 세력 간의 좌우합작으로 통일민주정부를 수립코자 했던 기대와 꿈은 완전히 무산되었다. 그래서 미소공위의 성공과 좌우 세력 간의 대동단결로써 민족분단을 막고 통일정부의 수립을 꾸준히 모색해 오던 정치 지도자들과 정당·사회단체들은 이즈음 민주독립당 및 민족자주연맹을 조직하여 분단이 고정화되는 사태에 끝까지 저항하고자 했다. 안재홍 역시 민정장관 명의로 성명을 발표하거나 《한성일보》 사설을 통해 이 같은 움직임에 동참하였다.

안재홍은 미소공위가 최종적으로 결렬되기 20여 일 전인 9월 23일에 발표한 한 성명을 통해 "기동성(機動性)을 띤 국제적 정치 노선"의 중요성을 다시 강조하였다. 그는 유엔에 의한 남북 총선거가 성사될 수 있다면 그래도 다행이겠으나, 미소 협조가 제대로 안 되어 남한만의 단독선거가 실시된다면 "민중을 진정한 민주주의 노선으로 영도하여, 과도정부와 충심 협력케 함이 중대국책(重大國策)의 하나"라고 주장하였다. 즉 그는 자신이 총괄적인 책임자 위치에 있는 남조선과도정부가 통일국가 완성의 주도적 역할을 해야 한다는 전제하에 (1) 민정장관 중심의 행정 기능 일원화, (2) 과도정부에 대한 일반 민중의 신뢰감 제고 및 극단적 성향을 싫어하는 대다수 "진정한 민주주의 세력의 옹호 육성"을 위한 경찰 행정의 민주화 및 공정한 법 집행, (3) 미국의 경제원조를 적절하게 활용한 민생의 최대한 안정, (4) 좌우를 불문한 폭력 및 각종 파괴 행위의 철저한 단속, (5) 국가 안보를 미소 주둔군에 의존하고 있는 현실을 감안하여 국방 및 공안 유지를 위한 실제적 태세 완비 등 대책이 하루빨리 실천되어야 한다고 역설하였다. 이 성명은 "전 조선 삼천만은 모든 계급적 분열 대립과 더구나 정권 쟁탈적인 내홍(內訌)을 시급히 지양청산(止揚淸算)하고, 결합독립의 일로(一路)로 매진하자. 분열은 패망을 고정화한다."는 호소로 끝맺었다.[18]

안재홍은 또 같은 해 10월 《한성일보》에 실은 「순정우익(純正右

翼)의 결집(結集)」이란 제목의 논설에서 앞서 말했던 '진정한 민주주의'를 추구하는 순정우익 세력의 강대화가 시대적 요청임을 다음과 같이 상론(詳論)하였다.

첫째, 진정민주주의 노선은 외세에 의존함이 없는 자주독립국가, 즉 민족해방의 완성을 지향하는바, 계급 대립은 균등경제(均等經濟)와 평권정치(平權政治)로 지양하며, 미국의 경제원조는 받되, 그로 인한 주권 침해는 배제한다.

둘째, 이 같은 정치 노선을 '중간당' 혹은 '중간파'라고 말하는 것은 경멸적인 매도(罵倒)에 불과하며, 오히려 진정민주주의 노선은 좌에서 무산자 계급독재를 전제로 개인의 자유와 재산의 사유 세습을 무시하는 공산주의의 강요를 반대하고, 극우에서 봉건적·대지주적·자본벌적 특권계급 지배를 배격한다. 왜냐하면 한반도에서의 공산혁명이나 극우 정치의 출현은 필연적으로 외세의 간섭과 침략의 기회를 제공할 수 있기 때문이다.

셋째, 극우는 조만간 재수정을 필요로 하는 우이므로 진정민주주의만이 '순정한 우익'이고, 또 이러한 "진정민주주의 노선에서만 진정한 민족주의가 성립"되는 것이니, 이것이 곧, '순정우익(純正右翼)'이다.

넷째, 이 '순정우익' 세력의 강대화만이 "안에서 민족독립국가의 완성 및 발전을 가능케 하고, 밖에서 국제 협조로써 평화와 공존을 장래(將來)"할 수 있다. 이 '순정우익' 세력의 강대화만이 "민주역량 집결에 의한 독립 전취의 유일한 노선"이며, 현대 조선이 처한 국내외적 객관 정세에 가장 합당한 처방이다.

다섯째, 이 '순정우익'은 우익진영을 대표하여 좌우합작을 추진하던 세력이 합작을 성사시키지 못한 채 급변하는 국내 정세에 대처하여 극좌 극우의 편향된 정치 세력을 배제하기 위한 '민족자주노선'이요, '독립기본노선'이며, '중앙노선'이며, "신민주주의(新民主主義)의 사회 건설의 토대 위에 구축현현(構築顯現)되는 신민족주의노선(新民族主義路線)"이다. 이러한 '민주독립노선(民主獨立路線)'은 정치적 좌우를 논할 바 아니지만, 현하 좌익 노선이 존재하는 만큼 '순정우익'으로 규정될 수 있다.[19]

이상과 같은 순정우익론을 편 안재홍은 기왕에 해방 이후 줄곧 자신의 정치 활동은 순정우익 노선을 줄곧 실천하기 위해 지속되어 왔음을 다음과 같이 덧붙여 설명하였다.

1945년 8·15 당시 건국준비위원회 있어 여(余)는 당시 퇴각에 제회(際會)한 일제의 세력이 최후 발악적 유혈의 대참극 있을 것을 방지하고자, 첫째, 공안(公安)의 호지(護持), 둘째, 모든 현유세력(現有勢力)과 기구·자재·기획 문헌의 보관 관리, 셋째, 해외에 있는 임정 및 혁명적 제집단의 입국 조정을 기다리는 것 등을 목표로 응분의 그 노력을 할 것을 그 본령으로 하고, 민족주의 세력의 주도하에 좌방의 협동적 연합함을 의도 및 기획하였다. 그러나 현실은 도리어 이와 전도(顚倒)되고 종래에는 민족진영 측의 참가 거부조차 있어 여(余)는 차선(次善)에 나와서 건준(建準)을 스스로 이탈하였다. 따로이 국민당(國民黨)을 일으킨 것은 순정(純正)한 우익(右翼) 즉, 전 분야에서의 중앙노선(中央路線)이었었다. 우남 이박사(雩南 李博士)를 맞이하여 독립촉성중앙협의회(獨立促成中央協議會)를 조직할 때와 중경임정(重慶臨政)을 맞이하여 비상정치회의(非常政治會議)를 협력함에 있어 또한 민족주의자 그 다수 주동이 되고, 좌방 이에 협력적 참가를 상망(想望)하여 '비율(比率)'을 문제 삼지 말기를 요청하였으나 좌방 소위 5 대 5를 고집하여 필경 성취되지 않았다. 그동안 탁치안(託治案)이 나와 천하의 물정 소연(騷然)한 중에 혹 4당 코뮤니케를 만들고 하는 중에서도 여(余)는 항상 반탁 투쟁(反託鬪爭)의 선두에 섰었다. 그리고 비상국민회의를 주비(籌備)함에 임하여 오히려 좌와의 협력을 역설하였으나, 좌 이에 난제(難題) 있어 결렬되었다. 이즈음에 여(余)는 좌와의 협동 계획을 한동안 중단하고, 우익 즉 민족주의 진영만의 연합으로 스스로 위력을 보임에서 좌방도 조만 다시 협동을 재요구하게 될 것을 기대하기로 하였다. 제1차 미소공위가 열리었으되 무위로 결렬되고, 국제 세력하에 거대하게 제약되는 조국과 민족의 현세 안여좌시(晏如座視)할 수 없는 차에, 좌의 일부에서도 그런 요구 있었고 민주의원 및 비상국민회의 상임위원회에서 좌우합작의 논(論)이 있어, 찬부효효(贊否囂囂)한 중에 원의(院議) 50만의 지출로 그 비용에 자(資)함 있어, 김규식 박사와 함께 합작 노선 선양(宣揚)에까지 갔었다.[20]

안재홍은 이제껏 추구한 통일정부수립운동이 성공을 거두지 못하고 어차피 남한만의 정부가 들어설 것이라면, 지금까지 민공협동으로써 좌우합작을 추진해 오던 세력 중 그가 말하는 '순정우익' 세력들의 대동단결로 새 정부 수립의 주도권을 확보하자는 입장을 천명하였다. 그리고 미군정 밖에서 민주독립당과 민족자주연맹 등의 조직 결성이 성사되는 가운데 미군정 내의 남조선과도정부 수반인 민정장관으로서의 권한과 역할을 최대한 활용하여 미군정 이후의 국내 정치에서 '순정우익'의 정치적 입지를 조성해 보고자 노력했다. 시국대책요강에 이어 행정태세강화안(行政態勢强化案, Counter Measures to Enforce Political Structures in South Korea)을 결의하여 발표한 것도 다 이런 이유와 배경에서 비롯된 것이었다. 그러한 까닭에 안재홍은 '진보적 민주주의'를 주장하는 공산주의자들과 극우 집단의 정치적 득세를 방지하기 위해서는 우선 "진정민주주의(眞正民主主義)에 입각한 정세 대응이 긴요"하고, 우익진영은 강력한 이념적 기반을 갖추지 못한 채 경찰력에 의존하면서 이른바 '중간파' 세력들을 탄압하고 있는 상황이 개선되어야 하며, 과도정부의 수반인 민정장관의 권한과 기능이 강화되어야 한다고 주장하였던 것이다.[21]

5·10총선 참여를 촉구하다

1948년에 들어오면서 한반도 분단 구조가 영구화되는 조짐이 역력하였다. 2월 26일 유엔총회가 미국이 제안한 '한국 내 가능한 지역에서의 총선거 결의안'을 통과시키자, 그동안 남한만의 선거를 통해 분단정부의 수립을 주장해 오던 정치단체들은 일제히 환호성을 올렸다. 또 3월 1일 하지 사령관이 남한만의 총선 실시를 공식적으로 발표하자, 단선·단정론자들은 저마다 선거 준비에 열을 올렸다. 이때 안재홍은 남한만의 총선 실시 결정으로 그가 민정장관에 취임한 본래의 목적, 즉 미군정과의 협력을 통한 '남북통일과 진정한 민주주의 독립국가의 완성'이 성취될 가능성이 이미 소멸되었다고 판단하고 하지 사령관에게 즉각 서한을 보내 1차로 사의를 표명하였다. 3월 23일자로 보낸 이 공한에서 안재홍은 "민정장관에 취임한 이래 1년이 넘는 동안 미소 협조는 파열되었고, 본인의 정치 노선의 주요 부분을 구성한 좌우합작도 실패되었고, 정치적 혼란과 민생 문제의 곤란도 가중한 현상으로써 최초 소기한 목적이 성취되기 어려운 사태 위에 '가능한 지역의 총선거' 단행으로 된 현 단계에 있어서는, 평일 그 정치 노선이 본 단계성과 합치되는 인물로서 민정 최고 책임을 부하(負荷)케 함이 정치도덕상 지당한 조처이고, 공인의 출처로서도 의당한 태도임이 명백하다."[22]라고 밝힘으로써 진퇴(進退)가 분명한 조선 선비의 판단력을 그대로 보여 주었다. 그러나 하지는 그의 사임이 5·10총선에 대한 반대로 받아들여져 쓸데없는 오해를 받게 되면 이로울 것이 없으니 "깨끗한 양심으로 인내해 주기" 바란다면서 사임을 받아들이지 않았다. 이에 안재홍은 한국의 독립을 도우려는 미국의 입장에 누가 되지 않도록 국제적 상황을 고려하여 하지의 요청을 들어 주어 사임을 끝까지 고집하지는 않았다.[23]

한편 한독당의 김구와 민족자주연맹의 김규식을 중심으로 하는 일단의 민족 세력들은 이른바 남북협상을 추진함으로써 분단이 고정되어 가는 내외 정세에 정면으로 맞섰다. 안재홍은 이 같은 두 민족

서울중앙방송국에서 방송 연설을 하는 안재홍.

지도자들의 남북협상 추진에 대하여 《한성일보》 논설을 통해 그것
은 "첫째, 좌우 양측의 지도자들이 한자리에 회합하여 조국의 통일
독립을 논의하는 자체가 큰 의의가 있으며, 동시에 이것은 종래의 사
대 의타적인 오류를 청산하고 민족적 자주성을 앙양할 수 있는 계기
가 된다. 둘째, 비록 낙관을 허용치 않는 상황이지만 만일 성공한다
면 민족의 완전 독립을 위한 중대한 추진체가 될 것이다."라고 그 의
의를 밝혔다. 그러나 그는 평양에서의 협상 회담이 미리부터 북측에
의해 참여 대상이 한정되었다는 점에 유의하고, 그것이 서로 양보하
지 않아 당파적으로 대립하거나 배후 외세에 의해 조종되는 비자주
적인 방향으로 흐를 가능성을 경계하였다.[24]

안재홍은 김구 선생이 북행을 결행하기로 했다는 소식을 듣고 경교장을 방문하여 사실 여부와 회담 전망에 대하여 묻고는 "월북 이후 백범 자신의 진의와는 배치되는 헛선전이라도 남한에 전파되는 경우, 그 진부를 표준할 만한 기본 원칙을 미리 선포하여 두고 출발하시는 것이 가하겠다."고 진언하였다.[25] 김구는 민정장관 안재홍의 이러한 진언에 찬동했던 것 같다. 즉 그는 4월 19일 평양 방문을 반대하기 위하여 경교장 앞에 모인 학생과 군중들에게 "나는 독립운동으로 내 나이 70여 년이 되었다. 더 살면 얼마나 더 살겠느냐. 여러분은 나에게 마지막 독립운동을 허락해 달라. …… 누가 뭐라 해도 좋다. 북한의 공산당이 나를 미워하고 스탈린의 대변자들이 나를 시베리아로 끌고 가도 좋다. 북한의 빨갱이도 김일성이도 다 우리들과 같은 조상의 피와 뼈를 가졌다. 그러니까 나는 이 길이 마지막이 될지 어떻게 될지 몰라도 나는 이북의 우리 동포들을 뜨겁게 만나 봐야 한다."고 호소하였다.[26] 또한 김구는 "현시에 있어 나의 유일한 염원은 삼천만 동포와 손을 잡고 통일된 조국, 독립된 조국의 건설을 위하여 공동 분투하는 것뿐이다. 이 육신을 조국이 수요(需要)한다면 당장에라도 제단에 바치겠다. …… 나는 통일된 조국을 건설하려다가 38선을 베고 쓰러질지언정 일신의 구차한 안일을 취하여 단독정부를 세우는 데는 협력하지 아니하겠다."[27]며 자신의 북행 입장을 밝혔다.

민정장관 안재홍은 또 남북협상에 대해 몹시 못마땅해하던 미군정의 고위급 장성들을 설득하기 위해 하지 사령관에게 직접 편지를 보내 김구 선생이나 김규식 박사는 결코 반미친소주의자가 아니며, 오히려 민족통일의 미래에 대한 강인한 결단력과 열정을 지닌 진정한 민족주의자들이라고 설득하면서 그들의 입북(入北)에 대해 과도한 생각은 갖지 말기를 요청했다.[28] 안재홍은 당시 남북협상을 맹렬히 비난했던 이승만이나 한민당과 달리 과도정부의 수반으로서 "가장 신뢰하는 선배 동지가 잘 처사할 줄로 확신"하며, "그분들이 일을 좀 더 잘할 수 있도록 간섭하지 않는다."는 입장을 천명하였다. 그러나 그는 미군정이 존재하는 한 "여하한 남북협상도 군정 당국과 유엔과 결정할 문제"이며 "기정 방침대로 선거도 지장 없이 추진하여야 된다."고 밝혔다.[29]

그러나 평양에서의 남북회담은 안재홍의 걱정대로 북한 공산주의자들의 정치적 이용물로 전락되었고, 두 민족 지도자들도 크게 실망하고 귀환했다. 다만 두 지도자는 북한에서의 총선 실시와 남한에 대한 송전을 중단하지 않겠다는 김일성의 언질을 일단 믿고 남한에서의 5·10총선을 보이콧하겠다는 '약속'을 하고 돌아왔다.[30] 그리고 김구와 김규식을 따르던 대부분의 정치인들은 이 '약속'에 따라 5·10총선을 거부하였다. 안재홍은 이러한 선거 거부 움직임에 대해 남북협상이 이미 실패로 돌아간 상황에서 남북협상에 연연하여 5·10총선이 거부되어서는 안 됨을 강력히 주장하였다. 그는 "남북 총선거는 최선(最善)이요, 가능한 지역만의 총선거는 차선(次善)인데, 군정을 무기한으로 끌어갈 수 없는 이상 차선책(次善策)이라도 취해야 한다."[31]는 현실주의적 논리로 모든 민족 양심 세력의 선거 참여를 호소했다. 그는 식민지 기간 동안 민족독립을 위해 싸웠던 진정한 민족주의자들이 국회에 들어가야만 외세 의존적인 극좌 및 극우 세력이 독립 한국의 정치를 좌지우지하는 것을 방지하고, 순정우익(純正右翼)의 주체

적이고 민주적인 국가를 만드는 데 기여할 수 있다고 설명했다.[32]

하지만 안재홍의 이러한 현실적인 논리와 호소는 받아들여지지 않았다. 남북협상을 이끌었던 김구와 김규식 두 지도자는 분단의 고정화를 막으려는 자신들의 충정과 김일성과의 '약속'을 지키며 공산주의자들을 끌어안으려는 진한 민족주의적 형제애 때문이었던지, 현실적으로 가장 타당한 정치적 처방이었을 안재홍의 총선 참여론에 귀를 기울이지 않았다. 결국 5·10총선은 남한의 공산주의자들이 유엔한국임시위원단의 선거 감시 활동을 폭력적으로 방해하고,[33] 1000명에 가까운 입후보자들 중 이승만과 김성수를 지지하는 후보자가 4분의 3을 넘겨 출마한 가운데 치러졌다. 결과는 극우 단체와 단정론을 따르던 세력의 승리로 끝났다. 200명의 의원 중 김구나 김규식 계열로 분류될 수 있는 당선자는 불과 30명 안팎이었다.[34] 이러한 선거 결과는 불행하게도 민정장관 안재홍이 5·10총선 참여를 호소하면서 가장 경계하고 원치 않았던 것이었다.

한편 민정장관 안재홍은 5·10총선의 개표를 앞에 둔 시점에서 근원을 알 수 없는 소문으로 잠시 시달렸다. 그가 미군정의 종용을 받아 이묘묵(李卯黙)과 유동열(柳東說) 등과 함께 미군정에 참여한 사람들을 묶어 신당(新黨)을 조직한다는 것과 당수로는 미국에서 갓 귀국한 서재필(徐載弼) 박사를 추대한다는 소문이었다. 이에 안재홍은 즉시 기자회견을 갖고 이 같은 신당설은 정치 모략이며 중상일 뿐이라고 일축하면서 "나는 더 이상 관계(官界)에 투신할 의사를 갖고 있지 않다."고 밝혔다.[35] 이 같은 안재홍의 말은 진실이었다. 그가 만일 민정장관 취임 시에 품었던 우국충정을 버리고 여타 정치인들처럼 권력과 직위에 야심을 품고 있었다면 민정장관 재직 동안 그 자리를 이용해서 정치자금을 확보한다든지 자파 세력을 부식(扶植)하면서 차후의 정치 활동에 대비했을 텐데 그런 흔적은 전혀 찾아볼 수 없었기 때문이다.[36]

그러한 안재홍이었는지라, 그는 5월 31일 5·10총선거로 당선된 의원들로 제헌국회가 구성되어 개원하는 것을 보고 난 다음 날인 6월 1일, 즉시 민정장관직에서 물러나겠다는 사의(辭意)가 담긴 두 번째 편지를 하지 사령관에게 보냈다. 그리고 6월 7일에는 군정장관 딘 (William F. Dean) 소장에게 사임서를 제출했다. 미군정 측은 그의 사표를 수리하였고, 이에 따라 안재홍은 6월 8일 다음과 같은 성명을 발표하고 민정장관직에서 물러났다.

> 나의 민정장관 취임은 남북통일 독립정부 수립이 불행 지연된 정세에서 출발한 것으로, 그것은 결정적 난사업(難事業)인 필연성을 띤 바 있었다. 내가 취임 이래 동료와 협력하여 군정 부면에 있어서의 일당정적(一黨政的)인 경향을 방지하면서 정치의 민주화(民主化)에 노력은 하였으나, 투철한 성과를 못 본 것은 지극 유감이다. 벌써부터 사임하여 역량과 민중의 신임이 아울러 큰 인물로 하여금 당국(當局)할 기회를 만들고자 하였으나 누차 변동되는 정세로 하여금 그 시기를 잃었고, 5·10총선거 당시에는 국내·국제에 미치는 관계 크므로 머물러서 그 완수(完遂)를 본 후에 퇴임키로 한 것이다.[37]

또한 민정장관직에서 물러나는 소회를 길게 써서 《신천지》 6월호에 게재했다. 이 글을 통해 안재홍은 재임 중 주요 일들을 다시 점검했고, 우리 민족이 중대한 기로에 처했음을 걱정했다. 그는 노심초사의 심정으로 글을 맺었다.

오인(吾人)은 '몰세무민(沒世無悶)'의 경계(境界)를 잘 가지고 있다. 개인(個人)의 운명이라면 모든 것을 이탈(離脫)하고 스스로 안심(安心)의 땅을 구할 수 있다. 다만 민족천년(民族千年)의 운명은 홀로 초연(超然)할 수 없는 바이다. 민족과 조국의 운명이란 일신 일당과 또는 일부류의 이해로써는 바꾸자고 할 수 없는 바이다. 내가 이기고 내파가 이기고, 권력과 향락이 나의 부대(部隊)에 있는가 하고 즐거워하려 하던 때, 민족과 조국은 어느덧 남의 세력(勢力) 밑에 붙어 버린 것을 발견하는 것같이 허무(虛無)하고 또 웅대한 비극(悲劇)은 없을 것이다. 소지소욕(小智小慾)은 대국을 그르치는 것이다. 만일 구구(區區)한 이남(以南)의 일방에서 한갓 각 파벌 세력 소장(消長)의 각축장(角逐場)이 된다면, 그 화(禍)가 클 것이다. 이제 큰 광구(匡救)의 안을 제시할 길 없음이 지극 유감사(遺憾事)이다.[38]

9 민주주의와 평화통일을 위하여

대한민국이 주도하는 평화통일, 그리고 시민교육에 힘쓰다

미군정 민정장관직에서 물러난 안재홍은 그 자신이 1946년 2월에 창간하고 민정장관으로 일하기 직전까지 사장으로 일했던 《한성일보(漢城日報)》로 복귀했다. 다시 사장이 되어 경영을 책임 맡으면서 논설을 썼다. 스스로 마땅하다 하여 정치 일선에서 물러나긴 했지만 국토는 남북으로 갈린 채 불투명하기만 한 민족의 앞날과 국내 정치에 대한 그의 걱정은 여전했다. 7월 17일 제헌국회(制憲國會)에서 제정된 대한민국 헌법이 공포되었고, 7월 20일에는 제헌국회에서 간접선거를 통해 초대 국회의장이던 이승만 박사를 대통령으로 선출했다. 재적 의원 196명 전원이 참석한 가운데 실시된 투표에서 이승만 180표, 김구 13표, 안재홍 2표, 서재필 1표를 각각 얻었다.[1] 이로써 1948년 8월 15일 대한민국 제1공화국 정부가 정식으로 출범했다. 우리 역사상 최

초의 민주공화주의 혁명으로 불릴 만했던 1919년 3월의 기미독립만
세운동이 전국적으로 전개된 이후 중국 상해에서 선포되었던 대한민
국 임시정부(臨時政府)가 암울했던 일제 치하를 견뎌 내고, 비록 분단
상태였지만 마침내 그 법통을 이은 대한민국 제1공화국으로 등장한
것이었다.

이때 안재홍은 정부 수립을 축하하기 위해 내한하기로 되어 있
던 미국 극동군 사령관 맥아더(Douglas MacArthur) 원수를 염두에 두
고 《한성일보》에 쓴 8월 15일자 기명논설 「맥아더 장군(將軍)에게 보
내는 글월」을 통해 새로 출범한 한국 정부를 승인해 준 미국에 대해
먼저 감사를 표하고, 다만 앞으로도 변함없이 중요한 것은 미국과 소
련의 협조라고 지적했다. 또 미국이 일본을 "극동정책 수행(極東政策
遂行)의 평화적 전위부대화(前衛部隊化)시키려는 의도"에서 일본에 대
한 지원을 계속해 왔다고 지적한 다음, 그것이 일본으로 하여금 주변
국가에 대한 재침략(再侵略)의 야망을 갖게 하지 않는 방향에서 추진
되도록 미국이 각별한 관심을 가져야 할 것이라고 주문했다. 그는 이
에 덧붙여 미국의 한국에 대한 경제원조도 산업 건설을 적극 추진
하는 데 도움이 될 수 있는 방향에서 이루어지기를 바란다고 썼다.[2]
안재홍은 이와 함께 「이 대통령의 대정방향(大政方向)」이란 사설을 통
해서는 새 정부가 정치적 민주주의, 경제 발전, 그리고 남북통일이라
는 당면 과제에 대한 국민적 요구와 기대를 충족시킬 수 있어야만 진
정으로 민주적인 정부로 인정받게 될 것이라고 강조했다. 동시에 소
련이 인접 강대국임을 인식하고, 소련이 신생 대한민국의 정치적 주
권을 침해하지 않는 한 한국은 소련과도 선린 우호 관계를 발전시킬

수 있어야 하며, 이승만 정부는 민족통일의 원만한 성사를 위해서 대외적으로 미국에만 의존할 것이 아니라 국내 민족진영과도 긴밀하게 협조할 필요가 있다고 주장했다.[3]

한편 안재홍은 1948년 10월《한성일보》사설 「조선 민족의 정치적 진로」를 통해 38선에 의한 남북 분단이 민족의 최대 현안임을 지적했다. 그리고 이것이 해결될 수 있는 방안은, (1) 남북 좌우가 넉넉히 합류회동(合流會同)함으로써 미국과 소련을 유도하여 민족의 합동을 도모하는 것, (2) 미국과 소련이 무슨 형식으로든 협조호양(協調互讓)하고 이에 따라 남북이 귀일합동(歸一合同)하는 것, (3) 미국과 소련이 전쟁을 하여 그 결과에 따라 한민족 전체가 어느 일방의 주도하에 통일되는 것 등 세 가지가 있을 수 있다고 상정했다. 그러나 안재홍은 첫 번째 방법은 지금껏 성사시켜 보려 했으나 성취되지 못한 것이고, 두 번째는 현재 미소 관계가 갈수록 대립적인 것으로 퇴보해 가고 있기 때문에 기대하기 어려우며, 마지막 세 번째 방법 역시 현재로서는 예측하기 어려운 사태라고 보았다. 다만 한 가지 가상적(假想的)인 방안은 우선 유엔이 남북통일을 위한 새로운 방안을 마련하고 미국과 소련이 기적적으로 타협하여 남북 총선거를 다시 실시하는 것이라고 안재홍은 생각했다. 그렇지만 이 또한 최근 3년간의 미소 관계와 북조선의 동향으로 보아 불가능한 일이기 때문에 안재홍은 남북 간의 대립이 한동안 지속될 것으로 예견했다. 이 같은 맥락에서 그는 1948년 초 소련이 제안했던 미국과 소련의 양군(兩軍) 동시 철수 제안을 미국이 받아들이지 않은 것은, 만약 그렇게 될 경우 북한 인민군이 즉시 남한을 석권하여 조선 전체가 소련의 공산주의 위성국으로 전락할 위험성을 고려했기 때문이라고 설명했다. 그리고 안재홍은 이승만 대통령 정부가 국제 정세를 보다 냉철하게 연구해야 하고, 국내적으로 진보적인 민족진영의 비판에 더욱더 귀를 기울여 대다수 국민 대중을 결집하는 데에 더욱 많은 노력을 기울여야 한다고 주장했다.[4]

안재홍은 또 1949년 1월 역시 《한성일보》에 기고한 「기로(岐路)에 나선 민족 성패(民族成敗)」란 논설에서 민족분단이 고정되고, 이승만 대통령이 주도하는 한국 정치가 그가 생각하는 바와는 다른 방향으로 나타나기 시작했다고 진단하면서 다음과 같은 질문들로 이 대통령의 국정 운영에 문제를 제기했다.

1. 한국민은 참으로 예기하였던 독립 자치의 능력을 발휘하여 강토통일(疆土統一) 민족귀합(民族歸合)으로 민주주의 건국 정치를 확호(確乎)하게 추진하고 있는가?
2. 남한은 진정한 민주주의 민족자주국가를 확립하기 위한 민주역량의 집결장이 되어야 할 것인데, 이것이 순조(順調)로 줄잡아서 타당한 방책으로 진행되고 있는가?[5]

이 같은 질문들은 당시 이승만 정부가 민족 통합의 전제 조건이라 할 수 있는 남한 내의 '민주역량의 집결'과는 점점 멀어지고 있다고 판단했던 안재홍이 이승만 정부의 장래에 대해 크게 우려하고 있었음을 그대로 보여 주는 부분이다.[6]

한편 1949년 3월이 되자 새로 구성된 유엔한국임시위원단이 입국했다. 이는 미소 양군(兩軍)의 철수를 감시하고, 북한 지역에서 국회의원 100명을 추가로 선출하는 문제를 협의하며, 남북 간 물자 교류를 알선하기 위함이었다. 안재홍은 이 같은 문제들에 앞서서 먼저 고려하지 않으면 안 될 사항이 있음을 다음과 같이 지적했다. 첫째, 과연 북한이 나머지 국회의원을 뽑는 선거에 협조할 것인가? 둘째, 미국과 소련이 협조할 것인가? 셋째, 한국인들은 궁극적으로 미국과 소련이 각각의 한반도 정책 수립에 원용할 만한 독자적인 통일 이니셔티브를 취할 수 있는가? 안재홍은 이 가운데에서 첫 번째 문제가 가장 중요하다고 판단하고, 북한이 북한 지역 내 국회의원 선거에 다음 세 가지 경우에만 협조할 것이라고 분석하였다. (1) 북한이 국회의원 선거로 진보적(進步的)인 통일정부를 수립하여 한국 내의 개혁을 추진할 수 있다고 판단할 경우, (2) 북한이 정치, 경제적인 난관에 봉착하여 남한과의 타협이 불가피하다고 판단할 경우, (3) 미국과 실제의 협조가 성사될 경우 등이다. 하지만 안재홍은 이 세 가지 경우 중 어느 것도 가까운 장래에 기대할 수 없는 조건이기 때문에, 특히 당시 중국 대륙에서 공산진영이 민족진영에 대해 승리를 거두고 있던 상황 때문에 이에 고무된 북한이 유엔에 협조적으로 나올 가능성은 없으며, 따라서 유엔이 다시 시도하는 북한 지역 내 의원 선거가 실제로 실시되기는 어렵다고 판단했다.[7]

그리고 이즈음 남한과 북한이 평화적인 협조를 통해 통일 문제를 진지하게 논의할 가능성은 사실상 사라지고 없었다. 그래서 안재홍은 남북 양측이 상호 통일을 논의하기 이전에 한국 측은 다음과 같은 점들에 유의하여 필요한 정책들을 하나하나 실천함으로써 통일의 앞날에 대비해야 한다고 생각하였다. 그러나 이러한 그의 생각과 주장은 이승만 정부에 의해 적정하게 수용되지 못하였다. 그 내용을 아래와 같이 정리해 본다.

첫째, 국제연합이 한국 정부를 공식 승인한 것은 매우 바람직한 것이지만, 문제는 한국 정부가 이에 합당한 정책들을 적절하게 마련하고 실천하느냐가 더 중요한 만큼 정부 당국자들은 방심해서는 안 된다.

둘째, 정부 당국과 민간 지도층은 국방 태세와 민주역량의 완비에 힘쓰는 동시에 "운명 공동의 민족대의"에 비추어 "무혈화평(無血和平)의 원칙"에서 통일을 추구해야 한다.

셋째, 새로운 조국은 어떠한 형태의 독재정치를 배제하고 "진정한 민주주의 공영 국가"로 되어야 한다.

넷째, 토지개혁과 주요 기간산업의 국유화를 통해 대지주와 독점 자본의 대두를 억제하고 "만민공생(萬民共生)의 사유재산제"를 수립한다.

다섯째, 남북을 구분하지 않고 국민들은 어디서나 국토, 자원, 일체의 시설 등을 잘 보호할 것이다.

여섯째, 전 민족의 청년남녀와 유능한 인재들을 육성하며 "극악한 매국분자와 반동적 파괴 분자 외는 모두 관용"하여 살길을 열어 준다.

일곱째, "민족자주와 국제 협동은 변증법적 연관성에서 서로 표리되는 바"이기 때문에 한민족의 모든 문제가 국제적인 연관 속에서 평화적으로 해결되도록 해야 한다.

여덟째, 경제적 상호 보완의 차원에서 "남북 물자 교류를 도모"하여 경제 파멸의 위기를 극복하도록 하자.[8]

그런데 1949년 9월 제4차 유엔총회를 앞두고 안재홍은 보다 현실적인 평화통일 방안을 제시했다. 즉, 대한민국이 이승만 정부를 중심으로 김구와 김규식 등 중경임정 중심의 민족 세력들이 국내적으로 통합하는 것이 남북 평화통일의 주체적 기본 조건임을 전제로[9] 국제사회가 '무장적 평화해결론'에 입각하여 유엔을 통한 남북 평화통일 방안을 강력하게 추진해야 한다고 주장했다. 그는 당시 한반도에서 대한민국만이 평화통일을 담당할 수 있으며, 유엔의 평화통일 방안이 채택되고 실행되기 위해서는 미국을 비롯한 자유 우방 국가들이 외교적, 군사적으로 긴밀하게 단결하여 소련을 위시한 공산진영 국가들의 반대와 거부권 행사를 제압할 수 있어야 한다고 주장했다.[10] 당시 미소 냉전이 지속되는 상황에서 대한민국이 민주주의의 보루(堡壘)로서 그 역할을 다할 수 있도록 미국을 비롯한 국제사회는 군사적, 경제적 지원을 충분히 제공해야 하고, 유엔 외교에서 승리해야 남북 평화통일의 유일한 방법인 유엔 감시하의 남북 총선거가 가능하다는 매우 현실적이고 전략적인 제안이었다.

한편 민정장관직에서 물러난 안재홍은 한결 자유로운 입장에서 활동할 수 있었다. 그는《한성일보》사장으로서 주요 사안들에 대해 기회 있는 대로 자신의 뜻을 펼 수 있었고, 시민교육이나 계몽 활동에 적극 참여할 수 있었다. 그중 한 사례가 바로 신생회(新生會)라는 단체를 통한 신생활 구국운동이었다. 안재홍은 「신생회 선언(新生

비서 이정상과 함께.

會宣言)」을 통해, 남북 분단 상태가 지속되는 가운데 조만간 민족통일을 기대하기 매우 어려운 여건 속에서 이제는 대한민국 정부가 대중의 지지와 신뢰를 받는 "민주역량(民主力量)의 집결체"가 되도록 이를 "보성강화(輔成强化)하는 국민적 계획이 요청된다."고 전제하고, 이에 따라 국민 각자는 자신의 모든 언행이 전 국가와 민족의 발전 과정에 영향을 미친다는 생각에서 "반드시 경건(敬虔)하고 주리(周理)한 신국가의 한 사람으로서 일하는 생활"을 실천해 나가야 한다고 선언했다. 그리고 그 실천 사항으로는 자본주의와 공산주의를 지양 회통하는 신민족주의(新民族主義) 이념의 확산, 자주독립의 역사의식 배양, 균형 있는 국제 협조의 도모, 민중자치, 자력 건설 및 근로입국 정신에 따른 생산 증강, 건전한 소비문화의 진작, 국민 계몽을 통한 민주

의식 강화, 생활의 과학화 등을 내세웠다.[11]

안재홍은 민주정치란 무엇보다도 주권자(主權者)인 국민 개개인의 책임 있는 행동이 일상화될 때 가능하다는 논지에서 그 중요성을 다음과 같은 여러 사례들을 들어 설명했다. 즉 안재홍은 정인보(鄭寅普) 등과 함께 화양동(華陽洞)에 갔을 때 주지 스님으로부터 지시받은 술병을 들고 일행을 따라오다 돌부리에 걸려 넘어지면서도 술병만은 높이 쳐들며 깨지 않으려고 애쓰던 어린 동자(童子)의 책임감, 영국의 어느 공장 직공들이 감독자 없이 "각 사람이 자기 책임으로" 일하던 모습, 그리고 영국 해군의 넬슨(Horatio Nelson) 제독이 트라팔가해전에서 "잉글랜드는 사람마다 자기 책임을 다하는 것을 요구한다."는 글이 적힌 플래카드를 기함(旗艦) 빅토리아호에 높이 내걸었던 사실, 또 넬슨 자신도 해전 중에 전사하면서 "하나님께 감사한다. 우리는 우리의 의무를 다했다."는 최후의 말을 남겼던 사실 등을 자세히 열거했다. 그런 후에 "민주주의가 말은 쉽지마는 국민 각자가 각각 자율적으로 책임을 극진히 하고" 그것에 따라서 정상적으로 "자기의 권리를 자보장(自保障)할 만큼 되지 않고서"는 결국 "모략가(謀略家)와 야심가(野心家)의 밥"밖에 되지 않는다고 역설했다.[12]

안재홍은 또한 당시 《한성일보》가 있던 건물의 화장실 세면대와 소변 통에 담배꽁초와 휴지 뭉치가 너절하게 버려져 있는 모양을 보고 이것은 이념의 문제가 아니고 기본적인 도덕의 문제라고 비판했다. 그는 영국 스코틀랜드의 외과 의사이자 사회 개량가인 스마일스(Samuel Smiles)가 쓴 『자조론』(1859)을 예로 들면서, 각 개인이 자율적으로 자기 책임을 다하는 "국민 도덕의 발달"이 없었다면 영국은 대제

국으로 발전할 수 없었을 것이라고 지적했다.[13]

일찍부터 내 나라 내 땅을 경작하는 농민이 전 국민의 70퍼센트임을 잘 알고, 그들에 대한 교육의 중요성을 인식했던 안재홍은 민주공화주의에 입각한 자조자립(自助自立)의 정신과 실천을 교육하기 위해 돈암동에 서울중앙농림대학(中央農林大學)을 세워 운영했다. 그는 초대 학장이었고 주세죽(朱世竹)이 부학장이었다. 학생들의 정원은 100명이었고 전원 기숙사 생활을 했다. 학과는 개척과(開拓科)와 실습과(實習科)가 있었는데, 안재홍은 학장으로서 농업에 대한 다차원적 접근을 강조하는 입체농업(立體農業)에 대해 강연을 했다. 개척과는 남미 브라질의 황무지 개간을 위해 선발대를 파견했고, 실습과는 농번기에 고향에 내려가 농업에 종사하는 한편 농한기에는 축산, 과수 등 관련 분야에 대한 교육을 받았으며, 에스페란토어도 배웠다. 이 대학은 초급대학으로 농업 진흥의 밑거름이 될 만했으나, 6·25전쟁으로 안재홍이 납북당하면서 중단될 수밖에 없었다.[14]

'촉루철학' 그리고 제2대 국회의원 당선

재야로 돌아온 안재홍은 국내의 정치적 통합과 민족의 통일 실현을 위한 언론 활동을 꾸준히 이어 나갔다. 그런 중에 1949년 5월 대종교(大倧敎) 정교(正敎) 및 원로원 참의(元老院 參議)로 피임되었다. 대종교는 총전교(總典敎) 윤세복(尹世復)이 만주의 감옥에서 풀려나와 국내로 돌아와 다시 부흥시킨 민족종교로, 국조 단군(檀君)을 섬긴다.

안재홍은 일제의 무단통치로 민족 탄압이 심해지고 있던 1917년에 이미 대종교 신자가 되었는데, 한민족 고대사 및 민족사상의 연구와 교육, 그리고 언론인과 정치 지도자로서 그간의 공헌을 인정받아 대종교 본부로부터 '대형(大兄)'이라는 칭호까지 부여받았다. 이때 대종교의 원로원 의장은 이시영(李始榮)이었고, 정인보(鄭寅普), 이동하(李東廈), 황학수(黃學秀) 등이 참의였다.[15]

안재홍은 또 같은 해인 1949년 5월 『진정민주주의론: 자주민주 통일독립의 이론』을 완성하여 7월에 일한도서출판사(一韓圖書出版社)를 통해 출판했다.[16] 이 책은 안재홍이 이승만 대통령이 이끄는 제1공화국의 출범을 당하여 대한민국의 나아가야 할 바를 체계적으로 기술한 것이었다. 이 책은 당시 한국이 "미국식 민주주의나 소련식 공산주의 이론의 직수입으로서는 도저히 해결할 수 없는 독특한 사회적 조건하에 있음에도 불구하고, 조선의 객관적 현실에 입각한 정치이론은 전혀 결여되고 있다."는 문제의식과 상황 진단에서 안재홍이 생각한 일종의 실천적 처방이었다. 그에 의하면, 역사적으로 볼 때 '보편적 민주주의'란 존재하지 않고, 다만 각각의 구체적인 상황에 따라 고대 민주주의, 근대 민주주의, 소비에트 민주주의 등과 같은 특수한 형태가 있을 뿐이다. 그리고 해방이 되고 건국에까지 이른 대한민국은 자유와 재산의 사유에 대한 관념을 확고하게 유지하되 특권적 계층이 독점하는 자본주의로 퇴화해서는 안 되고, 다만 민주주의와 자주독립 그리고 국제 협조의 가치를 견실하게 지키고자 하는 국내의 다수 국민 대중 즉 '소자산계급(小資産階級)'에 의해 주도되는 '소자산계급적 민주주의', 곧 '진정민주주의'의 길로 나아가야 한다고 주장했다.[17]

1949년은 안재홍이 민정장관직에서 물러난 이후 《한성일보》 사장으로만 일하고 있었고 다른 공직은 일체 맡지 않고 있었던 터라, 그로서는 지난 동안의 삶을 조용히 반추하고 여러 가지 생각을 차분하게 정리할 수 있는 시기였던 것 같다. 그래서 그는 이해에 적어도 두 편의 수필을 써서 발표했는데, 그 하나는 2월 《삼천리》에 발표했던 「촉루철학(髑髏哲學)의 사도(司徒)로 되었다」[18]이며, 또 다른 하나는 역시 《삼천리》 12월호에 실렸던 「뇌옥심심인부도(牢獄深深人不到)」[19]였다. 이 두 편의 수필에는 안재홍의 정치적 지향과 행동이 동서양의 철학과 종교서적들을 열독했던 지적 체험과 자신이 성장하는 동안 직접 겪었던 대한제국 전후기의 민족적 불행을 배경으로 하고 있었음이 잘 드러나 있다. 그는 이 두 편의 수필을 통하여 자신이 체포되어 입옥하기를 수차례 반복하는 동안 기독교, 불교, 노장철학 등의 종교와 철학 서적들을 섭렵할 수 있었고, 전문 서적으로는 조선 역사서를 필두로 일본사, 동양사, 서양사, 러시아혁명사 등에 대한 서적들을 열심히 읽었다고 회상하였다. 동시에 그는 여러 차례 투옥되어 영어(囹圄)의 시간을 보내는 동안 잠깐씩 마음을 모아 써 두었던 한시(漢詩)도 몇 편 소개했다. 또 그는 루이스 헨리 모건(Lewis H. Morgan)의 『고대사회(*Ancient Society*)』[20]를 열독하였고 이것을 바탕으로 『조선상고사감』을 쓸 수 있었다고 술회하기도 했다.

먼저 「촉루철학의 사도로 되었다」에 나타난 안재홍의 생각들을 정리하면 다음과 같다. 첫째, 인생은 극히 허망(虛妄)한 것이지만 그러한 사실을 적극적으로 인정하면서도 그래도 사람으로서 가치 있고 의미 있는 삶이란 보편적 가치들의 실천을 위한 "영항불멸(永恒不滅)의 정진(精進)의 세계를 걸어가는 것"이다. 둘째, "물질로 본 인생이 북망에 구르는 한 개의 촉루(髑髏, 해골)밖에 아니 되지만," 그러한 사실을 진지하게 인식하고 살아가는 자아인 '나'는 "천하로도 바꿀 수 없는 지상가치의 파지자(把持者)"인 것을 명확하게 깨닫고 적극적으로 살아가는 것이 매우 중요하다. 셋째, "수순생사(隨順生死), 부주열반(不住涅槃)"의 가르침에 따라 중생제도(衆生濟度)를 강조하는 대승불교의 가르침도 있듯이, 인생의 눈에 보이는 모든 것이 "허망과 집착(執着), 초월(超越)과 정진 따위 모순(矛盾)"뿐이지만 그런 속에서도 현실에 안주하지 않고 보편 가치들을 붙잡고 "영항창조(永恒創造)"하며 노력하는 생애를 인식하는 것이 매우 중요하며, 바로 이것이 유물론과 유심론을 통합하며 "인생을 일원화하여 살아가는 독자적인 경지"이다.

다음으로 안재홍은 「뇌옥심심인부도」를 통해 그가 일본 유학에서 돌아와 어두웠던 식민지 시기를 사는 동안 수시로 입옥(入獄)을 당하면서 틈틈이 썼던 시조 네 편과 한시 네댓 수를 한데 모아 소개했다. 이 중에서 눈에 띄는 것은 그의 고향을 소개하는 글과 이순신에 관한 부분이다. 먼저 그는 고향인 평택의 진위군(振威郡) 두릉리(杜陵里)와 그 부근의 지리를 상세하게 언급하면서 그곳들이 대부분 몽골 침략, 임진왜란, 병자호란, 청일전쟁 등과 같은 전란들의 전장(戰場)이었음을 일일이 밝혔다. 그는 두릉리의 산마루에 오르면 사방으로 산하가 두루 보인다면서, 먼저 진위군 출신인 이장대(李將大)가 몽골군 침입 때 반란을 일으켜 스스로 '청국병마사'라 칭하고 관아창고의 곡식을 풀어 양민들에게 나누어 주는 한편 수원과 광주의 관군들과 함께 몽골군에 맞서 싸웠던 사실을 소개했다. 그리고 동남쪽으로는 백제 창업의 땅이던 성거산(聖居山)과 그 북쪽으로는 임진왜란과 청일전쟁의 격전장이었던 소사(素砂)가 보이고, 두릉리의 북방에는 임진왜란 때 도원수(都元帥) 권율(權慄)이 왜구를 격파했던 오산(烏山)과 수원 독산성(禿山城)이 있다고 소개했다. 또 그 북동쪽에 있는 광교산(光敎山)은 몽골 침입과 임진왜란, 병자호란 때 격전을 치렀던 곳이며, 그 옆 용인의 석성산(石城山)도 몽골 침입에 맞서 항전했던 장소였다고 밝혔다. 또한 동쪽으로 보이는 안성의 고성산(古城山)은 임진왜란 때 의장(義將) 홍계남(洪季男)이 지켜 싸웠던 곳이며, 멀리 북쪽으로 시흥의 수리산(修理山)과 서울의 삼각산(三角山)이 보였고, 서북으로 보이는 건달산(乾達山), 쌍봉산(雙峯山), 마루산은 모두 임진왜란의 싸움터였음을 설명했다. 서남쪽으로는 아산만(牙山灣), 안성강과 함께 덕산의 가야산(伽倻山), 홍주의 오서산(烏棲山), 아산의 영인산(靈仁山)이 보이는데 아산 쪽으로는 "순신(舜臣)의 영령(英靈)이 길이 머물러 있는 백방산(白芳山)"이 빤히 보인다고 썼다. 안재홍이 이렇게 자신이 태어나 자랐던 고향의 지리와 그와 관련된 역사를 일일이 자세하게 쓴 것은, 우리 민족의 역사가 고난과 투쟁의 역사임을 일깨우는 동시에 우리 민족이 이미 그러한 역경들을 온갖 수고와 끈질김으로 극복하고 이겨 내면서 줄기차게 살아왔다는 사실을 강조하고 싶었던 까닭으로 생각된다.

안재홍은 이 외에도 한시 몇 편을 소개했는데, 그가 3·1독립운동 직전 평택에서 머무를 때 지었던 것들 중에는 충무공(忠武公) 이순신(李舜臣)을 숭경존모(崇敬尊慕)하는 심경에서 지은 시도 있었다. 그 시를 인용해 본다.

步上南山巓	남산 꼭대기에 걸어 올라가니,
將軍古墓遐	장군의 묘가 멀리 보이네.
神威蕩海寇	신 같은 위엄으로 해적을 쓸어버리고
妙策扶皇家	신기한 묘책은 황가(나라)를 떠받쳤다.
星落征陣日	적진을 정벌하고 별이 떨어지는 날,
夷夏盡咨嗟	오랑캐(왜)와 중화(중국)가 모두 탄식하였네.
英靈今安在	영령께서는 지금 편안히 계실까,
只看墓雲遮	구름에 가린 묘소만 멀리 보이네.

안재홍은 충무공이 고금도(古今島)에서 지었던 "수국추광모(水國秋光暮) 경한안진고(驚寒雁陣高), 우심전전야(憂心轉輾夜)[21] 잔월조궁도(殘月照弓刀)"란 시를 일본 유학 시절 내내 하숙방에 걸어 놓고 지냈다. 뿐만 아니라 귀국한 이후에도 집에서나 옥중에서나 나라 걱정으로 수심(愁心)이 있을 때면 어느 때고 낭연(朗然)히 읊조렸다. 또 수필 「뇌옥심심인부도」를 쓰던 당시에도 돈암동 자택 서재에 걸어 놓고 지냈다고 했다. 한편 안재홍은 1919년 청년외교단사건으로 검거되어 대구 감옥에서 3년을 복역했는데, 이때 그는 삭막하고 황량하기만 한 감방 안에서 다음과 같은 시를 지어 읊으면서 희망과 꿈을 다독였다.

어수룩한 해 질 녘
재잘대는 새소리
어데서 들려오나
높은 담 저 너머에

산 나무 있더이다

3·1운동에 가담했다가 복역을 마치고 나가던 청년들이 안재홍에게 송별시(送別詩)를 청하자 다음과 같은 시를 지어 주기도 했다.

어려우면 어찌 하리
쉬운들 거저 하리
풍파에 실린 배니
애씀 없이 절로 가나
옐수록 까만 바다
참 한밤 아니고야

안재홍은 영혼이 있는 인생이 비록 유한한 삶을 살 수밖에 없지만, 그것을 담고 있는 물질적 조건들에 의해 구애받지 않고 보편적인 가치나 그것에 입각한 대의(大義)에 충실한 삶을 실천하는 것이 중요함을 깨닫고, 이를 촉루(髑髏)철학이라고 불렀다. 그리고 우리 민족이 일제 강점하의 수난 시기를 거치면서도 모든 악조건에 굴하지 않고 민족의 미래에 대한 꿈과 희망을 끝끝내 포기하지 않고 굳세게 나아가는 자세가 매우 중요함을 다시 인식하면서 1949년과 1950년의 정치 상황에 정면으로 맞섰던 것이다.

1950년 5월 30일, 마침내 안재홍은 제2대 국회의원 선거에 무소속 후보로 고향인 평택(平澤)에서 출마했다. 하지만 그는 선거 유세 과정에서 많은 어려움을 겪어야 했다. 무엇보다도 선거운동을 위한 자금이 턱없이 모자랐다. 친지들의 도움으로 마련했던 약간의 자금은 금세 동이 났다. 그의 선거운동원들은 제 주머니를 털어 가며 "안재홍 선생을 국회로!"라는 구호를 외치고 다녔다. 안재홍은 당시 상당한 인기를 끌었는데, 이 무렵의 사정을 민족자주연맹 중앙위원이었던 박한주(朴漢柱) 씨는 다음과 같이 회고했다.

> 민세 선생이 선거운동을 위해 평택으로 내려오다 그만 교통사고가 났어요. 선생이 탄 지프차가 2대 독자를 치어 죽인 것이지요. 잘잘못을 가리기 전에 입후보자가 선거구민의 2대 독자를 죽인 셈이 되니 선생의 입장은 난처했습니다. 워낙 선비 스타일의 선생이었던 만큼 "내가 덕이 없어 그런 일이 일어났으니 출마를 포기해야 되겠다."는 데까지 생각이 미쳤지요. 그러자 죽은 아이의 부모는 보상금을 따지기는커녕 울면서 이렇게 말합디다. "선생님! 죽은 우리 아이의 혼백을 위로하기 위해서라도 선생님께서 부디 당선되어야 합니다." 이런 일에서 보듯, 선생은 지역구민들에게 절대적인 존경을 받았습니다.[22]

그러나 선거전이 종반에 접어들자 상대 후보 측은 투표를 이틀 앞둔 5월 28일, "안재홍 후보가 모종 사건에 연루되어, 지금 수사당국에 의해 구금되어 있어 그에게 표를 찍어 주어 봤자 소용없다."는 흑색선전(黑色宣傳)을 퍼뜨렸다. 그것은 워낙 대단한 안재홍의 대중적 인기 때문에 승산이 없다고 판단한 상대 후보의 마지막 카드였던 것이다. 이 같은 흑색선전은 서울 성북구에서 조병옥(趙炳玉)과 대결한 사회당 후보 조소앙(趙素昻)에게도 쓴 악랄한 수법으로 유권자들을 크게 당황하게 하기 위한 것이었다. 안재홍 자신과 선거운동 참모들도 적이 당황하고 흔들리기는 마찬가지였다. 그러나 28일 밤 긴급 소집된 대책 회의에서 안재홍의 큰아들 정용(晸鏞)은 이렇게 말했다. "이렇게 되면 마지막으로 한 가지 길밖에 없어요. 부친께서 건재해 계신다는 직접 시위가 있을 뿐입니다."[23]

안재홍은 큰아들 정용의 이러한 제의에 찬동하고, 즉시 이튿날인 29일 새벽부터 다시 지프에 올라타고 평택 구석구석을 돌아다니며 유세했다. 가는 곳마다 유권자들은 크게 환호하였다. 안중근 의사의 따님인 안미생(安美生) 여사도 찬조 연설을 하며 유세에 합세했다.[24] 결국 안재홍은 1만 4549표를 획득하여 9명의 다른 후보들을 압도적으로 물리치고 대한민국 제2대 국회의원이 되었다.

6·25전쟁으로 납북되어 북한에서 15년을 지내다

제2대 총선거에서 당선된 안재홍은 평택 출신 무소속 국회의원으로 다시 정계에 들어섰다. 1950년 6월 19일 국회가 개원하고, 무소속 국회의원 안재홍은 그의 사상과 지론에 따라 진정한 민주주의의 확립과 평화적 민족통일을 위한 정치 활동을 벌이고자 하였다. 그렇지만 불행하게도 그에게 정치적 행운(fortuna)은 따르지 않았다. 국회가 개원한 지 일주일도 안 되어 6·25가 발발(勃發)했기 때문이다. 더구나 그가 다른 친척들을 다 피난 보내고 난 뒤 한강 다리가 폭파되었고, 서울에 눌러 있던 그는 9월 21일 북한 정치보위부에 연행되어 어렵사리 얻은 정치 활동의 기회를 잃고 말았다. 전쟁 시작 사흘 만에 서울을 점령한 북한의 정치보위부로서는 안재홍이야말로 1급 납치 대상이었다. 부인 김부례 여사가 살아 있을 때 회고한 바에 의하면, 처음 한강을 넘지 못하고 용산 친척 집에 숨은 뒤 보름 만에 공산군에게 발각, 연행되어 수일간 심문을 받고 일단 풀려나와 당시 정치보위부가 점거하고 있던 돈암동 자택에 연금되었다. 또 한동안 민족진영의 여러 인사들과 함께 다동(茶洞)의 성남호텔에 연금되기도 하였다. 그 후 안재홍은 동생 안재학(安在鶴) 씨 집에 숨어 있다가 9월 21일 다시 정치보위부원에게 연행되었고, 다시 돈암동 자택에 김용무, 조소앙 등과 함께 연금되어 있다가 국군의 서울 수복을 이틀 앞둔 9월 26일 북으로 피랍되었다.[25]

이때 납북된 인사들은 북한 당국의 회유와 감시로 여러 가지 어려움을 겪었다. 그와 함께 납북되었던 주요 지도자 중 김규식, 정인보, 유동렬 등은 얼마 안 있어 세상을 떠났다. 안재홍은 조소앙, 오하영과 더불어 납북 인사들의 지도부 중 한 사람이었다. 북한 당국은 이들로 하여금 재북평화통일촉진협의회(在北平和統一促進協議會)를 구성하게 했다.[26] 1956년 7월 2일 오후 1시 모란봉극장에서 협의회가 결성되었고, 안재홍은 개회사를 통해 "평양에서 이런 조직체를 결성하게 되어 감개가 무량합니다. 우리가 어디에 있든 조직체의 목적이 평화통일을 앞당기는 데 있으므로, 이 목적을 달성하기 위해 합심 노력합시다."라고 말하였다. 조소앙은 협의회 결성 보고를 통해 "우리는 독자적인 민족 세력의 결합체로서 우리 재북평화통일촉진협의회를 자신들이 설 자리, 활동 무대로 삼고 민족 세력의 목소리로 나라와 민족의 통일을 하루라도 빨리 앞당기는 데 혼신분투(渾身奮鬪)하여 남은 생애를 평화통일의 제단 아래 바칩시다."라고 역설하였다. 협의회는 7개 행동 강령을 채택하고, 조소앙, 안재홍, 오하영을 최고위원으로 선출하였다. 이 협의회가 북한의 전략적 고려에서 결성되었음은 재언의 여지가 없는 것이고, 실제 활동 과정에서 납북 인사들은 계속적인 감시와 간섭으로 시달렸다. 안재홍은 조소앙, 엄항섭, 오하영, 조완구 등과 함께 우대받았던 '거물급 인사' 중 한 사람이었지만, 항상 "온건한 태도를 지니면서 굳은 표정으로 입도 잘 열지 않고 앉아만"[27] 있던 인물이었다. 이런 가운데서도 협의회는 진실한 민족 세력의 목소리를 내기 위해 노력을 기울였으며, 독자적인 평화통일 방안을 수립하는 데 총력을 기울였다. 협의회는 회원들의 의견을 종합하고 상호 토론을 거쳐 다음과 같은 이른바 '다섯 단계 통일 방안'을 최종적으로 마련했다.

제1단계, 남북에서 외국 군대를 무조건 완전 철수한다.

제2단계, 남과 북이 외국과 체결한 모든 군사조약을 폐기하고, 한반도의 항구적인 평화를 위한 국제적 보장을 얻어 낸다.

제3단계, 남북의 모든 정당·단체, 각계각층 대표자들의 정치 협상회의를 소집하고, 한반도의 국제적 중립화를 선포하며 중립화 통일 헌법을 제정하고, 관련 국가들의 한반도 중립화 보장을 위한 선언을 얻어 낸다.

제4단계, 정당·단체, 각계각층의 대표들로 임시정부를 구성하고 남북 간 자유 왕래 정치 활동, 교류, 질서 확립 등을 통해 총선거를 할 수 있는 분위기를 조성한다.

제5단계, 분위기가 조성되는 것을 전제로 남북 자유 총선거를 실시하여 통일 입법 및 주권 기관을 구성하고, 중립적 통일헌법을 제정·선포하여 통일중앙 정부를 출범시킨다.

재북평화통일촉진협의회는 이 같은 '다섯 단계 통일 방안'을 확정하고[28] 북한 당국과 협의하여, 이를 대내외에 널리 알리고 미국이나 중국, 소련과 같은 관련 국가들에게도 전달하고자 했다. 그러나 북한 당국은 이것을 신문에 싣는 것조차 허락하지 않았고, 더 좋은 방안을 만들어 보라면서 이 제안이 해외로 나가는 것을 차일피일 지연시켰다.[29] 이후 협의회 해체론까지 나오면서 납북 인사들 사이에 의견 대립이 심해졌고, 결국 협의회는 북한노동당의 일방적인 '집중지도(集中指導)'에 속수무책일 수밖에 없었다. 재북평화통일촉진협의회와 관련된 김일성의 본래 취지와 일관된 구상은 이 협의회를 외형상으로 납북 정치인들의 '독자적인' 조직체의 형식을 갖추게 하여 그들이 가지고 있는 민족주의적 면모, 특히 임정 요인들의 독립투사라는 위치와 영향력을 북한의 '평화통일 투쟁'과 대남 정치 공세에 적절히 활용하자는 것이었다. 안재홍을 비롯한 대부분의 납북 인사들의 입장에서도 다른 것도 아닌 남북 간의 평화통일을 위해 발언하고 행동한다는 것은 이데올로기의 문제가 아니라 민족 차원의 당위(當爲)이기 때문에 재북평화통일추진협의회와 같은 조직에 가담하지 못할 이유는 없었다.

그러나 안재홍은 민족통일과 관련된 일에 가담하면서도 북한의 공산주의 노선에는 끝까지 동조하지 않고 '진보적 민족주의자'로서 자신의 사상적 소신을 끝까지 지켰던 것 같다. 안재홍은 강제로 납북되어 오긴 했지만 북한에 와서 지내는 동안 자신이 이제까지 지녔던 북한에 대한 두 가지 불신, 즉 북한 당국이 "조국의 역사와 전통문화를 제대로 사랑하고 있지 않는" 것과 "조국의 통일과 평화를 진정으로 추구하지 않는다."는 것과 관련된 불신이 해소되었다고 말했다. 그리고 북한 발전의 원동력이 되는 "강한 힘의 원천"은 "집체적 지도(集體的 指導)의 원칙과 군중 노선(群衆路線)"이라고 인정했다. 그렇지만 안재홍은 사상적으로 스스로를 "하나의 진보적인 민족주의자"라고 규정하고, 해방 정국에서나 6·25 당시 조선노동당의 간부들과 접촉하는 가운데에서도 "나는 지금부터는 공산주의자가 되어야 하겠다."는 생각을 "품어 보들 못했다."고 공개적으로 발언했다. 그러고는 이제부터 "나는 진보적인 민족주의자로서 여생을 생활하여야 할 것"이라고 다짐했다.[30]

이밖에 안재홍의 북한 생활에 대해 알려진 바는 아직 없다. 다만 1965년 3월 1일 평양방송은 그가 이날 평양 시내 모 병원에서 별세하였고, 이틀 후인 3월 3일 홍명희를 위원장으로 하는 장례위원회에 의해 평양 근교에 매장되었다고 전했다. 그리고 서울에서는 3월 9일 진명여고의 삼일당(三一堂)에서 이인, 이은상, 김도연 등을 중심으로 하는 유해 없는 추도식이 있었다.[31] 통일된 조국을 '신민족주의와 신민주주의'의 기치 아래 만민공생(萬民共生), 평권정치(平權政治), 균형경제(均衡經濟)의 대원칙이 살아 있는 '다사리국가'로 만들고 싶어 했

서울 진명여고 삼일당에서 열린 안재홍의 유해 없는 추도식. 이인 전(前) 법무부장관이 추도식 준비위원회 위원장을, 김도연, 서민호, 서범석, 여운홍, 이관구, 이범석, 이은상, 최현배가 위원을 맡아 많은 사람들의 애도 속에 거행되었다.

던 민족 지도자 안재홍은 일제의 억압, 해방 후의 혼란, 6·25의 비극을 온몸으로 부딪치다가 그 뜻을 펴지 못한 채 세상을 뜬 것이다. 그는 남에 있으나 북에 있으나 '진보적 민족주의자'로서 언제나 한 가지 생각과 원칙으로 민족의 앞날을 걱정했던 현대사에 흔치 않은 올곧은 조선 선비였다. 그는 또 한민족 고유의 '조선정치철학'을 체계화하면서 그 안에 내재한 보편적 가치를 발굴하고 논증하는 데 정열을 쏟았던 학자이기도 했다. 그는 원칙과 노선이 모호한 채 권력의 기회만 엿보던 정치인이 아니라, 민족 지도자로서 언제나 민족 구성원 모두를 건강한 공동체로 끌어안고자 했던 '순정우익'의 사상가였다.

'조선정치철학'과 우리 역사에 대한 냉철한 비판적 검토를 바탕

평양의 안재홍 묘소. 2006년 가을 재북인사 임정요인 묘역 방문 당시 안재홍의 맏손자 고(故) 안영찬 씨와 고(故) 서영훈 대한적십자사 총재가 함께 찍었다.

으로 하나의 한민족 이상국가론(a theory of Korean utopia)으로서 제시되었던 안재홍의 '다사리국가론'과 '순정우익(純正右翼)'의 정치 노선은 남한에서의 치열했던 이데올로기적 냉전과 권력정치의 냉혹함을 견디 내지 못해 정치적으로 실천될 수 있는 기회를 얻지는 못했다. 그렇지만 대한민국 정부는 1989년 3·1절 제70주년을 기해 그에게 건국훈장 국민장(國民章)을 추서함으로써 그가 대한민국의 독립 유공자(獨立有功者)임을 공인했다. 1991년에는 동작동 국립묘지 현충원 안에 있는 애국지사 묘역의 무후선열제단(無後先烈祭壇)에 안재홍의 위패를 봉안하였다. 여기에는 그와 같이 납북되었다가 돌아오지 못하고 북한에서 숨진 조소앙이나 김규식 같은 민족 지도자들의 위패도 함께 모셔져 있다. 그래서 이제 우리의 근현대사에 관심이 있는 사람들이라면 누구라도 현충원 안에서 그들을 어렵지 않게 만날 수 있게 되었다.

한편 북한에서는 한민족의 문화적 줏대와 역사의식을 특히 강조했던 안재홍의 사상을 안재홍 자신의 의도와는 관계없이 교조적으로 받아들여 그들의 주체사상을 체계화하는 데 이용했던 것이 아닌가 하는 생각이 든다. 평택의 어느 증인에 의하면, 1960년대 초에 안재홍이 북의 대남 방송을 통해 우리나라 역사를 강의했다고 한다. 그러나 북한에서 안재홍은 다른 납북 인사들과 달리 상대적으로 홀대(忽待)를 받지 않았나 하는 생각이 든다. 왜냐하면 그의 묘가 다른 납북 인사들의 묘와 달리 여전히 평양 부근의 어느 야산에 그대로 남아 있기 때문이다. 소설 『상록수』의 저자 심훈의 손자이자 재미 언론인으로 활동하던 심재호(沈在昊) 씨가 1989년에 북한을 다녀왔는데, 그에 의하면 1965년 안재홍이 타계했을 때 북한 당국은 그의 유해를 평양시 룡성구역 룡추리의 어느 야산에 매장했다. 그 후 북한 당국은 1985년부터 홍명희 같은 월북자나 조소앙과 같은 납북된 민족주의자들, 그리고 조봉암과 같이 남한에서 죽은 진보 진영 인사들을 위해 애국열사릉(愛國烈士陵)을 새로 조성했는데 안재홍의 유해는 이곳으로 이장되지 않았다고 한다.[32]

또 최근 북한을 방문하여 애국열사릉과 함께 "6·25 때 북으로 간 민족진영 인사들"의 묘소를 가 보았던 《민족21》의 신준영 기자는 안재홍이 조헌영, 김약수, 박열 등과 함께 평양 부근의 삼석 특설묘지에 묻혀 있다고 전했다. 삼석 특설묘지는 신미리 특설묘지와 함께 북한 당국이 재북평화통일촉진협의회 인사들을 위해 마련한 묘소라고 한다.[33] 『선집 3』의 화보에는 안재홍 묘소가 "평양 애국지사 묘역"에 있다고 소개되었지만, 이로 보아 그의 묘소가 애국열사릉에 있지 않은 것만은 분명해 보인다. 그의 유해가 처음 평양 근교의 어느 야산에 묻혔다거나 애국열사릉이 조성된 이후에도 그곳으로 이장되지 않았다는 사실은 아마도 안재홍이 다른 납북 인사들에 비해 융통성 있는 정치가적 경륜(經綸)보다는 사상가적인 지조(志操)를 더 중시하여 북한 체제의 이데올로기인 공산주의를 인정하지 않고 자신이 택했던 '진보적인 민족주의자'의 길을 끝까지 지켰기 때문이라는 생각이 든다.[34]

안재홍은 말과 글 이외에 능력 있는 정치 지도자로서 구비하여야 할 조직력과 추진력이 미흡하여 자신의 의지를 정치적으로 관철하는 데에는 성공적이지 못했다. 그러나 일생 동안 지식인 행동가로서, 정치 과정에서 누구나 할 말을 충분히 하게 하는 '진백(盡白)'의 정치 방법과 공동체 내의 모든 사람들이 사람답게 살아야 한다는 '진생(盡生)'의 정치 목표를 함께 담고 있는 다사리이념을 실천하고자 노력했다. 그는 정치적 이해득실에 따른 처세보다 자신의 연구와 비판적 역사의식에 입각한 원칙과 노선의 견지에 더 마음을 쏟았던 줏대 있는 조선 선비였다. 그는 일찍이 다사리이념과 국제적 민족주의를 설파하여 안에서 민주주의적으로 단결하고, 바깥세상과 경쟁하며 펼치는 줏대 있고 개방적인 국가 경영을 염원했던 민족 지도자였다. 그런 그였기에 한반도가 여전히 통일을 이루지 못한 채, 대한민국의 '자유민주주의 정치'가 효율적이고도 통합적인 국가 경영을 제대로 보여 주지 못해 국민들로부터 폭넓은 지지를 받지 못하고, 또 북한이 국제사회로부터 고립된 '세습 왕조'와 같은 전체주의적 독재국가로 남아 있는 한, 민세 안재홍 선생은 비록 차가운 북녘 땅에 묻혀 계시지만 "아직도 두 눈 흡뜨시며"[35] 잠 못 이루고 계실 것이다.

국제적 민족주의론, 다사리이념, 그리고 대한민국

안재홍이 별세한 후 그는 한동안 남에서나 북에서나 많은 사람들의 기억에서 사라지고 없었다. 다만 역사학과 정치학, 그리고 교육학과 사회학 분야의 관심 있는 연구자들이 그의 사상과 행동에 대한 논문과 저서들을 꾸준히 발표해 오고 있었다. 그러던 중 지식산업사 김경희 사장의 헌신적인 노력으로 민세안재홍선집간행위원회가 준비한 『민세안재홍선집』 제1권을 1981년 발간한 이후 2000년까지 모두 5권이 출간되었다. 2007년 고려대학교 박물관의 지원으로 6, 7, 8권이 연이어 발간되었으며, 2013년부터는 한국학중앙연구원 한국학진흥사업단의 지원으로 중앙대 김인식 교수의 책임하에 이미 발간된 선집과 그 외의 신문이나 잡지 등에 실린 안재홍의 글들을 다시 집대성하여 DB로 제작하는 작업을 추진, 2016년에 완료했다.

안재홍의 고향 평택(平澤)에서도 그의 삶과 공헌을 다시 발견했던 유지들이 움직이기 시작했다. 1992년 평택시 고덕면 두릉리에 있는 그의 생가는 경기도 향토문화재로 지정되었다.[1] 그리고 평택에서는 그의 뜻을 밝히고 현창(顯彰)하기 위한 기념사업회(記念事業會)가 창립되었다. 1999년 12월 4일 당시 뜻있는 지역 인사들을 중심으로 발기인대회가 있었고, 이를 바탕으로 2000년 10월 21일에 기념사업회가 창립되었다. 기념사업회 초대 회장에는 김선기 평택시장이 선임되었고, 강영훈 전 총리, 강원룡 목사, 이문원 독립기념관장, 전숙희 국제펜클럽 부회장, 김정기 한국방송위원회 위원장 등이 고문으로 위촉되었으며 신용하, 한영우, 리영희, 백낙청 교수 등이 학술고문으로 참여하였다. 또 맏손자인 안영찬, 맏손녀이자 시인인 안혜초, 한만년 일조각 사장, 김경희 지식산업사 사장, 시인 유경환, 소설가 박완서, 공명구 평택시의회 의장 등 많은 인사들이 자문위원으로 참여하였다.

기념사업회는 특히 2001년부터 제1회 민세학술대회 '민세 안재홍의 신민족주의론'을 평택대학교에서 개최하여 처음으로 민세학술논문집 『민족에서 세계로』를 낸 이후 계속하여 『민세사상 심층연구』, 『민세 안재홍의 항일과 건국사상』을 출간했으며, 2010년부터는 매년 민세학술연구총서 발행을 시작하여 2018년까지 총 8권을 발간했다. 여기에는 정윤재 한국학중앙연구원 교수, 이진한 고려대 교수, 김인식 중앙대 교수 등이 주도적으로 참여했다.

현재 민세기념사업회는 1999년부터 매년 3·1절 안재홍 선생의 기일에 맞추어 추모식을 갖고, 학술·교육·문화 사업을 벌이고 있다. 최근에는 한국토지공사와 경기도, 평택시 등이 추진하는 고덕국제신도시 안재홍 선생 생가(경기도기념물 제135호) 주변에 안재홍역사공원 조성을 위한 홍보 사업을 준비하고 있다. 또 2006년부터 매월 1회씩 안재홍 선생의 "일생을 일하고 일생을 읽으라."는 좌우명을 실천하고자 '조찬 다사리포럼'을 개최하고 있으며, 올해로 12년째를 맞이하는 동안 시민을 대상으로 한 인문 평생학습 증진에도 힘쓰고 있다. 안재홍 선생의 유족들도 적극적으로 사업회 활동에 참여하고 있다. 자부 김순경 여사는 선생의 생가를 지키다가 지난 3월에 작고하였으며, 손자인 안영돈·안영진·안영운 씨와 손녀 안혜초 씨 등 유족들도 계속해서 여러 가지 방법으로 사업회에 도움을 주고 있다.[2]

세계평화포럼의 김진현 이사장은 선친 김영기 선생(제헌의원, 2대 경기도지사)과 안재홍 선생과의 해방 전후 신간회운동과 국민당 활동 등의 인연으로 기념사업회 회장을 맡아 2016년 5월까지 재임했다. 김 회장은 과학기술부 장관, 서울시립대 총장, 한국경제신문사 회장 등 다양한 경력을 바탕으로 민세기념사업회 활동을 전국적으로 활성화하는 데 기여했다. 2009년에는 독립기념관 뒷마당에 어록비(語錄碑)를 세웠으며, 2010년부터는 사회통합과 학술 부문으로 나누어 민세상(民世賞)을 수여하고 있다. 그리고 2007년에 그의 이니셔티브로 신간회기념사업회를 결성하고 서울 YMCA 대강당에서 해마다 기념식을 갖고 있다. 현재는 강지원 푸르메재단 이사장이 민세안재홍기념사업회와 신간회기념사업회를 맡아 운영하면서 여러 유관 단체들과의 연대와 협조를 위해 노력하고 있다.

안재홍은 민족적 고난과 시련이 지속되었던 한국의 근현대 시기를 올곧은 선비 정신으로 민족정기와 관용의 가치, 그리고 뿌리 깊은 나라와 민주공화주의에의 신념을 꿋꿋하게 지키면서 살고 투쟁했던 민족 지도자였다. 우리 민족이 일본 제국주의의 강점에 의해 주권과 자유를 빼앗기고 식민지로 착취와 핍박의 질고를 당하고 있을 때 그는 책임 있는 지식인으로서 온갖 불이익과 피해를 두려워하지 않고 언론인으로서 또한 사학자로서 민족의 취할 바와 나아갈 바를 끈기와 열정으로 토로하며 행동했다. 그는 일제 치하라는 제한된 정치 공간 안에서 일제의 동화정책과 민족 말살 정책에 맞서 민족문화운동의 필요성을 제창하고 그 실천에 앞장섰으며, 민족진영이 주도하고 공산진영이 합세하는 신간회를 통해 민족 대단결을 도모하며 독립에의 꿈을 이어 가는 데 진력했다. 또 역사학자로서 한민족의 고대사를 재해석하여 서술하고, 고유의 정치철학을 해명하는 업적을 냈다. 해방 이후 안재홍은 분단 시대의 고단한 정치 과정에 참여하면서 정치적으로 좌파 계급혁명 노선과 친일 세력의 정치 지배를 배제하고, 국제적 민족주의론과 다사리이념을 주축으로 하는 통일민족국가의 건설을 기대하고 그것의 구현을 위해 노력했다. 그가 비록 정치 지도자로서 조직력과 추진력이 미흡하여 자신의 의지와 주견을 정치적으로 관철하는 데에는 성공하지 못했지만, 그의 핵심 사상인 국제적 민족주의론과 다사리이념은 여전히 21세기 대한민국의 미래를 밝혀 주는 지표가 되고 있다. 이러한 안재홍의 사상과 노선은 정치적으로 '신민족주의와 신민주주의', '순정우익' 혹은 '진정민주주의'로 표현되어 대중 일반에게 제시되었다.

한민족의 식민지 시대와 분단 시대를 배경으로 형성된 안재홍의 국제적 민족주의론과 다사리이념은 오늘날 세계화 시대에 어울릴 수 있는 보편적 가치들을 내포하고 있다. 우선 '국제적 민족주의'는 '민족적 국제주의'로 표기되기도 했는데, 그것은 민족의 자주적 존재

방식과 세계 평화에의 이상이 상호적으로 허용되는 국제 질서에 대한 안재홍의 '열린' 민족주의 이론이었다. 물론 이것은 식민지 치하에서 민족문화와 민족자존을 유지하기 위한 논리를 개발하는 과정에서 배태된 것이지만, 그것은 일본 제국주의의 한민족 말살 정책에 대해 폭력적 저항이나 조야한 비난에 의존하지 않고 동서양 역사에 대한 비판적 검토와 자유, 평화, 그리고 문화적 다양성이라는 인류 보편 가치들의 국제적 실현을 소망하는 책임 있는 지식인으로서 문제 해결을 위한 노력의 소산이었다. '국제적 민족주의'는 당시의 국제공산주의운동과 일제의 황민화 정책에 대한 비판적 대응에서 비롯된 것으로, 정치적 자주독립과 문화적 독자성을 전제로 하는 국제 교류와 그것을 통한 세계 평화의 구현을 주요 내용으로 하며, 해방 직후에는 한 국가나 민족의 발전은 국내의 '계급혁명'과 국제 관계 속에서의 '민족혁명'이 서로 길항하거나 조응하는 과정의 성격에 의해 규정된다는 신민족주의론과 한 국가 국민의 운명은 경제적인 조건 외에 풍토 및 자연적 조건, 객관적인 국제 관계, 그리고 역사적으로 훈성된 인습 등 문화적인 요인에 의해 규정된다는 '종합적 유물사관'으로 나타났다.[3] 이른바 세계화가 민족국가의 '덫'이 아니고 개인과 민족국가의 새로운 존재 방식을 열어 가는 전환기적 시도의 하나라면, 안재홍의 국제적 민족주의론은 분명히 오늘날 세계화 추세에 대응하는 민족국가들의 국제주의적 선택을 보다 내실 있고 생명력 있는 정책으로 나아가게 하는 정치적 지혜라고 할 수 있다.

그리고 다사리이념은 현대 민주주의의 정치 과정의 내용을 질적으로 향상시킬 수 있는 진백(盡白)과 진생(盡生)이라는 보편 가치로 구성되어 있다. 그의 다사리이념이 순우리말에 대한 자의적 해석에 따른 것이라는 비판이 있을 수 있겠지만, 이것은 일제 지배의 식민지 시기와 외래 이데올로기에 의한 분단과 대립이라는 민족적 비극에 당면한 한 지식인이 "언어는 생활 이념"의 표현이라는 이론적 전제와, 한글로도 동서양 정치사상들의 핵심을 나름대로 소화할 수 있다는 소신에서 펼친 정치와 민주주의에 대한 독창적인 상상력의 소산이다. 다시 언급하거니와 다사리이념은 "모두를 다 사리어(말하게 하여) 정치에 참여케 하는" 정치 방식으로서 진백(盡白)의 가치와 "복지를 증진시켜 모두를 다 살리는" 정치 목표로서의 진생(盡生)의 가치가 묘합(妙合)되어 있는 것으로, 현대 민주주의가 추구하는 자유와 평등의 가치를 각각 정치의 수단과 목표로 통합하고 있는 것이다. 따라서 분단이 지속되고 있는 현재에도 다사리이념은 대한민국과 북한의 정치를 비판하는 하나의 준거가 될 수 있다. 또한 다사리이념은 분단과 정치적 갈등이 지속되는 가운데에서도 국민들의 복지와 행복을 위해 국가가 담당해야 할 건강한 역할에 대한 논의도 내포하고 있어, 대한민국의 자유민주주의 정치를 보다 윤기 있게 함과 동시에 그동안 우리의 정치에서 금기시되었던 사회민주주의에 대한 인식을 개선하고 복지 정책에 대한 상상력 빈곤의 문제를 극복하는 데 일조할 수 있다.[4]

요컨대 안재홍의 국제적 민족주의론과 다사리이념은 동서양의 정치사에 대한 비판적 검토를 바탕으로 해방 이후 우리의 정치 현실에서 좌파 급진 혁명을 제어하고 친일 협력자들의 정치 독점을 방지하기 위한 목적에서 제시된 그의 이상국가론(a theory of ideal state)의 핵심이라 할 수 있다. 안재홍은 이러한 사상적 입지에서 격동하는 한국의 근현대 시기를 통해 하나의 지적 리더십(intellectual leadership)을 발휘할 수 있었고, 주요 시기에 당면 이슈가 제기될 때마다 그와 관련된 자신의 식견과 주장을 거침없이 토로하며 국가 경영의 대계와 방략을 제시했던 것이다. 그리고 안재홍 자신이 일제 식민지 시대에 비타협적 민족주의자의 길을 내내 고수하였던 역사학자였고 언론인이었기 때문에 해방을 전후한 시기에 있어서 그의 그러한 지적 리더십은 도덕적으로 흠집 잡히기 어려운 것이었다.

그러나 안재홍은 격동기 한국 정치 상황에서 스스로 기대한 바의 성과를 거두기에는 적잖이 어려웠던 유형의 정치 지도자였음을 지적하지 않을 수 없다. 우선 사상적으로 안재홍은 민족과 세계의 조화, 좌우통합을 지향하는 다사리이념을 제시했고, 집안에서도 통합과 조화의 성향이 강한 차남으로 성장했기 때문에 비교적 화해/협상형의 리더십이 더 많이 몸에 밴 지도자였다.[5] 그가 좌우 대립을 극복하고 통일독립국가를 지향하는 다사리이념을 단단히 고수하면서 해방 정국에서 이승만, 김구, 여운형, 박헌영 등을 포함하는 민공협동 혹은 민족진영 중심의 좌우합작, 그리고 미소 균형 외교를 통한 분단 극복의 길을 추구했던 것은 바로 자신의 통합 지향적 정치 리더십이 발현된 것이었고, 스스로 원칙이 분명한 협상을 추구했던 정치 지도자였음을 보여 주는 것이다. 그의 이 같은 화해/협상형 리더십은 당대 한국 정치에서 민족적 과제의 실천과 맞물려 매우 필요했던 유형이라 할 수 있다. 그리고 미국의 소위 '중간파' 활용 전략과도 연계되어 정치적으로 성공할 수도 있었던 리더십이었다.

그러나 정치인 안재홍은 자신의 주의주장을 펼치면서 중요한 정치적 문제들과 관련한 지적 리더십을 발휘하고 여론을 일으키는 데는 어느 정도 성공적이었을지 몰라도 자신의 의지와 비전을 당시의 정치 과정에서 제대로 실천하는 데는 실패했다. 그 이유로 다음 두 가지를 들 수 있다.

첫째, 2차 대전 이후 초기에는 비교적 협조적이었던 미국과 소련이 국제정치 차원의 냉전을 벌이기 시작했고, 그러한 상황에서 미국이 강력한 반공주의자였던 이승만 박사와 그 추종 세력을 지지함으로써 안재홍과 김규식 등 이른바 민족자주 진영의 정치적 입지가 흔들리거나 경시되었기 때문이다.

둘째, 안재홍 개인으로 볼 때 그는 비록 자신의 식견과 도덕성을 활용하여 지적 리더십은 충분히 발휘할 수 있었지만, 정치지도자로서 갖추어야 할 상황 장악 능력이 미약했거나 빈곤했기 때문에[6] 자신의 의지와 꿈을 실현할 수 있는 기회를 얻지 못했다. 지도자의 상황 장악력은 조직적, 재정적, 대중적 기반을 필요로 하는 것이지만, 안재홍의 경우 그러한 자원들을 갖추지 못했을 뿐 아니라 그럴 수 있는 기질의 소유자가 아니었기 때문에 해방 정국의 정치인으로 성공적일 수가 없었다. 이러한 것은 김규식이나 장면의 경우에도 해당되는 것으로 해방 이후 한국 정치에 등장했던 대부분의 민간인 지도자들(civilian leaders)에게 공통적으로 발견되는 현상이라 하겠다.

21세기 한국의 정치는 더 발전해야 한다. 그리고 세계화 시대에 맞닥뜨려 크게 탈바꿈해야 하고, 내적으로 더 성숙해져야 한다. 그런 점에서 안재홍의 국제적 민족주의론과 다사리이념은 열린 민족주의와 실질적인 민주주의에 대한 이론적 논의와 정책 제시에 유용한 준거가 될 수 있을 것이다. 그렇지만 정치인 안재홍의 경우가 시사하듯, 정치 발전의 구체적인 계기가 마련되고 국가 구성원들이 희망을 갖고 정치에 참여하게 하기 위해서는 그러한 사상적 입지와 함께 정치적 비전을 가꾸고 실천하는 정치 지도자들이 필요하다. 그리고 그러한 정치 지도자들은 정치적 비전과 안목 등과 함께, 조직력을 포함한 상황 장악 능력과 도덕적 우월성을 갖춰야 한다. 21세기 한국정치의 미래는 험난한 상황을 헤쳐 나갈 수 있는 정치 리더십적 능력인 사상적 비전, 상황 장악 능력, 그리고 도덕성을 갖춘 정치 엘리트와 시민들이 더 많이 등장하고 행동할 때 활짝 열릴 것이다. 이것이 안재홍의 일생이 오늘의 우리에게 남긴 뼈아픈 교훈이다. 이러한 교훈을 다시 마음에 새기면서 민주주의 공고화와 평화통일을 일구어 나가는 것이 이 땅에 남은 우리들의 소명인 것이다.

1 머리말

1920년대 중반 즈음, 민세(民世) 안재홍(安在鴻, 1891~1965)은 일제의 강압 통치 속에서 이에 대응하는 지식인이나 지도자들의 행동 유형을 대체로 '최좌익'(사회주의운동), '좌익'(비타협 민족운동), '우익'(자치론자 등을 포함한 타협적 민족운동), '최우익'(친일파) 등 4가지로 구분하여 이해했다.[2] 이러한 구분은 현대적 의미의 좌우 구분과는 매우 다른 것으로, 이때는 일본 제국주의에 대한 저항 여부가 좌우 구분의 중요한 기준이어서 저항하고 투쟁하는 쪽을 '좌'로, 수긍하고 협조하는 쪽을 '우'로 간주했다. 그러나 그가 '최우익'으로 표현한 이른바 '친일자류(親日

---

*   이 논문은 정윤재 외, 『민세 안재홍 심층연구』(황금알, 2005), 17~58쪽에 실렸던 같은 제목의 글을 전재한 것이다.

者流)'는 사상적으로 그 "본질이 매우 모호하고 또 번잡"할 뿐 아니라 "정치적 사행심(射倖心)의 노예(奴隷)"이거나 "회색분자(灰色分子)의 관망(觀望)"을 벗어나지 못하는 기회주의자들이기 때문에, 이들이 "과연 엄정(嚴正)한 일계파(一系派)"로 불릴 수 있을지 자못 의심스럽다고 지적하였다. 그래서 안재홍은 일제에 대한 명확한 태도 표명과 관련하여 당시의 조선 엘리트들을 비타협주의자, 사회주의자, 그리고 민족주의자들을 포함하는 '좌파 민족주의'와 총독부와의 타협을 통하여 경제적 실리를 추구하거나 이른바 정치적 '자치'를 명분삼아 활동하던 명망가들을 포함하는 '우파 민족주의'로 구분하는 것을 선호했던 것 같다.[2] 따라서 그가 생각한 '좌익'은 이른바 사회주의자와 민족주의자가 다 포함되는 개념이었는데, 이는 그가 "좌익각파(左翼各派)"라는 용어를 사용한 데서도 잘 알 수 있다. 다시 말해서 1920년대 중반 이후 안재홍에게 '좌익'이란 용어는 비타협 반제국주의 협동전선에 참여하는 여러 가지 운동 세력을 통틀어 일컫는 포괄적인 개념이었다.[3] 그가 신간회(新幹會) 총무간사(總務幹事)로서 이상재 등 민족진영 원로들 및 사회주의 계열 인사들과 함께 신간회 창립과 활동에 핵심적 역할을 했던 것도 그가 일본 제국주의에 대한 비타협 민족주의자로서의 자아인식과 결단(決斷)이 분명했기 때문에 가능했던 일이었다.

이러한 안재홍의 비타협 민족주의 노선은 오늘날 '문화적 민족주의(文化的 民族主義, cultural nationalism)'로 불리고 있는 이광수 등《동아일보》계 자치론자들의 생각과 행동과는 확연히 구별된다.[4] '문화민족주의자들'은 일제의 문화정치가 제공한 기회들을 국권 회복의 바탕을 마련할 수 있는 '호기(好機)'로 간주하고, 일본의 식민 당국과 협조하여 정치적 '자치'의 실천과 더불어 경제, 교육, 문화 각 방면에서의 '발전'을 추구하였다.[5] 안재홍이 1930년대 동안《조선일보》에 쓴 많은 논설과 기사에도 민족문화운동과 민중 계몽과 관련된 내용이 많이 포함되어 있으나, 그러한 '문화적 민족주의'의 성격과는 뚜렷이 구분되는 견해가 적지 않게 발견되고 있다. 특히 안재홍 자신이 수시로 감시와 호출을 당하고 투옥이 반복되는 가운데 민족문화와 역사 및 당시의 시사 문제에 관해 쓴 그의 여러 글에는 이광수나 최린 등과 같은 지식인들의 그것과는 다른 민족적 위기의식과 사상적, 전략적 프로젝트를 적잖이 포함하고 있다. 그래서 이 논문에서 필자는 1930년대에 걸쳐 안재홍이 발표했던 논설과 기사를 검토하여 그가 주장하고 실천했던 '비타협적 민력양성운동'[6] 혹은 '문화건설론'[7]의 내용과 성격을 검토하고자 한다. 이를 위해 우선 신간회 좌절 이후 해방 직전까지 그가 비타협 민족주의자로서 행동했던 내용들을 일잠한 다음, 1930년대 식민지 조선에 대한 그의 정치사적 상황 인식을 정리할 것이다. 그리고 대표적인 '민공협동(民共協同)'[8]의 사례였던 신간회를 해소시켰던 공산주의자들의 분파적 국제공산주의운동 및 일제 당국의 동화정책에 대한 그의 비판적 대응논리와 전략이 무엇이었는지 살펴볼 것이다.

2 '정치적 시련기' 속의 안재홍 —— 1930년부터 해방 직전까지

안재홍은 1919년 3·1독립만세운동 직후 대한민국청년외교단사건으로 1차 옥고를 치른 바 있는데, 1927년 2월 신간회 창립 이후 1931년 신간회가 공식으로 해체되기까지 약 3년 동안《조선일보》논설위원으로 있으면서 일본의 정책과 한민족의 현실에 대한 비판적 사설을 씀으로써 두 차례의 옥고를 더 치렀다. 그는 1929년 1월《조선일보》부사장에 취임한 이후에도 계속 사설을 집필하면서, 특히 신간회가 점차 힘을 잃어 가는 상황을 문제 삼고 당시 조선 사회의 엘리트와 대중들이 침체되고 정돈된 상태에서 벗어나지 못하고 있음을 비판하였다. 그는 이러한 침체 상태에서 탈피하기 위해서는 "이미 금이 간 독립운동 전선의 통일 강화"가 필요함을 강조하는 한편, 그 구체적인 방법으로 "비타협적 민력강화운동"에 대한 강한 집념을 보였다.9 그래서 그는 조선일보사 부사장이 되면서부터 줄곧 생활개신운동, 문자보급운동, 충무공현창운동, 그리고 조선학운동 등을 주창하고 또 직접 간여하였는데,10 이것이 바로 그러한 비타협적 민력 강화의 취지와 목적에서 시도된 프로젝트들이었다.

　같은 해인 1929년 12월, 안재홍은 신간회 본부가 주도한 광주학생운동의 진상을 보고하는 민중대회 사건에 관계하여 네 번째 옥고를 치렀다. 그리고 그가 옥중에 있는 동안인 1930년 1월부터 그의 「조선상고사관견(朝鮮上古史管見)」이 《조선일보》에 연재되기 시작했고, 1931년 그는 옥중에서 《조선일보》 사장에 취임하였다. 그는 1931년 4월 10일자 《조선일보》에 만주의 조선인 문제에 대한 사설을 집필하여 만주 지역에 만주국을 세워 지배하려는 일본의 의도를 간파하여, 만주의 조선 동포들에 대한 정치적 지위 문제를 제기하면서 생활 대책 및 교육 방침을 세워 줄 것을 요구하였다. 그리고 1931년 6월부터 당시 중국 뤼순의 감옥에서 복역 중이던 신채호(申采浩)의 조선사 관련 원고를 연재하도록 주선하였다. 그는 또 이해 여름 친구들과 민족의 영산인 백두산에 올라 천지를 바라보며 "이 몸이 울어울어 우레같이 크게 울어 망천후 사자되어 온누리 놀래고저"라는 시조를 읊으며 불운하고 답답한 조국 현실에 대해 울분을 토로하기도 했다.[11]

　　그러나 일제는《조선일보》의 사설과 편집 태도를 트집 잡아 안재홍이 만주동포 구호의연금을 유용했다는 혐의를 씌워 다시 검거하였고, 이에 그는 곧장《조선일보》사장직을 사임할 수밖에 없었다. 이 사건으로 안재홍은 징역 8개월을 선고받았으나, 1932년 11월 미결통산(未決通算)으로 출옥하였다.(다섯 번째 옥고) 이후 그는 나빠진 건강을 회복하기 위하여 등산을 다니거나 조용히 독서하면서 요양하였다. 그리고 1934년부터는 정인보(鄭寅普)와 함께 정약용의 문집『여유당전서』의 교열 작업에 착수하였으며,《조선일보》와 잡지《신조선》에 다산을 소개하는 여러 글들을 게재함으로써 문화운동 차원의 비타협적 항일 활동을 지속하였다. 한편 안재홍은 1935년 5월부터 1936년 초까지《조선일보》객원논설위원으로「민세필담: 민중심화과정」, 「민세필담 속」, 「문화건설 사의」, 「사회와 자연성」, 「기대되는 조선」, 「국제연대성에서 본 문화특수과정론」 등과 같은 글들을 쓰면서 우리 민족의 문화적 전통을 진지하게 재검토하고 재발견함으로써 일제하의 암흑 속에서도 민족의 활로를 찾고자 노력하였다.

　　1936년 5월, 안재홍은 중국 난징에 있는 민족혁명당의 김두봉과 연락하여 청년 독립운동가의 양성을 위해 국내에서 정필성 외 1명의 청년을 중국 항저우의 군관학교 항공과에 밀파하려다 발각되어 종로

경찰서에 구속당했다. 이것이 소위 군관학교학생사건이었고, 여섯 번째 옥고였다. 그러나 그는 복역 중 1937년 보석되어 고향인 평택의 두릉리에 칩거하면서 『조선상고사감』을 집필하기 시작하였다. 이 책에서 안재홍은 「기자조선고」, 「부여조선고」, 「부루신도」, 「불함문화론」, 「조선상대 지리문화고」 등과 같은 글을 씀으로써 조선의 역사와 철학 및 문화에 대한 체계적인 서술을 시도하였다.[12]

그러나 당시 안재홍의 역사 서술 작업은 오늘날 '편안한' 학자들의 그것과는 다른 것이었다. 그것은 가족의 불행과 일본 경찰의 계속되는 감시, 그리고 편집 검열과 구속이라는 역경 속에서 진행되는 '고난의 행군'이었다. 보석(保釋)으로 고향에 머물 때인 1938년 4월 그는 경제적으로 곤핍함 속에서 그를 뒷바라지하던 부인 이정순과 사별하였다. 그리고 장남 정용의 결혼식을 며칠 앞둔 1938년 5월, 흥업구락부사건(興業俱樂部事件)에 연루되어 장택상, 유억겸, 최두선, 변영로 등과 함께 또다시 구속되었다가 3개월 만에 풀려나왔다. 이것이 일곱 번째 옥고였다. 이 때문에 그는 장남의 결혼식에도 참석하지 못하는 불행을 겪었다. 또한 앞서의 군관학교사건에 대한 상고심이 확정되어 징역 2년을 선고받아 서대문형무소 독방에 수감되었다.(여덟 번째 옥고)[14] 안재홍은 감옥에 있으면서도 주야겸행으로 민족사 관련 원고 집필을 쉬지 않고 계속했고, 형을 마치고 난 다음, 1940년부터 고향 두릉리에 와서 지내면서도 『조선상고사감』의 집필에 몰두했다. 마침내 『조선상고사감』을 마무리한 그는 곧이어 고향에서 계속 지내면서 『조선통사』의 집필을 시작했다. 이는 그가 만주사변이 터진 이후 "정치로써 투쟁함은 거의 절망의 일이요, 국사를 연찬하여 민족정기를 불후에 남겨 놓음이 지고한 사명임"[14]을 자임(自任)했던 자신의 뜻을 그대로 실천하는 것이었다.

이후 안재홍은 조선어학회(朝鮮語學會)가 주관했던 국어사전 편찬사업에 수정위원회의 한 위원으로 참여하였는데, 이 사실이 일본 경찰에 발각되어 1942년 12월 체포되어 함경남도 홍원경찰서에 수감되었다. 이것이 마지막이자 아홉 번째 옥고였다. 이때 일경(日警)은 그의 발목에 기둥나무같이 커다란 족쇄를 채우고 영하 20도의 추운 감방에 가두었는데, 이것으로 그는 대장에 냉상을 입어 후일까지 늘 속이 안 좋아 고생하였고, 코끝에 동상이 걸려 빨갛게 변하기도 했다. 이뿐 아니라 심한 정신적 고문까지 당했지만 그는 당당하고 의연하게 대처하여 주변으로부터 존경을 받았다. 당시 일경은 조선어학회의 이극로 간사장도 체포하였는데, 잔인하게도 안재홍으로 하여금 그를 심문하게 하면서 제대로 대답하지 않으면 그의 뺨을 때리라고 강요했다. 아무리 강요된 상황이라도 뺨을 치자니 친구 간에 그럴 수는 없는 노릇이요, 안 때리자니 자신이 고문을 받아야 할 것이라 진퇴유곡이었다. 그러나 안재홍은 정색을 하고 "나는 죽으면 죽었지 저 친구의 뺨을 칠 수가 없소."라며 의연한 태도로 일경의 요구를 거절하였다.[15] 1943년 3월 그는 불기소처분으로 풀려나와 하향했지만, 감방에 갇혀 있는 동안 비참한 조국 현실과 자신의 무력함에 절망하여 차라리 한 많은 고국을 떠나 버리고 싶었다고 고백하기도 했다.[16]

1944년 봄, 안재홍은 양주에 있는 몽양 여운형의 집을 찾아갔다. 거기서 그는 몽양으로부터 독립을 준비하기 위해 지하운동을 함께 하자는 요청을 받았지만 그 필요성을 느끼지 못해 거절하였다. 그

가 1944년 말쯤에 대종교(大倧教)의 경전 중 하나인『삼일신고』를 해
설한『삼일신고주』를 탈고한 것을 보면, 이때 안재홍은 정치 활동보
다 역사 및 철학 연구에 더 많은 시간을 투자하고 싶어 했던 것 같
다.[17] 그리고 2차 대전이 끝나 가는 동안 일제는 안재홍과 같은 협력
거부 민족 지도자들을 회유하며 대화숙(大和塾)이나 도청에서의 강연
을 요구받았지만, 일부러 수염을 기르고 다니면서 나이가 들어 건강
이 안 좋다고 핑계를 대며 거절하였다. 그는 몽양과 함께 총독부의
요인들과 만나 전후의 사태 수습과 유혈 방지 대책을 협의하기도 하
였지만, 기회 있을 때마다 일본의 패망(敗亡)이 멀지 않았음을 강조하
면서 전후 치안 유지에 협력하는 조건으로 "민족자주(民族自主), 호양
협력(互讓協力), 마찰방지(摩擦防止)"의 3원칙을 제시하며 몽양 및 자신에
게 "일정한 언론과 행동의 자유"를 허용할 것을 제의하는 등 당당하
게 협상에 임하였다. 1945년 5월 하순 총독부 측은 다시 사태 수습
에 협력해 줄 것을 요청하였으나, 안재홍은 차후에 일본의 공작에 말
려들지 않기 위해 '민족대회 소집'이 필요함을 언급하면서 냉철하게
대응했다. 그런 까닭에 그는 전쟁이 끝나 일본이 항복할 때까지 일본
에 의해 계속해서 감시를 받았을 뿐 아니라 암살 위협까지 받아 좀
처럼 서울의 집에 들어가지도 못하고, 고향에 내려가지도 못한 채 서
울에서 숙소를 여기저기로 옮겨 다녀야 했다.[18]

　　1930년대 초부터 해방 이전의 식민지 시대를 이렇게 감시와 투
옥이 계속되는 고난 속에서 지냈던 안재홍은 1935년과 1936년 사
이《조선일보》객원으로 민족 정체성 유지를 위한 문화운동론의 필
요성을 강조하는 사설과 시평을 자주 썼고, 이후로는 주로 고향에 칩

거하면서 역사와 철학 관련 저술에 집중하였다. 다음 절에서부터는 그가 객원으로 썼던 글을 중점 분석하면서 1930년대 식민지 조선의 정치적 상황을 어떻게 인식했고, 동시에 한민족의 총체적인 정치사를 어떻게 평가했는지를 검토할 것이다. 그리고 신간회 해체 전후부터 줄곧 제기되었던 공산주의 계열의 '몰민족적(沒民族的)' 국제공산주의 노선과 소위 '황민화(皇民化)'를 앞세웠던 일제의 강압적 동화정책에 직면하여, 그가 각각 어떠한 논리와 대책으로 대응했는지를 살펴볼 것이다.

3 1930년대 식민지 조선 인식과 민족사 비판——정치적 평가

안재홍은 그가 정열을 기울여 활동하던 신간회가 공산주의자들의 책동으로 해산되자 매우 커다란 심적 고통을 받았다. 당시는 일제의 강압적 식민통치가 문화정치(文化政治)로 그 얼굴만 바꾸어 집요하게 기획되고 추진되면서 한민족 소멸을 목표로 간단없이 내닫고 있는 절망적인 상황이었다. 이러한 상황에서 그는 스스로 한 사람의 언론인으로 계속해서 논설을 집필하며 현안에 대한 자신의 주견을 발표하였다. 그 자신이 공식적으로 논설위원이나 책임 있는 부사장 혹은 사장직에 있지 아니하였기 때문에 아무런 말이나 행동을 하지 아니하여도 큰 흠이 되지 않을 처지였는데도, 스스로 '객원(客員)'으로 나서 《조선일보》에 기명논설을 쓴 것이다. 이는 "신문기자(新聞記者)나 혹은 논객(論客)의 생애(生涯)"도 다 끝난 처지였지만 점점 다가오는 일제의 동아대침략(東亞大浸略)을 심각하게 고민했던 안재홍의 상황 인식과 사명감에서 비롯된 '투쟁'이었으며,[19] 그것은 그대로 그 자신이 권하고 추진했던 비타협적 민력양성운동이기도 했다. 이 절에서는 1930년대 당시의 식민지 조선에 대한 안재홍의 상황 인식과 한민족사 전반에 대한 정치적 평가가 어떠했는가를 살펴보기로 하겠다.

먼저 그는 1931년 9월에 쓴 한 사설에서 당시 조선 사회에는 "민중적(民衆的) 또는 민족적(民族的) 대다수의 선택된 의사(意思)를 집중 수립(樹立) 및 구현할 조직체(組織體)"[20]가 존재하지 않음을 비통하게 생각했다. 그는 "정치적 실제사(實際事)는 관념적인 『시경(詩經)』과 달라서, 최고의 이상경(理想境)이나 최후적인 목표(目標)를 저 건너에 보면서 항상 일상적(日常的)인 실천이해(實踐利害)에서 그 당면적 경중(輕重)과 완급(緩急)을 저울질하면서 통제적인 정책의 구현을 파악하고 나아가야 하는 것"[21]이라 생각하였다. 그러나 1930년대의 식민지 조선에는 그러한 실천적 기능과 책임을 맡아 민중을 이끌어 갈 주체 세력이 없었다. 다만 《동아일보》 계열의 인사들이 자치를 통한 민족 개조를 내세우며 총독부 당국과 긴밀한 친선·협조 관계를 유지했고, 공산주의자들에게는 이념 중심의 국제주의적 연대 투쟁이 가장 효과 있는 항일운동인 것처럼 여겨졌다. 이것을 지켜보고 있던 안재홍은 당시의 조선 사회가 직면한 어려움을 '3난(三難)'이라 하여 다음의 세 가지로 지적하였다.

첫째, 자신의 이해를 돌보지 않고 희생돌진(犧牲突進)하는 것이 존경받을 만한 것이긴 하나, 무계획적이고 비과학적이며 비구체적인 "반사적(反射的) 급진(急進)"의 존재는 전체적 국면에 중대한 장애가 된다. 둘째, 조선의 지식인들이 갖가지 곡절과 수난을 감수해서라도 "시국광구(時局匡救)"의 사명을 다하기 위해 과감하게 나서지 아니하고 몸을 사리어 "안전한 땅에만 골라 다니려" 하는 보신주의적(保身主義的) 처신을 하고 있다. 즉, 민중을 수난에서 구하고자 떨쳐 일어서는 "존귀한 지도자"가 부재하다. 셋째, 조선인이 근대 이래로 격심한 국제 경쟁에서 일단 실패하여 식민지로 전락되기는 했지만, 그래도 이제 "그 문화적, 정치적 부흥의 도정(道程)"을 밟아 나아가고자 하나 일본 총독부(總督府) 관리들이 이를 허용하지 않고 목전의 이해관계에 좌우되는 중우적(衆愚的)인 여론만을 따라 통치하고 있어 조선의 미래를 담보할 "정치(政治)의 신기축(新基軸)"이 만들어질 가능성과 기회가 없다.[22]

안재홍은 또한 일제의 한민족 말살을 의도한 동화정책으로 초래된 민족 정체성의 위기로 그야말로 "역사적 난국(難局)"을 당한 지경에서 한민족 구성원 각자는 각별히 "냉정함과 치열함"으로 대처해야 한다고 전제한 다음, 일제의 강압 통치에 처한 조선 민족에게는 정치적, 사회적 투쟁보다도 우선 당장은 "문화에로의 정력집중(精力集中)"[23]이 절실하게 필요하다고 주장하였다. 그는 일제의 강압 정치 속에서 당시의 침체된 조선 사회를 일컬어 "정돈(停頓)하였으되 생장(生長)하는 조선 사회 — 아니 생장(生長)하는 정돈(停頓)"이라고 표현함으로써 비록 당장은 낙오되고 후진된 상태에 있지마는 조선 민족은 "우량(優良)한 문화민족(文化民族)"으로서의 가능성과 능력을 보지(保持)하고 있다고 생각하였다.[24] 즉, 그는 일제 강압 통치 속에서 식민지 조선이 비록 낙후되고 정체되었다 할지라도 반만년 이어져 온 민족문화가 계속 생장하여 자라게 함으로써 장래의 희망을 기약하는 것이 당연한 일이라고 확신했던 것이다.

그렇다고 해서 안재홍이 우리의 역사와 현실을 맹목적으로 긍정하거나 옹호했던 것은 아니다. 비록 한민족이 식민지 상황에 처해 있다 하더라도 한민족의 정치사적 경험과 당시 한민족이 감당해야만 했던 현실적 처지에 대해 그는 다음과 같이 냉정(冷情)하게 평가하고 비판하였다. 즉, 한민족이 역사적으로 "허구(許久)한 세월 선진적인 문화민족의 기록"을 지녀, "현대 동방문화(東方文化)의 연수(淵藪)처럼 되어 있는 지나문화(支那文化)"의 형성과 발전에 조선인들이 공동으로 참여하고 기여했으며, "일본문화(日本文化)의 근간부(根幹部)에 있어서 그 조선적(朝鮮的) 기본 요소가 선명"하게 배어 있다. 그러나 한반도를 둘러싸고 전개된 "급격한 국제풍진(國際風塵)"에 조선은 비통하게도 "체사적(替死的) 방호자(防護者)의 구실"밖에 하지 못하여 오늘날 "목하에 도리어 후진낙오자의 침윤(浸潤)한 경지에서 신음하고" 있다고 보았다.[25] 한민족이 고려 시대에 몽골인들의 침략에 수백만이 생명을 버리면서 60여 년을 저항하여 버티어 낸 것은 "세계사상(世界史上)에 있어 둘을 찾기 어려운 조선인 특유의 강용(强勇)한 본질(本質)"을 증명한 사례다. 그 외에 흉노·연·한·위·선비·수·당·요·금·왜구의 침략으로 시련을 당하기도 했지만, 그럼에도 불구하고 한민족만은 그대로 남아 있는 반면 한민족을 침략했던 민족들은 지금 다 사라지고 그 존재가 흔적조차 안 보이는 것은 특기할 만한 사실이다. 다만 한민족은 고대 이래 중국 송화강, 백두산, 요하를 포괄하는 광대한 지역에 정치적, 지리적 불리함 때문에 통일민족국가를 건설하지 못했고, 조선 시대에는 그 영토적 권역을 한반도라는 조그마한 "소천지(小天地)에 국척(跼蹐)하여 스스로 진취(進取)의 길을" 막았던 역사적 사실들을 비판적으로 평가했다.[26]

요컨대, 안재홍은 어느 외국인의 말을 인용하면서 "조선인은 실로 총명(聰明)하고 강유(剛柔)를 겸한 인민이어서 만일 정치가 그 마땅함을 얻으면 장래 반드시 유위발전(有爲發展)의 날이 있을 것"이지만, 1930년대 중반 현하 조선의 형편은 반대로 정치가 마땅하지 못하기 때문에 오늘날 "하찮은 인민(人民)"으로 전락해 있다고 인식했다.[27] 그리고 조선의 과거사에 있어서 그가 생각했던 마땅치 못했던 정치란, 첫째, 고대에 있어서 고구려가 한족(漢族)과의 대립에서 패배하여 "민족 대통일의 운동과 거대한 의도"가 좌절되었던 것이고, 둘째, 국제적 접촉과 교류가 빈번하였던 신라 및 고려 시대와 달리 조선왕조의 "쇄국고립(鎖國孤立)과 존명자안(尊明自安)의 정책"으로 국제적 경쟁력이 약화되고 백전항쟁(百戰抗爭)의 기백(氣魄)이 소실된 것이다. 그래서 그는 고려 시대 인종 당시 묘청, 정지상 등 서경천도(西京遷都)와 칭제건원(稱帝建元)으로 영속 자주할 것을 도모했던 "독립자존파(獨立自尊派)"와 신라 통일기 이후 "존화자굴(尊華自屈)"의 정책을 내세웠던 김부식 등의 "한화파(漢化派)" 사이의 역사적인 일대 충돌이 불행하게도 후자의 정치적 승리로 결말지어진 것이야말로 조선 역사 "일천년래(一千年來)의 최대 사건"이었다고 규정했던 단재 신채호를 각별하게 다시 언급했던 것이다.[28]

4 국제공산주의운동 비판과 '국제적 민족주의'

1930년대에 들면서 일제의 동화정책과 공산주의자들의 국제주의 운동에 직면했던 안재홍은 무엇보다도 "세계문제(世界問題)의 일반은 민족문제(民族問題)의 형태"로 전개되고 있다고 지적함으로써 어떠한 경우든 민족 차원의 문제 제기와 문제 해결 노력이 필요함을 강조했다. 그래서 가까이는 만주에서 수난을 당하고 있는 조선 동포의 어려움에 제대로 대처하지 못하고 있는 조선인은 "민족애(民族愛)"의 차원에서 심각한 반성의 필요가 있으며, 잠자고 있는 "전조선적(全朝鮮的) 민족애"를 일깨워 민족의 불행을 떨쳐 나아가야 한다고 주장하였다.[29] 또 이른바 "민족적인 것"이 역사적으로는 이미 때늦은 19세기적 유물이라 할지라도 그것은 식민지 조선의 현실에서 "아직 그 선양 및 순화를 요하는 당면(當面) 중요한 현안인 것을 맹성(猛省)"해야 한다고 주장했다.[30] 그러면서도 그는 "세계 인류는 다 동포"이며, "인류애의 고조(高調)는 현대 문명의 한 큰 추진의 방향이어야 한다."고 생각했다. 즉, 세계 인류를 사랑한다는 것이 그 "관념에서는 좋되 실제에서는 너무 추상적"인 감이 있는 것이 사실이지만, "각 민족 각 국민이 세계적인, 또 인류적인 처지에서 공존과 호애(互愛)를 목표로 하는 데에 현대인의 진면목(眞面目)이 있는 것"임을 상기시켰다. 따라서 "존귀한 역사적 생산물"인 민족애의 처지에 굳건히 서면서도 "국제주의적 인류애의 대도로 나아감"이 현대인이 취할 바라고 정리하였다.[31] 더군다나 어느 한 민족이 쇠망하거나 낙후된 처지에 있을 때 이를 극복하고 생존하기 위한 "투쟁적(鬪爭的)인 역량"을 가지려면 반드시

동류의식(同類意識), 연대의식(連帶意識), 그리고 정열(情熱)에 의해 그 구
성원들의 의식이 심화되거나 단일화되는 "민족주의적 세련 과정(洗練
過程)"을 치러야 한다고 강조하였다. 그리고 만약 이러한 점을 고려하
지 않고 공산주의자들처럼 관념적이고 "공식론적(公式論的)인 국제주
의(國際主義)"로 민족의 처지와 민족문화를 고려하지 않거나, 혹은 무
시하는 국제적 연대운동을 추진하는 사람들이 있다면 이들은 반드
시 민족에게 "심상치 않은 불행(不幸)"을 자초할 것이라고 비판했다.[32]

또한 안재홍은 1935년 6월에 쓴 「세계로부터 조선에」라는 제목
의 논설에서, 영국 문호 H. G. 웰스가 그의 소설 『미래의 형상』에서
말했던 이른바 "세계일가(世界一家)의 이상(理想)"이 서양에서는 오래
전부터 일상화되어 있었고, 또 오늘날 "목하(目下) 비약(飛躍)하는 인
류 문화는 싫거나 좋거나 세계일가의 시대를 향하여 달음질치는 것"
이라 인식하였다. 그리고 조선 민족과 같이 "국민적으로 역경에 빠진
민족"으로서는 그러한 역경으로부터의 해방을 위해 하루바삐 세계가
하나로 통일되는 시기가 도래하기를 갈망할 수도 있겠지만, 첫째, 객
관적 정세로 보아 세계일가의 시대가 그리 쉽게 우리의 "입에 맞는
떡"으로 등장할지는 알 수 없는 일이요, 둘째, 아무리 불리한 처지의
후진(後進) 민족이라 할지라도 자기의 의식적 각고의 노력 없이 그저
세계일가의 시기만 오기를 기다리는 것은 "일종의 거지 심리"와 같
아서 세계일가 사상에 민족의 미래를 기대는 것은 결코 바람직스럽
지 않다고 평가하였다. 그는 궁극적으로 일원화의 방향으로 전개되
는 국제 정세 속에서 각 민족은 그러한 세계적 맥락과 상호작용하면
서 자주적이고 독창적으로 발전하는 것이기 때문에 각종 모순과 문

제점들은 이론적 논쟁 차원에서가 아니라 줏대 있는 실천 과정에서 극복되어 궁극적으로 건강한 일도성(一度性)이 역사적으로 성취되는 것이라고 주장하였다.[33]

이 같은 맥락에서 안재홍은 민족적으로 최악의 처지에 있는 당시의 조선에서 "현실을 정관(正觀)치 못하는 관념적(觀念的) 경향"을 벗어나지 못하고 있던 공산주의자들에 대해, 현실성 없는 마르크스주의적 세계통일론과 그에 따른 국제주의 정치운동보다도 "세계로부터 조선에 재귀(再歸)하는 문화적 작업이야말로 민족이 처한 정치적, 국가적 모순을 극복하는 현명한 방도(方途)"라고 주장하였다. 그리하여 그는 과거 조선 시대에 관념적인 친명(親明) 사대주의론에 사로잡혀 조국과 민생을 수호하지 못하고 국가적 대계를 그르쳤음을 다시 한 번 언급하면서 공산주의자들이 "역사 과정이 최악(最惡)한 경우에는 다만 문화운동인 개량적(改良的) 공작(工作)에도 스스로 도피(逃避)하지 않는 것이 진지 혈성인(血性人)의 책무(責務)"[34]임을 적극 환기시켰다.

그는 또 공산진영이 민족의 처지와 민족문화를 무시하고 부인하는 경향을 보인 것에 대해 《조선일보》에 기고한 기명논설을 통해 그러한 주의주장들이 논리적으로나 전략적으로 잘못된 것임을 일일이 지적하였다. 당시 국제공산주의운동과 깊숙이 연관을 맺으며 활동하던 국내 공산주의자들은 스스로 당대 조선에서 가장 "급진적인 선구자로 자임(自任)"하면서 '조선적(朝鮮的)' 혹은 '민족적(民族的)' 전통의 중요성을 강조했던 민족운동 세력들을 '소부르주아적 배타주의(排他主義)' 혹은 '반동적(反動的) 보수주의(保守主義)' 또는 '감상적(感傷的) 복고주의(復古主義)' 등으로 매도하며 비난하였다. 그러나 이에 대해 안재홍은 그 같은 단정적 비난을 정면으로 부인(否認)하였다. 즉 그는 아직 후진(後進)에 처해 있는 국민이나 민족의 경우, 민족주의적 이니셔티브가 얼마든지 진보 개혁적이고 세계적 차원에서도 충분한 의의를 지닐 수 있다고 주장하였다. 예컨대, 구한말의 갑신정변(甲申政變)이 미약했고 성공적이지 못하여서 비록 여러 가지 면으로 평가되고는 있지만, 그것은 "청국(淸國)의 봉건적 제국주의에 반항하여 조선적(朝鮮的)인 무엇을 의도하는 진보적인 것인 한편으로 세계적인 진취를 추구"했던 의미 있는 시도였으며, 또한 그것은 메이지유신 당시 일본 국민들이 스스로의 자각을 통해 "개국진취(開國進就)"라는 세계에의 개방을 열렬하게 추구했던 것을 "표본(標本) 삼아 추진되었던 거사(舉事)"였다고 평가했다. 다만 그러한 민족적 차원의 시도들이 국제사회에 의미 있는 적지 않은 파동(波動)을 일으킬 경우가 있고, 오로지 특수한 민족적 처지에서 "다만 진정한 재각성(再覺性)의 단계로만 되어 다음날의 세련(洗練)된 생활 집단으로서의 일정한 문화적 탄력을 함축하는 데에 그치는" 경우가 있을 뿐인바,[35] 그는 식민지 조선에서의 민족문화적 운동들은 바로 후자와 같은 사례에 해당할 것으로 간주하고 그 현실적 필요성과 장기적 효과를 강조하여 변론했던 것이다.

안재홍은 20세기 현 단계 인류 문화의 특징을 첫째, 각 민족이 "세계적 대동(大同)의 방향"으로 나아가는 것, 둘째, 각 민족이 이러한 세계 차원의 국제주의적 경향하에 있으면서 "오히려 각각 각자의 민족문화로써 순화(純化)·심화(深化)하려는 의욕"에서 최선의 노력을 다하고 있는 것으로 판단했다. 그리고 이러한 시기에 있어 각 국민들이 취해야 할 "가장 온건타당한 태도"는 "민족(民族)으로 세계(世界)에, 세계(世界)로 민족(民族)에 교호(交互)되고 조합(調合)되는 민족적 국제주의(民族的 國際主義)-국제적 민족주의(國際的 民族主義)"36의 원칙에 따르는 것이라고 주장하였다. 즉, 그는 어느 국민이나 국가든 국제사회의 떳떳한 주체로서 서로 왕래 교통하며 주고받고, 다투고 배우는 것으로, 이러한 과정이 연속되는 속에서 각각의 향상과 발전이 있고 획득(獲得)과 생장(生長)이 있는 법이므로, 설령 인류의 문화가 급속하게 진전되어 머지않은 장래에 "국가와 민족의 계선(界線)을 철폐하는 시기"가 온다 할지라도 "금일(今日)에 오인(吾人)은 우선 세계(世界)의 일민족(一民族)으로서의 문화적(文化的) 순화향상(純化向上)의 길을 강맹(强猛)하게 걸어가고 있어야" 한다고 생각했다.37 그래서 그는 세계의 모든 독자적인 민족들이 하나의 가족처럼 교류하고 통합되어야 한다는 당위를 생각하면서도 그러한 "세계(적 당위 차원으)로부터 조선(현실)에"로 귀래(歸來)하여 그러한 당위 때문이라도 당장 식민지 상태에 있는 조선의 불행을 극복하도록 노력하는 것이 우선 필요하다고 생각했다. 또 미래에 모든 인류의 공통된 비전이 있다 할지라도 그러한 "미래(의 비전)를 지나 (조선의) 현금에"서 조선의 한계적 상황을 진지하게 재인식하는 지혜로움이 필요함을 강조하였다. 다시 말해 안재홍은 시간과 공간 차원에서 미래의 지구 사회에서 기대되는 "세계적 대동(世界的 大同)"에의 인류 공통의 희망을 인정한다 하더라도 그러한 비전은 각 민족들이 정상적으로 상호 왕래 교통하는 가운데 자주적인 문화적 성숙(成熟)을 바탕으로 구체화되어야 한다는 논지에서, 민족주의든 국제주의든 두 차원 사이의 상호작용의 주체인 각 민족들의 줏대 있는 인식과 선택에 기초하여 대내외적 처방을 강구하는 "국제적 민족주의" 혹은 "민족적 국제주의"가 당대 식민지 조선이 택할 수 있는 가장 합리적 선택이라고 생각했던 것이다.[38]

안재홍은 또 이제까지의 인류 역사가 우리에게 보여준 것을 바탕으로 생각할 때, 단위 민족의 발전 과정에 대한 과학적인 명제는 각 민족이 일정한 "정치문화적 공작"을 겪으면서 자유로운, 혹은 "자동적인 국제화 과정"을 성취한다는 견해를 피력했다.[39] 그래서 문화의 국제화 혹은 다원적 발전은 단기적이고도 인위적인 어떤 종류의 강압적 혹은 관념적 조치들보다도 민족마다 각기 다른 구체인 모멘트, 즉 발전 단계에서 목전의 시공간적(視空間的) 현실에 적절히 들어맞는 방식이 적용되고 응용되면서 성취되는 것이라고 주장했다. 예컨대 같은 불교라 할지라도 스리랑카의 불교와 버마의 그것이 다르며, 또 일본의 불교는 조선과 중국의 그것과 다르다. 기독교 역시 마찬가지다. 같은 기독교라 할지라도 북유럽의 기독교는 다분히 철학적이되 남유럽 지역의 기독교는 우상숭배적 성격이 강하다. 그뿐 아니라 유럽의 '부르주아적 데모크라시'도 그 실용적 양태와 방식이 서로 다르다. 영국의 팔리아멘트(Parliament)와 미국의 콩그레스(Congress)가 그 조직 운용 면에서 동일하지 않으며, 독일의 라이히스타크(Reichstag)나 프랑스의 샹브르 데 데퓨테(Chambre des Deputes) 역시 영국이나 미국의 그것과 다르다. 또 스위스의 연방의회인 코르테스(Cortes)와도 다르다. 소련의 두마(Duma)는 과거 제정러시아의 그것을 새로이 개편한 것이다. 이렇게 각국의 의회 제도도 각 민족이나 국가의 문화적 배경과 정치사적 경험에 따라 제 각각 다른 것이다.[40]

인류의 역사 발전 과정을 볼 때, 지구상의 여러 나라들이 동일한 문화적 배종과 동일한 사회적 단계를 거쳐 사회경제적 발전의 일정한 단계에 이르면 어김없이 일정 유형의 사회문화적 단계를 나타내는 것이니, 이것이 인류 문화의 보편적 모습이고, 역사 발달의 국제성이다. 그러나 나라마다 그 속도가 빠르거나 완만하며 그 적용 방법에 있어서 어떤 나라는 노련하나 다른 나라는 서툴고 조솔(粗率)하다. 이것은 각 나라마다 "그 풍토 인정 역사 전통"이 결코 기계적으로 균일할 수 없음에서 기인하는 것이다. 다시 말해서, "국제성은 천하일률(天下一律)이 아니요 특수성은 고립유아(孤立唯我)가 아닌 것이니" 현대 문명이 비약적으로 발전하여 국경이 해소되고 세계가 축소되어 장차 세계는 단일평준(單一平準)의 지구 사회로 전환된다 할지라도, 문제는 그러한 비전의 추상적 내용에 있지 아니하고 "상대적 실천 과정에서의 시간과 방법, 그 상호관계의 적응 여하"에 있는 것이다. 따라서 "현실정치적인 과제로서의" 민족문화 차원의 제 운동과 노력들은 "이 땅에 있어 — 아직 그 선양(宣揚) 및 순화(純化)를 요하는 당면 중요한 현안(懸案)인 것"을 깊이 성찰하고 명심(銘心)하여야 한다.[41] 그리고 "무릇 정치문화적 생존 노력"은 일순간의 연극이나 한 차례의 우연한 교전으로 끝날 수 없는 중대한 사업일진대, 이러한 작업은 식민지 조선의 "전면(全面)과 전선(全線)에서, 때와 계제(階梯)에 따라 백도공진적(百道供進的)"으로 한결같이 추진되어야 하는 시대적 과제다. 이는 조선민중이 "각 길로서 한곳에"[42]라는 말의 뜻에 따라 조선인 각자는 각각의 위치에서 할 수 있는 대로 힘써 나름대로 정치문화적 공작을 실천하여 험난하고 아득해 보이는 정치적 자주독립의 목표를 하나씩 이루어 가야 하는 것임을 표현한 것이다.[43]

5 일제의 강압적 동화정책에의 비판적 대응

이상에서 살펴본 바와 같이, 안재홍은 과거와 당시의 조선 역사를 줏대 있고 책임감 있는 정치 리더십의 빈곤이란 측면에서 비판적으로 검토하고, 주권을 상실한 채 일제의 강압 정치로 시달리고 있는 식민지 조선에서의 민족문화운동의 필요성과 정당성을 일관되게 변론하였다. 즉, 어느 국민이나 민족도 그 자연 풍토적 토대와 역사적 경험과 문화 전통, 그리고 국제적 제 세력 및 문화와의 교섭이 상호 교차되고 영향을 주고받는 가운데 정치적 성쇠가 결정되는 것이기 때문에[44] 어떠한 경우든 조선인이 그 전통과 습속(習俗), 생활 방식 등 민족문화를 향상(向上), 순화(純化), 정화(淨化), 앙양(昂揚)시키고자 하는 것은 "합리(合理)한 일"이고, 또 그러한 과정을 거쳐 "사회적, 정치적 멈춤 없는 진경(進境)(즉, 정치적 독립)을 요구한다면, 그것은 천하(天下)의 공도(公道)"이어서 내외의 모든 사람들이 함께 찬성할 일이라고 주장했던 것이다.[45]

그럼에도 불구하고 안재홍은 결코 한민족의 역사 속에서 드러난 문화적 특징들을 아무런 비판적 성찰 없이 옹호하거나 미화하지 않았다. 그는 주요 언론인이었고, 당대의 대표적 지식인으로서 민족문화운동을 주장하고 실천해야 했기 때문에 도리어 한민족이 그 문화적 특성으로 지닌 결함과 문제점들을 신랄하게 들춰내었다. 그는 우선 우리 민족의 문화적 특성 혹은 민족성 차원에서 "우리 민족성의 병폐(病弊)"를 무기력함, 불관용함, 관념적임, 지속성이 부족함, 그리고 비조직적임 등 다섯 가지로 지적하였다. 이를 자세하게 살피면 다음과 같다.[46] 중국 대륙 쪽으로 세를 떨쳤던 고구려, 백제, 발해, 일본에 까지 높은 수준의 문화를 전했던 신라, 그리고 거란족을 물리치고 원나라에 대해 끈질긴 저항을 보였던 고려의 역사를 볼 때, 조선인들의 무기력(無氣力)함은 결코 그 "천질(天質)" 즉 변하지 않는 본성에서 비롯된 것이 아니라 청과 일본에 의해 시달리고 패망했던 조선왕조 시대의 열악했던 정치사에서 비롯된 것이다. 다음으로 지적할 수 있는 병폐는 불관용(不寬容)인바, 이는 곧 "중화적(中和的) 태도를 잃음"으로 "협동과 호애가 부족한 바"이다. 그 결과 완고한 자기 주관에 매달려 현실 파악이 미비한 채 정확한 대책을 제시하지 못하여 결국 비실용주의적 또는 비실천적인 과오에 빠지는 것이다. 이러한 불관용의 사례들은 고려 말 조선왕조 창건 시기와 이후의 조선 시대에 파당 간의 권력투쟁들에서 자주 목격되었던 바이다.[47]

한민족의 또 다른 병폐는 "관념적(觀念的)인 비현실성(非現實性)"으로, 특히 정치적 지배자들이 "공리사쟁(空理私爭)"에 휘말려 조선왕조의 분열과 패망이 재촉된 것도 바로 이 이유 때문이었다. 예컨대 최영경, 정개청 등 수많은 선비들이 "도륙(屠戮)의 화(禍)"를 입고, "성웅" 이순신이 불과 몇몇 사람의 필설(筆舌)로 "나수국문(拿囚鞫問)의 액(厄)" 을 당하며, 현실감각이 남달랐던 정치가 최명길의 "수호방란(修好防亂) 의 책(策)"이 사대(事大)의 명분만 앞세우던 반대파들에 의해 좌절되었던 것, 남이와 김덕령이 모두 "무용(武勇)이 출중(出衆)하였던 탓으로 모두 형살(刑殺)"당한 것, "고풍달식(高風達識)"했던 박지원과 홍대용이 스스로 세속과 타협하지 않음으로써 "일생(一生)을 감가(轗軻)" 즉 때를 만나지 못해 뜻을 이루지 못하였다는 것이다. 또 정약용과 이가

환 등은 스스로 "우국경세(憂國經世)의 선각자(先覺者)"였던 이유로 "파
소쇄란(破巢碎卵)의 상란(喪亂)"에 빠졌었고, "태서(泰西)의 문물(文物)을
수입하여 민국도현(民國倒懸)의 액(厄)을 풀기"를 모의했던 홍봉주와
남종삼은 "복종절사(覆宗絶祀) 위노위비(爲奴爲婢)하는 참화(慘禍)"를 당
하였다고 설명했다.[48]

　마지막으로 그는 우리 민족의 또 다른 심대한 병폐를 "지속성(持
續性)의 부족(不足)"으로 꼽으면서, 이와 함께 비조직적(非組織的)이고 불
협동적(不協同的)인 결함이 병존한다고 지적했다. 즉 조선인들에게는
하나의 목표를 내세우고 "거기에 모든 역량을 집중하여 그 필성(必成)
을 기하는 관철(貫徹)의 힘이 매우 부족하고" 언제나 겨우 "신(新)으로
부터 신(新)에의 무기획(無企劃)한 사시랑이 여행에 바쁜 것" 같다고 비
판한 것이다. 그리고 여기에 병행되는 큰 결함이 바로 "조직적 협동력
이 매우 빈곤한 것"이다. 이러한 경향은 특히 지난 근세 수백 년간 지
속되었고, 현대의 각 개인 차원에서도 목격되는 바이다. 그리고 그 오
랫동안의 역사가 있었음에도 아직 제대로 된 "조선유학사(朝鮮儒學史)"
의 저작이 없으며, 기독교가 수입된 지 50년이 넘었는데도 아직도 능
력 있는 종교 지도자가 없다. 그리고 민족주의, 공산주의, 무정부주
의 등 각종 정치적 이념과 노선의 변동과 전환이 매우 잦은데도 "아
직 각계에 존경할 권위자"가 매우 드물다. 그러나 안재홍은 이상과
같은 병폐들이 원래 우리 민족이 선천적으로 지녔던 숙명적인 "결점
(缺點)"이 아니고 다만 우리가 "생존 의욕에 포만한 적극적인 혈성(血
性)의 기백(氣魄)이 부족한" 가운데 역사를 이어 오며 형성된 "역사적
산물"임을 지적하였다. 그리고 우리 민족이 "시운개척(時運開拓)의 일념

(一念)"을 가지고 노력하면 그 실천 과정에서 점진적으로 이러한 병폐들을 극복, 청산할 수 있을 것으로 믿었다.[49]

그러나 한편으로 안재홍은 강압적 동화정책하에서 한민족의 존망이 걸린 정체성 위기를 인식하면서 식민 당국으로 하여금 민족 고유문화의 유지를 허용하는 정책으로 나갈 것을 논리적으로 설득하고자 하였다. 그리고 암울한 환경 속에서도 "신생조선(新生朝鮮)"에의 꿈을 포기하지 않고 시련을 견뎌 내며 민족 정체성을 유지하기 위한 구체적인 교육 프로그램을 제시하였다. 그는 우주 만물과 천하의 대소사(大小事)는 모두 "시공(時空)에 의연(依然)치 않음"이 없고, 인류 역사에서의 각종 성패흥체(成敗興替)가 결국은 "모두 환경과 역사와 거기에 생동하는 인과(因果)에 의하여 귀결(歸結)되는 것이니, 이것을 무시하고 인위(人爲)의 힘으로 함부로 그 사이에 독단할 수는 없는 것"이라며 일제(日帝)의 강제적 한민족 말살 정책을 비판했다. 그리고 역사상 알렉산더 대왕이나 시저, 그리고 칭기즈칸과 나폴레옹 황제가 무력으로 세계의 통일을 꿈꾸었으나 모두 "망상(妄想)"으로 그쳤으니 현명한 정치가는 이같이 "이세(理世)에 어그러지고 시대에 역행하는 억지"를 피할 것이라고 충고하였다.

그는 동시에 국가나 민족 사이의 관계에서 정치적, 군사적으로는 급속한 계기가 만들어지는 경우가 있을 수 있지만, 그 "문화적 공작"에서는 급진적인 인위(人爲)가 가장 절제되어야 한다고 주문했다. 그는 민족(民族)이란 "역사적으로, 또 문화적으로 동일(同一)한 정신적 존재인 것을 상호(相互)에 의식하는 사람들의 총체"로 정의했다. 그리고는 민족이란 아주 "냉철(冷徹)한 자연적 존재"라서 민족과 민족 사이의 관계는 강압적 단속과 억지로서가 아니라 "공동(共同)한 이해관계에 의한 이지상(理指上)의 유대(紐帶)에 의해서만 일정한 지속을 하는 것이요, 다만 인위적(人爲的)으로 이것을 억지로 할 수 없는 바"라고 강조했다. 그래서 안재홍은 "원주민족(原住民族)의 습관제도(習慣制度)를 존중히 하는 것이 현명한 정책"이라면서, 일제 식민 당국에 대해서 각 민족의 고유문화 및 현대 문화를 존중하여 원주민들이 스스로 그들의 문화를 앙양(仰揚)하게 하면서 따로 그들이 구하는 정치적 무엇을 추구하도록 하는 것이 위정자의 현명한 태도요, 정책이라고 주문했던 것이다.[50] 이와 함께 영국이 그들의 식민지였던 캐나다의 퀘벡 주에서 프랑스 계통 주민들의 언어 습속 및 취미 감정 등을 그대로 용인하고 존중함으로써 대영제국의 번영을 도모하고 지속시키는 데 기여하였음과 반대로 비스마르크의 독일제국이 폴란드의 포젠(Posen)주에 대해, 그리고 러시아제국이 폴란드에 대해 19세기 중엽 이래 "전연(全然) 독단적인 동화정책(同化政策)"을 폈으나 결국 실패하고 말았던 역사적 사례들을 지적함으로써,[51] 일본의 식민지 조선에 대한 민족 말살적 동화정책을 중단할 것을 기대하고 요구하였다.

안재홍은 이렇게 식민 당국을 향하여 역사적 사례를 밝히거나 논리적 설명을 가하면서 식민 치하에서 허덕이는 한민족이 고유문화를 지키고 계승하면서 생활하고 활동하게 하는 것이 바람직함을 강조하였다. 그런가 하면 당시 조선인들 사이에 마침 높아진 향학열(向學熱)은 병술국치(丙戌國恥) 시기와 기미독립운동(己未獨立運動) 시기의 그것에 이은 제3차의 의미 있는 움직임으로 "문화 건설의 도정(道程)에 있어" 매우 반가운 현상이라고 지적하면서[52] "신생조선(新生朝鮮)"의 미래를 지향하는 새로운 몇 가지의 교육 프로그램들을 제안했다.

첫째, 무엇보다도 교육의 '민중화'와 '생활화'가 절실하다. 민중화란 교육이 일부 지도층의 최고 전문적 지식의 전수만이 아니라 "마땅히 일반 시민 대중인 전 남녀층에 확대 보급하여야 할 것"을 일컫는다. 그리고 생활화란 초·중등학교 교육을 강화하고, 그 내용이 실사구시 및 지행합일의 원리에 따라 이론적 지식 교육에 치우치지 아니하며, "인생 생활에서의 실제 적용의 기량(技倆)을 양성함"을 핵심으로 하는 것이다. 안재홍은 산업화에 성공한 독일에서의 실업교육, 덴마크가 농업 입국하는 데 큰 힘이 되었던 그룬트비히에 의한 국민고등학교 제도, 러시아의 학교-공장 연계 교육 시스템 등을 예로 들면서 산업 진흥과 농·공·상에 기여할 교육의 실시를 강조하였다. 그는 초등학교 6년제 의무교육의 실시를 말하면서도 경우에 따라서는 초등학교 4년제 의무교육과 2년제 간이실업학교(簡易實業學校) 혹은 직업학교를 연계시키는 방법도 좋을 것으로 제안하였다.[53]

둘째, 특히 과학기술 및 관리 분야의 '간능(幹能)', 즉 유능한 간부를 양성하는 교육이 되어야 한다. 조선 시대의 인재 교육은 주로 도학(道學)과 문장(文章)을 중심으로 이루어져 실생활과는 멀었고, 경술국치(庚戌國恥) 이후에는 대부분 법률·정치·문학·경제 등 인문학이 교육의 주류를 이루었다. 그 결과 당시 건축 토목의 대공사에서는 물론 간단한 석공(石工) 일이나 채소 농업에서도 조선인 기술자는 안 보이고 대부분 중국인이나 일본인들만 일을 맡았다. 기술 교육을 제대로 받지 못한 조선인들은 겨우 지게꾼과 달구지꾼들로 막노동이나 하고 있다. 따라서 비록 늦은 감은 있으나 이제라도 서둘러 "과학기술

및 관리(管理)의 간능(幹能)"이 "조선 청년의 지향목표(指向目標)"로 되어
야 한다. 간단히 말해서 당시 조선 사회는 각 분야의 전문가·기사·기
수 및 능력 있는 행정적 사무가 등이 매우 필요할 것이니 이에 조응
하는 실사구시적(實事求是的) 인재교육(人才敎育)이 실천되어야 한다.[54]

  셋째, 여자교육(女子敎育)을 확대 보급하여 "모성(母性)의 문화적
완성"[55]을 기함으로써 민족문화를 지키고 흥성케 하여 민족을 구하
여야 한다. 안재홍에 의하면 "현대 조선 교육의 최대한 결함은" 학식
만 가르치고 인간 생활의 규범교육(規範敎育)에는 너무 소홀하다는 것
이다. 건강한 사회문화의 온상(溫床)이어야 할 가정은 대부분 문화적
고갈 상태에 빠져 있다. 조선 여자들은 본래 총자(聰慈)하고 재간이
있었지만, 유교적 남존여비(男尊女卑)의 풍조와 경제적 곤핍(困乏) 때문
에 그러한 자연스러운 본성이 묻히고 대신 "우악스럽고 미련스런 모
성(母性)"의 소유자로 그 이미지가 바뀌었다. 오늘날 조선의 경우 경
제적 부의 증대가 중요한 사안임에 틀림없지만, 동시에 원래부터 총
명하고 재주 많은 조선 여성들이 지니고 있던 전통적인 "성정(性情)의
함양(涵養)"과 전수(傳受)가 이루어져야 한다. 조선의 신문화와 조선적
(朝鮮的) 정조(情調)의 생활 문화는 우선 조선의 가정과 그 안방에서부
터 돋우어져야 할 것이기 때문에 어머니를 포함한 여자 일반의 교육
이 그 내용과 시설 면에서 심화되고 확충되어야 한다. 자녀 교육의
주 책임자인 어머니를 무학(無學) 또는 천학(淺學)의 상태에 버려두고
2세 어린이들의 명랑하고 정상적인 성장을 바란다는 것은 큰 모순(矛
盾)이다. 따라서 마땅히 그들의 교육을 쇄신하여 그들로 하여금 어린
이들을 착하고 귀엽게 기르도록 하여 "신생조선의 여명(黎明)"을 만들

어 나가도록 해야 할 것이다.[56] 요컨대, "현대 조선에는 실로 민중적
(民衆的)으로 모성도(母性道)의 재건을 열요(熱拗)하고 있다. 무릇 민중
의 미래는 어린이가 지배하고, 어린이의 품위(品位)는 모성이 지배하
나니, 현하에 모든 역(力)과 권(權)을 잡은 자들은, 그 자기들이 지배하
고 있는 여성들의 교육으로써 모성도(母性道)를 재건하고, 신생조선을
대망(大望)하는 생존상(生存上)의 공작(工作)이 있어야 할 일이다."[57]라고
안재홍은 주장했던 것이다.

6 맺음말──하나의 평가

이상에서 검토해 본바, 언론인 안재홍의 1930년대 글쓰기와 사
회적 행동들은 적어도 다음과 같은 세 가지 특징이 있는 것으로 나
타났다.

첫째, 1930년대의 안재홍은 조선이 일본 제국주의의 문화정치
및 강압적인 존재 여부에 있어 심각한 위기(危機)에 처해 있다고 인식
하고, 일제에 대한 비타협적 노선을 취하였다. 그리고 이러한 비타협
적 노선은 일제의 정책에 대한 비판적 글쓰기와 민족 정체성 보존을
위한 사회계몽운동으로 표출되었고, 이로 인해 그는 수시로 투옥되
고 계속적으로 감시당하는 삶을 살 수밖에 없었다. 그리고 그의 문
화건설론 혹은 민력양성운동은 당시의 공산주의자들과 달리 비폭력
적(非暴力的)이었으며,[58] 일제의 문화 정책을 민족의 '자치'와 근대적 개
조를 이룰 수 있는 호기(好機)로 여기고 일제와 협력하여 그 실천을

추구했던 이른바 '문화민족주의자들'과 달리 저항적(抵抗的)이었다.

둘째, 안재홍의 비타협 저항 노선은 헤르더(Johann Gottfried von Herder)의 문화민족주의적 문제의식에 입각했던 것으로, 궁극적으로 한민족의 정치적 독립과 자유를 추구하는 것이었다. 주권이 유린되고 민족 말살의 식민통치가 자행되고 있는 상황인 한, 단위 민족의 즉각적인 정치적 독립을 우선시하는 '정치적 민족주의'와 단위 민족의 문화적 정체성 및 유지를 중시하는 '문화민족주의'는 각각 모두 나름대로의 전망과 전략으로 정치적 독립을 추구하는 면에서 서로를 구별하기란 쉽지 않다.[59] 안재홍의 경우, 그 스스로 이른바 민족자치를 위한 정치 활동을 하지 않고 민족적 정체성 유지와 발전을 위한 글쓰기와 저술, 그리고 사회계몽운동에 일관되게 집중했지만 정치적 주권이 상실되고 민족 전통의 말살이 획책되는 상황에서 그의 이러한 활동이야말로 역사의식이 동반된 또 다른 형식의 정치 행위였다고 볼 수 있을 것이다.

셋째, 안재홍은 세계일가 사상 혹은 사해동포주의(cosmopolitanism)가 문화적 다양성과 정치적 자율성을 바탕으로 추구될 때 지구 사회의 건강한 공동체화가 가능하다는 견해에서 한민족 말살을 목표로 하는 일제의 동화정책을 비판하였다. 그리고 민족문화와 전통, 현재에 처한 입장 등을 경시하면서 국제공산주의운동의 강령과 정책에 '맹종하는' 국내 공산주의자들의 주장과 행동을 비판하였다. 대신 오늘날의 열린 민족주의론과 상통하는 '국제적 민족주의론'을 제시하였는바, 그의 이러한 주장들은 오늘날 지구화 시대에도 통용될 수 있는 내용을 포함하고 있다.

1 머리말

우리가 20세기를 지나 21세기라는 새로운 100년을 시작한 지도 벌써 18년째로 접어들었다. 돌이켜 보면 우리는 지난 한 세기 동안 조선왕조와 대한제국의 쇠망에 이은 일제 식민지라는 민족 암흑기를 겪었고, 마침내 제2차 세계대전의 종식과 함께 비록 분단은 되었지만 독립국가를 선포하며 '대한민국' 시대를 열었다. 그리고 대한민국은 여러 가지 내외의 역경을 극복하고 오늘날 많은 개발도상국들이 본받고자 하는 G20 국가 중 하나로 성장하였다. 일제강점기를 거치는 동안 더 이상 존속할 것 같지 않던 민족이 다시 살아나 국가

---

*　　이 논문은 《한국동양정치사상사연구》 제17권 1호(2018년 3월), 221~255쪽에 게재되었던 같은 제목의 글을 한국동양정치사상사학회의 허락을 받고 전재한 것이다.

를 건설하고 경제 근대화에 이어 정치적 민주화까지 성공적으로 이룩하면서, 이제는 다양한 형태의 해외 원조를 제공하며 세계 평화 구축의 동반자로 기여하고 있는 것이다.

그러나 내부적으로 대한민국의 민주주의는 아직 온전한 통합을 일구어 내지 못하고 있어 정치사회적 불신과 갈등이 여전하며, 남북 관계도 의미 있는 진전을 보여 주지 못한 채 교착 상태에 머물러 있다. 최근 국제적 비판에 직면하면서도 북한이 강행한 핵실험 및 장거리미사일 발사, 이에 대한 박근혜 정부의 즉각적인 개성공단 철수 조치로 비롯된 한반도 위기 상황은 대북 유화정책을 기조로 하고 있는 문재인 정부가 새로 들어선 이후에도 지속되고 있다. 과연 한반도의 미래가 평화통일로 나아갈 수 있을 것인지, 아니면 또다시 전면적인 전쟁으로 이어져 전례 없는 대재앙이 초래될 것인지 예측하기 어렵다. 또 이러한 한반도 위기 상황은 국지적 군사 충돌로 이어져 결국은 동북아 지역 혹은 한반도의 평화와 안정이란 명분에 따른 국제정치적 협상으로 남북 분단 상태는 그대로 둔 채 적당히 마무리될 수도 있을 것이다.

그러나 대한민국 헌법 제4조에도 명시되어 있는 것처럼[1] 대한민국의 국가적 지향이 민족분단을 극복하고 평화통일을 성취하는 것이 분명하다면, 현재와 같은 국제적 대북 제재 국면에서도 대한민국 정부의 대북 정책과 국제적 교섭 과정은 한반도 평화통일이라는 기본 노선에 충실해야 한다. 그리고 불가능해 보이고 힘들더라도 대한민국의 대외 교섭은 언제나 평화통일을 조금씩이라도 실천해 가는 과정이어야 한다. 물론 지금처럼 남북한이 휴전 상태에서 군사적으로 대치하고 있는 현실에서, 대한민국 정부는 당연히 이스라엘과 같은 강고한 자주국방 태세를 확립, 유지하여 유사시(有事時) 북한에 대해 완벽하게 승리할 수 있도록 대비해야 한다. 한편으로는 한민족 차원의 남북통일을 평화적으로 성취한다는 국가적 지향이 헌법에 명시되어 있는 이상, 평상시(平常時) 대한민국 정부는 전쟁과 같은 군사적 수단이 아니라 비군사적이고 평화적인 수단과 절차로 민족통일을 이루기 위해 최선을 다해야 하는 것이다.

이 같은 역사적 회고와 문제의식에서, 필자는 해방 3년의 정치사에서 빼놓을 수 없는 정치 지도자의 한 사람이었던 민세 안재홍 (1891~1965)의 '신민족주의' 정치사상을 다시 살펴보고, 특히 평화통일과 관련한 그것의 현대적 함의를 찾아보고자 한다. 안재홍은 일제 치하 35년을 버티는 동안 아홉 차례에 걸쳐 모두 7년 3개월의 옥고를 치르면서도 강렬한 지조(志操)와 도저(到底)한 행동으로 일제에 저항했던 대표적인 언론인이자 학자로서 비타협적 항일 독립운동을 이끌었던 민족 지도자였다.[2] 해방을 전후한 시기 동안 안재홍은 이승만, 조소앙, 백남운 등과 함께 당대에 드물었던 지식인 정치 지도자로서 동서고금의 역사와 정치에 대한 풍부한 지식과 자신의 확고한 민족주의적 입장을 바탕으로 '다사리국가'를 한민족 이상국가로 제시하고, 현대 한국 민족주의의 최대 과제인 민주적 통일독립국가의 건설을 위해 진력했다. 안재홍은 미국과 소련에 의한 민족분단과 이데올로기적 좌우 대립의 극복을 해방 정국 최대의 정치적 과제로 인식하고, 이러한 과제의 해결을 위해 행동에 나섰다. 그는 무엇보다도 공산주의적 계급혁명 노선을 반대하고 민족진영의 지도자들이 앞장

서는 정치적 단합으로 통일국가를 건설할 것을 희망했다.[3]

필자는 이와 관련하여 해방 전후의 시대와 상황에 대한 그의 진단과 정치적 처방, 그리고 대한민국 정부 수립 이후에 그가 주장했던 평화통일 방안을 먼저 살펴보고, 이 같은 시대 인식과 정책 제안들이 오늘의 한반도 상황에 지니는 함의를, 특히 평화통일이라는 한민족의 과제와 관련하여 찾아볼 것이다. 이러한 시도는 그동안 남북통일에 대한 논의가 주로 세력균형론에 입각한 국제정치적 접근과 군사 안보를 중시하는 대북 전략 차원에서 논의되었던 것을 부분적으로나마 보완할 것으로 기대한다.

2 해방 조선에 대한 민족주의적 접근

안재홍은 『신민족주의와 신민주주의』(1945),[4] 그리고 『한민족의 기본진로』(1948)[5]란 두 권의 소책자를 통해 제2차 세계대전의 종식으로 일제 치하 식민지 상태를 벗어난 해방 조선이 나아가야 할 방향을 제시했다. 그는 당시의 정치적 혼란과 국토 분단의 문제를 해결하기 위해서는 민족주의에 대한 새로운 이해와 이를 바탕으로 한 현실 정치에의 민족주의적 접근의 필요성을 강조했다. 이러한 그의 정치적 입장이 곧 '신민족주의'라고 할 수 있는데, 이것은 다음 세 가지 내용으로 요약될 수 있다.

1 민족주의의 문화적 기원

안재홍은 민족주의를 근대 산업혁명 및 자본주의의 발달과 관련시켜 이론화했던 서구 중심적 민족주의 개념에 대하여, 민족주의는 각 민족의 특수한 역사적 경험과 함께 출현한다는 입장을 견지했다. 그는 "민족(民族)과 민족의식(民族意識)은 그 유래(由來)가 매우 오랜 것이니, 근대 자본주의(資本主義) 시대의 산물(産物)이 아니다."[6]라고 전제한 다음, 민족은 첫째, "같은 핏줄을 계승한" 생존 공동체로서 동일혈연체(同一血緣體)이며, 둘째, "일정한 지역, 일정한 공간에서의 협동체"로서의 지역 공동체(地域共同體)이며, 셋째, "공동문화(共同文化)의 유대(紐帶)에서 결속(結束)되고 성립(成立)된" 운명공동사회(運命共同社會)라고 규정했다.[7]

그래서 그는 "민족, 그것은 거북한 우상(偶像)도 아니요, 고루한 편견(偏見)도 아니요, 그 문화와 전통과 취미와 속상(俗尙)과 정치와 경제상의 핍박(逼迫)한 공통적 이해 따위 —— 공동한 자연적 테(紐帶)의 안에 일정한 특수 생활경향(生活傾向)을 형성한 집단"[8]이라고 정의했다. 그리고 민족이라는 운명 공동체는 같은 언어와 혈통, 그리고 지역과 같은 1차적 요소들 외에 여러 가지의 문화적인 요소들이 중심이 되는 공동문화체(共同文化體)로서 운명 공동체라는 사실이 현대사에서 "가장 결정적인 요건"이라고 단정했다.[9] 또 하나의 민족은 대체로 서로 친근한 동포의식(同抱意識)과 공동이해감(公同利害感)을 가지고 살며 "서로 한가지(로) 움직이게 되는 것"이다. 그리하여 "이러한 감정과 우의의 아래에 동일 민족을 일단위로서 일정한 사회의 생활 과정을 국제간의 일 구역에서 가지려는 것"이 바로 민족주의라고 정의했다.[10]

이러한 관점에서 안재홍은 한민족의 역사를 개관하면서, 한민족은 그 주변의 한족(漢族), 거란족, 몽골족, 일본족 등 여러 종족들과 상당히 혼혈(混血)된 상태에서 지내 왔지만, 오늘날 그 흔적을 잘 모를 만큼 비교적 "순수(純粹)한 혈연" 공동체로 남아 있으며, 지역적으로는 만주, 한반도, 중국 대륙에서 일진일퇴(一進一退)하면서 일정한 기질과 문화를 형성하고 연마해 왔다고 보았다.[11] 그리고 해방 직후의 조선은 혈액의 순수·단일한 점에서, 동일 지역인 오천년 조국을 지켜 온 점에서 동일 언어, 동일 문화로써 강고한 운명 공동체로서 존속하는 점에서 "단연 독자적 생존 협동체로서의 조국(祖國)을 재건하여 국제협력(國際協力)의 일(一) 분담자(分擔者)로 될 권리가 있다."[12]고 주장했다. 즉, 안재홍은 민족이란 무엇보다 문화적, 인종적, 언어적 특성을 중심으로 역사적으로 형성된 운명 공동체로서 하나의 주권국가로 독립할 당연한 권리를 지닌다는 문화적 민족주의론을 폈던 독일의 역사학자 헤르더(Johann Gottfried von Herder)[13]와 같은 입장이었던 것이다. 그래서 그는 2차 대전 직후 일제 치하를 벗어난 한민족이 국토 분단과 이데올로기적 대립으로 분열되어 있던 상황을 문제시하고, 당시 남한과 북한의 구성원들은 모두 이미 동일한 언어와 문화 그리고 역사를 공유하고 있던 하나의 민족이기 때문에 당연히 정치적으로 통일된 하나의 민족국가를 '건국'하는 방향으로 전진해야 한다고 보았던 것이다.

2 어설픈 국제주의의 배격

안재홍은 새로운 민족국가의 건설과 관련해서 한 나라의 국체와 정체는 그 민족의 자연적, 역사적 성격으로 말미암아 결정되는 것인 만큼, 한 국가의 정치체제는 "자연적 경역(境域)과 그 인민(人民)의 성격(을 형성하는 역사의 전통)을 기축(基軸)으로 하여 점층적(漸層的)으로 생장·집결되는 것이고, 일조일석(一朝一夕)에 인공적으로 급조(急造)함을 허(許)치 않는다."[14]고 주장했다. 그리하여 그는 각 민족은 자체의 고유한 문화와 역사를 가진 까닭에, 그리고 결코 아무것도 없는 무(無)에서 유(有)가 만들어지는 것도 아니기 때문에, 어느 한 민족의 현재와 미래는 필연적으로 과거에 영향을 받는다는 입장에서 "인민에게 적정 타당한 사회도덕의 구현으로서의 진정한 입법(立法)은 반드시 해당 인민의 과거 문화의 총화(總和)인 역사의 소산이어야 한다."[15]고 강조했다. 그의 정치에 대한 이러한 견해는 정치가 문화적, 사회적 요인들과 아주 밀접한 관계에 있다고 했던 프랑스의 사상가 몽테스키외(Montesquieu)[16]의 생각과 매우 유사하다고 하겠다.

그러나 안재홍은 "제 국가 상호 간의 연관에 있어서의 운명과 행위는 제 국가 정신의 일정한 성격의 현연(顯然)한 변증법인 것이다."라는 헤겔(Hegel)의 말을 인용하면서 앞에서 말한 "일 민족의 자연적, 역사적 성격"이란 것도 사실은 "다른 여러 국가 또는 민족과의 상호 연관 속에서 변증법적으로 형성된 결정(結晶)"[17]이라고 설명했다. 그래서 그는 한민족 역시 "동서 제 국민의 연립착종(聯立錯綜)한 중에 부대끼면서 존재하고 투쟁하여야 할 사회적 필연성에 제약되어" 있기 때문에, 장차 새로운 국가를 건설하는 과정에서는 "반드시 엄정한 국민적 자기비판(自己批判)과, 따라서 그 역사, 문화의 과학적 파악과, 국제 정세에의 적응, 교류"가 반드시 전제되어야 한다고 주장했다.[18]

이런 점에서 안재홍은 정치적, 사상적 차원에서 한 국가나 민족의 역사적, 문화적 특성을 무시하는 이른바 국제주의적 개혁이나 정치적 기획은 응당 배격되어야 한다고 주장했다. 그는 마르크스주의적 유물사관이 사회 발전 과정을 규정하는 "하나의 준칙(準則)은 되지마는 허다한 동안 풍토, 역사 등 국제관련하에 구체적으로 연성(鍊成)되어 온 기구(機構)를 간과하는 데서 큰 과오가 생길 수 있다."[19]라고 함으로써 국가와 국가들이 서로 영향을 주고받으며 존재하는 국제 현실에서 마르크스주의의 현실적 한계와 문제점을 날카롭게 지적했다.[20] 안재홍은 조선 말기의 갑오경장(甲午更張)은 "외국의 법전(法典)을 급조적(急造的)으로 직역하는 한편 천강적(天降的)인 명령과 그 준복(遵服)을 강요하든 그 방법과 형태에서 이미 필패(必敗)의 화인(禍因)을 그 내부에 포함하고 있었다."[21]고 비판하고, 해방 이후 또다시 이런 어리석음을 반복해서는 안 될 것이라고 경계했다. 그는 "문화적 전통을 거세(去勢)한 합리주의적인, 인공적인 국제추수주의(國際追隨主義)는 일편 공식으로 타락하고 마는 것"이므로, 그것보다는 한 국가의 정치적 기획이나 개혁은 "민족적 개아성(個我性)을 적정하게 발휘시키는" 방향에서 추진하는 것이 필요하고 또 그럼으로써 각 민족들이 "전 국제 협동의 분야에서 각각 독자적인 이채(異彩)를 발양(發陽)케 하는 것"이 바람직하다고 주장했다.[22]

안재홍은 비록 소련이 마르크스주의와 계급투쟁론에 입각해서 세워진 공산주의 국가이지만, 볼셰비키 혁명 당시나 그 이후의 정치 과정에서 소련 사람들은 그들의 역사적, 문화적 전통과 국제적 환경을 무시하는 "고답적 혹은 현실 유리적인 민족 부인, 조국 말살"의 태도를 보이지 않고, 오히려 "소비에트 민족주의"를 고양시켜 왔다고 지적했다. 즉, 볼셰비키 혁명이 진행되는 동안 그 지도자 레닌은 러시아 민족의 민족적 자부심의 중요성을 수차례 역설했고, 계급적 차이보다는 민족 간의 구별이 더 오랫동안 계속되는 것이기 때문에 "노동자계급의 독재가 일반적으로 실현된 시대가 설지라도 (민족은 계속) 존속할 것"이라고 단정했다. 그는 또 제2차 세계대전 중 히틀러의 독일 군대가 소련을 침략했을 때 "애국심에 타오르는 적위군(Red Army)"은 "만국의 노동계급의 해방 때문"이 아니라 "최후의 목숨이 붙어 있을 때까지 이 몸을 동포와 조국과 노동자·농민의 정부 때문에 바친다."고 하면서 강렬하게 싸웠다고 강조했다.[23]

안재홍은 이렇게 공산주의의 조국인 소련 사람들조차 "자기의 동포가, 조국이 눈앞에서 이국의 군대에게 살육되고 유린됨을 보고도, 자기의 어미와 누이들이 당장에 강포한 침입자에게 능욕(凌辱)되고 있는 것을 보면서도" 공산주의 국제노선을 따르는 "어설픈 국제주의"를 부르짖을 정도로 "피 식은 허수아비"가 아니었음을 강조했다.[24] 그는 해방된 한국에서 이제 새로운 통일민족국가를 세우기 위해서는 외래의 이데올로기나 외세에 이끌리지 않고, 자기 민족의 문화와 역사에 대한 정당한 태도와 국제 환경에 대한 현실적이고도 실용적인 인식을 앞세우는 건강하고 개방적인 민족주의적 접근이 필요하다고 주장했던 것이다.

3 극단적 민족주의 비판

앞에서 기술한 바와 같이, 안재홍은 민족주의의 문화적, 역사적인 연원을 중요시하고 몰아적인 국제추수주의와 같은 "현대적 사대주의(事大主義)"를 통렬하게 비판하면서, 인류 역사상 민족주의는 당연하고도 자연스러운 원체적(原體的) 이념, 곧 근본적인 정치 이념이라고 강조했다.[25] 그러나 그는 제2차 세계대전에서 패퇴한 독일과 일본을 예로 들면서 해방 조선에서 극단적인 형태의 민족주의 혹은 쇼비니즘적 민족주의가 등장하는 것을 경계했다.

먼저 안재홍은 근대 유럽의 역사에서 볼 수 있는 민족주의 형태는 영국-프랑스형과 독일형으로 대별했다. 그는 이 두 가지 형태의 민족주의를 비교하고 설명하면서, 특히 독일 민족주의의 극단적인 성격을 비판적으로 검토했다. 즉, 영국과 프랑스에서는 이미 안정된 국가로 확고하게 자리 잡고 자주적인 국제 관계를 유지하고 있던 상태에서 왕정이 공화정으로 바뀌는 근대적 혁신을 경험했고, 또 그 과정에서 정치적으로 통합된 민족이 형성되었다. 그러나 독일에서는 동일 언어를 사용하고 동일 문화를 공유하는 독일인들이 귀족이나 지역 중심으로 서로 분열되어 있었다. 그래서 늘 '통일된' 대독일(大獨逸)을 건설해야 한다는 민족적 당위에 부응하고, 산업화와 민주공화주의적 개혁도 서둘러 성취해야 하는 어려운 처지에서 민족주의가 등장했다. 이렇게 다면적인 요구와 과제들에 직면했던 근대 독일의 민족주의는 결국 인종주의적 편견에 빠졌던 히틀러(Adolf Hitler)의 나치스 독재정권 치하에서 "너무 정열적이고 배타·독선적인"[26] 형태로 나타날 수밖에 없었던 것이다.

영국과 프랑스는 당시 산업혁명의 선발 국가로서 선진 통일국가의 형태를 갖추고 대외 관계에 모순이 없는 상태에서 문화적, 경제적 차원의 성장과 발전을 자연스럽게 추진하는 가운데 민족주의의 전개 과정을 경험했다. 그러나 독일은 산업혁명의 후발 국가로서 독일 민족에게 통일적 일체감을 갖게 할 수 있는 국가적 경계도 불분명한 채 여러 개의 공국(公國)으로 분열되어 있었고, 문화적 수준도 프랑스에 비해 뒤떨어진 상태에 있었다. 따라서 독일은 영국이나 프랑스와 같은 선진국을 따라잡기 위해 아주 급진적(急進的)인 조치들을 취하면서 민족주의를 내세우게 되었는데 루터의 종교개혁, 랑케의 독일사 재서술, 피히테의 「독일인에게 고함」, 헤겔과 리스트의 민족국가론, 그리고 비스마르크의 독일제국 건설 등이 모두 그러한 극단적인 독일 민족주의의 산물이었다.[27] 그러나 그것은 마침내 제1차 세계대전 당시에는 "세계적 강국(强國)이냐, 그렇지 않으면 망국(亡國)이냐."라고 말할 정도의 광란적인 상태로 변질했고, 제2차 세계대전 때에는 히틀러의 노골적인 주변국 정복과 침략으로 귀결되었다.[28]

한편 일본은 영국과 같은 자연적 도서(島嶼)로 고립된 환경에서 자주독립적인 문화의 기풍을 가진 민족이었지만, 근·현대사를 거치는 동안 그러한 민족적 자존의 전통이 과대하게 강조되고 지나친 자대(自大)의 방향으로 잘못 유도되어 결국 제국주의적 혹은 군국주의적 대외 침략을 고무하는 결과를 초래했다. 즉, 일본은 자민족에 대한 과대한 자존(自尊)의 결과, 역사를 조작·개작하여 신공황후(神功皇后)의 삼한(三韓) 정벌, 임나일본부(任那日本府)의 한반도 내 건설 등을 고취했고, 도요토미 히데요시(豊臣秀吉)의 조선 침략을 예찬하고 그들의 한반도 식민지 지배가 마치 역사적 필연인 것처럼 선전했으며, 나아가 중국 대륙의 경략과 세계 제패를 호호(呼號)하기에 이르렀다. 또 이러한 민족에 대한 과대한 찬양은 청일·러일 두 전쟁을 거치고 일본이 중국을 침략한 소위 태평양전쟁을 통해 군국주의적 팽창주의 혹은 제국주의적 침략주의로 전환되어 결국 극단적인 민족주의의 선례를 남기고 패망했던 것이다.[29]

안재홍은 이러한 극단적인 일본 민족주의가 본래의 자연적인 민족자존의 상태로 회복되는 것이 동아시아에 있어서 진정한 국제적 협동을 촉진시키는 것이며, 이런 점에서 일본의 현대 민족주의는 그 근본적인 수정이 요청된다고 강조했다. 만약 그렇지 않고 "조선을 발판으로 출발했다가, 다시 조선이 해방됨으로써 전락한" 현대 일본의 민족주의가 과거와 같이 또다시 대륙경략(大陸經略)을 기축으로 삼는다면, 일본은 아시아 대륙의 제(諸) 민족과는 물론 동서의 열국과 다시 충돌하는 사태가 유발될 것을 경계했다.[30] 요컨대 안재홍은 독일이나 일본의 예와 같이 국제적 협조를 무시하는 배타적이고 고립주의적인 극단적 민족주의는 반드시 배격되어야 하지만, 현대에 있어 건강한 민족자존의 핵심 이념인 민족주의는 오히려 "갸륵하다"면서 얼마든지 그 필요성이 정당화될 수 있다고 보았던 것이다.[31]

3 해방 조선의 정치적 과제 ── 민족투쟁의 필요성

1 투쟁적 역사관 ── 민족투쟁과 계급투쟁

열렬한 민족주의 사학자였던 안재홍은 "인류의 역사는 투쟁의 역사"라고 규정했다. 그는 정치가이기 이전에 항일운동의 차원에서 국사 연구에 진력했던 학자로서, 역사는 "아(我)와 비아(非我)의 투쟁"이라고 한 단재 신채호의 투쟁적 역사관에 크게 영향을 받은 것으로 생각된다.[32] 안재홍은 이러한 투쟁으로서의 역사를 세 가지 형태로 분류해서 설명했다.

첫째, 인간의 자연 정복 투쟁, 둘째, 역사 발전의 각 단계에 따른 종족 혹은 부족 간의 생존 투쟁, 즉 근·현대에 있어서의 민족 혹은 국가 간의 투쟁, 셋째, 사회 발전사에 있어서의 계급투쟁이 그것이다. 그는 인간의 자연에 대한 투쟁은 별 문제로 하고, 무엇보다도 국제적인 민족투쟁과 국내적인 계급투쟁이 항상 특정 민족이나 국가의 존속과 발전에 비중 있게 작용한다는 사실에 주목하고 역사적으로 민족투쟁과 계급투쟁이 취사선택되거나 상호작용하는 가운데 여러 국가들의 발전 과정이 서로 달리 나타났었던 역사적 사례들을 다음과 같이 소개했다.[33]

① 계급·민족투쟁 동시형[34]

이것은 자국민의 총체적 역량이 국내적 계급혁명과 대외적 민족투쟁을 병행할 자신과 능력이 있는 경우로, 그 대표적인 예는 프랑스대혁명을 들 수 있다. 당시의 정황으로서는 자유와 평등을 지향하는 프랑스 시민계급에 의한 민권혁명은 불가피한 것이었으며, 혁명 직후의 프랑스는 전 유럽에 있어서 고도의 문명과 경제력, 강력하게 조직된 군사력, 나폴레옹과 같은 출중한 전략가의 존재 등으로 설사 국내적인 혁명이 있었다 해도 외부로부터의 충격과 간섭을 충분히 감당해 낼 수 있었다.

② 국제 간섭 불가능형

이것은 국내에서의 계급투쟁이 진행되고 있는 상황에서 당시의 국제정치적 요인이 개입하여 그것을 방해 또는 억제할 수 없는 경우이다. 그 대표적인 예는 1917년 러시아의 볼셰비키 혁명이다. 레닌이 볼셰비키 당을 이끌고 마르크스주의적 계급혁명을 진행하고 있던 당시 영국, 프랑스, 독일, 미국 등 구미 열강들은 제1차 세계대전을 치르고 난 직후 모두 피폐한 상태에 있었기 때문에 러시아 사태에 적극 개입할 여력이 없었다. 또 러시아의 방대한 영토는 러시아혁명을 거부하는 외부 세력이 급습하기에 전략적으로 매우 곤란한 지리적 조건을 제공했기 때문에 계급적 반란으로 시작된 러시아혁명은 외세들의 간섭이나 방해를 받지 않고 성공할 수 있었다.

③ 제3국 제어형

이것은 국내의 계급투쟁이 진행되고 있고 그것을 방해하는 어느 국가가 있을 때, 그 외세가 제3의 외세(들)에 의해 견제되고 상쇄되는 경우이다. 그 대표적인 예는 중국 혁명이다. 중국은 신해혁명(辛亥革命) 이후 군벌 간의 투쟁과 국·공 대결 등으로 오랜 기간 거의 내란과 같은 상태에 있었고, 제국주의 일본은 1937년 노구교사건(蘆溝橋事件)을 계기로 중국 본토를 병탄하려고 했지만, 동시에 중국 대륙에 눈독을 들이고 있던 제3의 미국·영국·프랑스·소련 등이 함께 개입하여 일본의 독점적 중국 지배를 억제했다. 그동안 중국은 마오쩌둥(毛澤東)이 이끄는 공산당에 의해 계급혁명을 지속 및 완성할 수 있었던 것이다.

④ 국제 간섭 유도형

이것은 국내적 계급투쟁이 외세의 간섭 또는 침략·지배를 유발하는 경우로, 대표적인 예는 조선 말기의 동학농민운동이다. 1894년의 동학농민운동은 그동안 쌓여 왔던 국내의 사회적 모순이 폭발하여 일어난 내부적 투쟁이었지만, 청(淸)과 일본의 동시 개입을 유발해 청일전쟁의 도화선이 되었고, 마침내는 한반도 전체가 제국주의 일본의 독점 지배하에 들어가는 결과만 낳았다. 다시 말해 국내적 모순과 대외적 위기를 해결하기 위한 문제 제기와 실천 노력은 있었지만, 내외의 위기에 대처하는 정치 세력들이 대동단결하지 못하고 각자 서로 다른 외세와 연계되어 기득권과 권력을 유지하고자 했기 때문에, 그것으로 인한 국내적 분열과 갈등은 필연적으로 외세의 개입과 간섭을 부추기고 방조해 마침내 민족과 국가의 공멸(共滅)을 자초한 것이다.

2 한국 역사 속의 계급투쟁의 실패

안재홍은 이상과 같이 투쟁으로서의 역사를 민족투쟁과 계급투쟁의 관계에서 분석적으로 정리한 다음, 한민족사에서 시도된 계급투쟁의 특징을 논했다. 그는 한민족사를 회고하는 가운데 "과거 수천 년의 계급적 대립, 분열 또는 차별, 억압을 지양·청산함을 요하는 시기가 퍽 많았으나 객관적으로나 주관적으로나 한 번도 그것이 실현되지 않고 근세까지 왔다."고 보았다. 그는 마르크스의 계급투쟁 이론이 "일면적 경제결정론"이고, 또 마르크스 자신이 유럽 각국에서 천대와 핍박을 받던 유태인으로서 사회적 모순과 병리적 현상들을 편향적으로 부각시켜 비판할 수밖에 없었던 인간적 한계의 소산임을 지적했지만, 서구에서와 같이 한민족의 역사도 지배계급에 의한 일방적인 가치의 독점 과정이 지속되어 왔음을 인정했다.[35]

그러나 안재홍은 한민족의 역사상 계급 간의 갈등과 그 해방 투쟁이 분명히 존재하기는 했지만, 어느 하나도 전 국가적 사회 변혁을 성공시킬 만한 지배계급의 몰락이나 서민 혹은 하층계급의 정치적 앙양을 실천하지 못했다고 지적했다. 고려 시대의 잦았던 천민의 난 중에서 이통(李通)·만적(萬積)의 난은 투쟁의 주체가 노비로까지 확대된 특별한 경우로 전적(典籍)을 불사르고 '사삼한 무천인(使三韓 無賤人)'을 주장한 계급해방 투쟁이었으나, 횡적 조직이 미비했던 탓으로 도로(徒勞)에 그치고 말았다. 조선 시대의 홍경래의 난(1811)과 진주민란 (1862)은 관북 지방과 삼남 지방의 농민 혹은 상민들의 일대 반란이었으나 전국적인 단결과 지도자의 빈곤으로 혈루의 기록만 남기고 실패했다. 특히, 조선 후기 한민족사상 최초의 근대적 대중운동인 동학농민운동(1894)은 청·일과 같은 주변 외세의 개입을 유발해 민족 내부의 계급적 모순의 해결은커녕 오히려 민족 전체의 역사 단절과 정치·경제적 공멸만을 초래했다.[36]

이상과 같이 안재홍은 한민족사상 계급투쟁은 모두 실패했다고 지적하면서, 그것은 근대 한민족사에 관한 한 다른 요인도 있지만 대외 관계에 있어서의 민족적 사활 문제가 항상 비중이 큰 과제였기 때문이었다고 강조했다. 그리하여 그는 외세에 의해 한반도가 이미 분단되어 있는 8·15 직후의 한민족의 존재 상황을 염두에 두고 다음과 같이 말했다.

국제 침략 또는 국제 중압이 격심하여 국내적인 사회 구성원이 국제 투쟁으로 총 집결함을 요하는 경우, 즉 민족적 또는 국민적 존립을 위태케 하는 경우에는 마땅히 국내 투쟁은 적정지양(適定止揚)하여 민족투쟁으로 전 역량을 회통 귀일케 함을 요청하는 것이다. 이것은 과거 역사의 전 과정에 비추어서도 결론지을 수 있고, 또는 그때그때의 구체적·현실적·객관적 조건의 통찰·검토에서도 귀납됨을 요하는 바이다."[37]

3 해방 이후 민족투쟁의 필요성

1945년 8월 15일, 일제로부터 '해방'을 맞이한 한국 사회는 하나의 이념으로 민중을 이끌어 나갈 국제적으로 인정받는 주체 세력이 없었기 때문에 비조직적이고 무질서한 정치 활동으로 일대 혼란을 모면하기 어려웠다.[38] 냉전을 이미 경험한 바 있는 오늘날의 상황과는 달리 당시의 많은 사람들은 소련이 연합군의 일원으로 미국과 함께 한국의 독립국가 건설을 위해 노력해 주리라 믿었다. 또한 정치사상에 있어서도 민주주의, 공산주의, 사회주의 등의 개념에 대한 충분한 지적 훈련이 미비한 상태였기 때문에, 일반 국민들은 난립한 정치집단들이 선전하는 갖가지 정치적 슬로건의 홍수 속에서 우왕좌왕했다.

어떤 사람들은 해방의 기쁨에 도취되어 일본군의 무장해제와 함께 연합군도 즉시 퇴각할 것이고, 머지않아 새 독립조국이 완성될 것이라는 낭만적인 유토피아의 꿈에 젖어 있었고, 좌익 정파의 사람들은 소련이 일본군의 무장해제를 전담해 부산·목포·제주도까지 진주할 것이고 조만간 한반도에는 소련식 노농정권(勞農政權)이 수립될 것이라고 단정했다. 그런가 하면 우익 정객들은 중국 중경의 임시정부가 이미 5개 연합국의 정식 승인을 얻었으며, 미국으로부터 10억 달러의 원조 차관을 얻었고, 10만 명에 이르는 독립군도 거느리고 있기 때문에, 임정 인사들이 곧장 입국하여 내외의 지지를 받는 합법정부를 수립할 것이라고 굳게 믿고 있었다.[39]

반면 한민족 근대사 수난의 역사와 국제정치 현실의 일반적 경향을 잘 알고 있던 안재홍은 2차 대전에서 연합군의 승리로 해방을 맞게 된 당시의 한반도에 "미국으로 대표되는 자본적 민주주의와 소련이 주도하는 공산주의가 삼팔선을 사이로 험악한 대립 상태"[40]가 지속되고 있음을 간파하였다. 또한 8·15해방 이후 한민족은 "또다시 불행하게 어느 한 나라의 독점 지배이냐, 미국·소련·중국·영국 등 연합 4개국 공동의 독립 보장 및 원조가 있어야 하느냐의 문제"[41]에 직면해 있다고 판단했다.

'해방'은 분명 민족 앞에 희망을 던져 준 환희의 순간이었다. 그러나 국민들은 반신반의 모호한 의식 상황에서 방향을 잡지 못한 채 정치 지도자들만 바라보고 있었고, 기대했던 정치인들은 분규와 분열을 끝없이 계속해 정국은 한마디로 뚜렷한 방향을 잡지 못한 채 혼미 상태를 거듭하고 있었다. 바로 이러한 상황하에 안재홍은 현 단계에서 시급한 안은 조선의 '통일민족국가'를 하루바삐 완성하여 안으로 혼미에 빠진 대중을 유도·집결하며, 밖으로 연합국과의 국교를 신속히 조정하여 민족 천년의 웅대한 재출발을 기해야 한다고 역설했다. 그래서 그는 한민족이 강대국의 분할 점령으로 통일을 이루지 못했던 폴란드의 전철을 반복하지 않기 위해서는 첫째로 민족 내부에서는 합작·단결이요, 둘째로 외부에서는 국제열국(國際列國)의 우호적 공동 보장을 실천하는 것이 가장 시급한 과제라고 강조했다.[42]

한편 안재홍은 해방 전후 시대의 사회경제적 조건을 분석하면서 다음과 같은 이유에서 당시의 공산주의적 계급투쟁 노선을 반대하고 민족의 대외적 독립국가 형성을 위한 '민족투쟁'을 지지했다.

첫째, 한국의 자본주의 역사는 매우 짧을 뿐 아니라 일제의 탄압과 착취 때문에 민족자본을 축적하지 못했다. 따라서 해방 직후의 상황에서 공산주의 계급혁명의 타도 대상인 자본주의적 독점 계급은 존재하지 않는다. 안재홍은 우리 민족의 역사에서 자본주의가 본격적으로 발전하기 시작한 것은 조선이 1876년 일본과 강화도조약(江華島條約)을 맺은 이후라서 서로 대립할 만한 계급이 형성될 만큼 그 역사가 충분히 길지 못했다고 주장했다. 그뿐만 아니라 한민족은 일제 치하 35년간 일방적인 억압과 수탈을 당했기 때문에, 설령 전통적인 양반계급이 있었다 해도 그들은 일제 치하에서 아무런 '정치·경제적 특권'이 없었다. 또 일제의 회유책으로 만들어진 명목상의 '한인 귀족'들도 실질적인 지배권은 행사하지 못했었기 때문에 그들 역시 계급혁명의 타도 대상이 될 만한 세력은 아니었다고 평가했다.[43] 즉, 안재홍은 적어도 일제 치하의 한민족 구성원들은 타민족인 일본의 지배 기구인 조선총독부의 전체주의적 통제하에서 일방적이고 강압적으로 수탈당하고 있었기 때문에, 한민족 내부에는 사실상 서로 적대적으로 대립할 만한 계급들이 형성될 수 없었다고 인식했던 것이다.

둘째, 2차 대전 종식 직후 해방 조선의 농지소유(農地所有) 분포로 보아도 당시 한민족 내부에서의 계급투쟁 가능성은 매우 희박했다. 8·15 직전의 한 통계에 의하면, 해방 당시의 한국에서 전체 약 530만 가구 중 69.2퍼센트에 해당되는 366만 9000가구가 자신의 경작지(耕作地)를 보유하고 있었고, 그중 200정보 이상의 농지를 소유한 가구는 일본인이 181가구였고 조선인 가구는 겨우 49가구뿐이었다. 해방 조선에서의 이러한 농지소유 현황은 거의 대부분의 경작지가 극소수에 불과한 지주나 봉건귀족의 소유로 되어 있어 결국 계급투쟁적 유혈참극(流血慘劇)을 촉발시킬 수밖에 없었던 유럽 선진 국가들의 상황과 근본적으로 달랐다.[44]

셋째, 일제 치하에서 모든 권력은 일본인에게 독점되어 있었고, 그 결과 해방 직후 전국 전답의 약 30퍼센트, 임야의 80퍼센트 이상이 일본인 소유였다. 그리고 상·공업 시설도 90퍼센트 이상이 일본인의 소유로 되어 있었기 때문에,[45] 공산주의자들이 인민의 적으로 단정할 만한 지주와 자본가는 적어도 한국 민족 내부에는 실제로 존재하지 않았다. 안재홍은 "현하 조선에는 일제 침략 40년의 결과 그러한 귀족·지주·자본가의 정치적 지배 세력은 사실에서 소멸"[46]되었기 때문에, 몇 안 되는 그들을 '인민의 적'으로 몰기보다는 일단은 "그들 모두가 일제에 의해 압박받고 착취당했던 민족의 일부"로 간주하는 것이 타당하다고 보았다. 그는 민족 내부의 계급투쟁보다는 민족의 정치적 독립과 통일된 민족국가를 '건국'하기 위한 민족투쟁이 더 절실히 요청된다고 주장했던 것이다.[47]

넷째, 장차 세워질 통일된 대한민국 정부는 미국·중국·소련·일본 등 주변 강국들과 상호 우호 친선 관계를 유지해야 한다. 그런데 만약 한반도에 공산정권이 들어서면 그것은 필연적으로 소련의 지지와 후원에 의존하게 되고 이후 대한민국과 소련의 관계는 종속관계(從屬關係)로 나타날 가능성이 크기 때문에 공산정권의 수립을 허용할 수 없다.[48] 안재홍은 모든 연합국들에게 감사를 표명하면서도 미국은 한반도에 대한 영토적 침략 의도가 없는 나라로 해방 조선에 소련보다는 더 많은 도움을 줄 것으로 평가했다.[49]

4 대한민국 정부 수립 이후의 평화통일 방안

1948년 5·10총선거로 5월 31일에 초대 제헌국회가 개원되자 안재홍은 즉시 미군정청 민정장관에서 물러났다. 그는 《한성일보》 사장으로 취임하고 언론 활동을 재개했다. 그리고 1950년 5월 30일 제2대 국회의원 선거에 평택에서 무소속으로 출마해 압도적 득표로 당선되었다. 그는 6·25전쟁 직후 납북되기까지 국내 정치의 통합과 민족통일의 문제를 중심으로 계속 글을 썼다. 그는 특히 대한민국의 민주화와 민주정부의 완성을 추구하는 '대한민국보성강화론(大韓民國輔成强化論)'[50]을 주장하면서 남북 평화통일을 위한 처방을 구하고 제시하는 데 큰 힘을 쏟았다.

안재홍은 일본군의 무장해제를 위해 그어졌던 38선이 미·소 대립이 격화됨에 따라 민족분단선으로 고착되어 가는 과정을 지켜보면서 한민족이 "유사 이래 미증유(未曾有)한 난국(難局)에 닥쳐 있다."고 판단했다. 그는 이 민족분단이 "결코 내부적 요인으로 촉발되었다고 보지 않고 당시 한반도가 미국과 소련의 "전 세계적 대립의 첨단부

(尖端部)로 되어 있는 국제 세력의 연장체(延長體)"[51]였다는 사실에 원인이 있었다고 판단했다. 그는 남북 분단의 근본 원인이 미국과 소련의 국제정치적 결정력에 있었지만 특히 소련이라는 공산주의 외력(外力)에 근본 책임이 있다고 주장했다.[52]

이러한 상황 인식 때문인지 안재홍의 평화통일 방안은 국제정치적 조건으로서 '무장적(武裝的) 평화해결론'과 국내 정치적 조건으로서 '민주역량강화론(民主力量强化論)'으로 제시되었다. 그는 대한민국이 유엔총회의 결의에 따라 적법성을 국제적으로 인정받고 수립되었으므로 대한민국 정부는 통일정부를 완성해야 할 민족사의 과제를 안고 출발하였다고 인식했다.[53] 그러나 "화평통일은 민족의 대의(大義)"인데도 "한민족 자체의 속에 화평통일의 염원과 계획이 남북 권력층에 벅차 움직이고 있지 못함도 일화액(一禍厄)이다."[54]라고 탄식했다.

안재홍의 평화통일 방안은 이 같은 문제의식을 바탕으로 제시된 것으로 앞에서 소개한 그의 민족투쟁론과 궤를 같이하는 처방으로 보인다. 그 내용을 요약하여 소개하면 다음과 같다.

① 무장적 평화해결론

안재홍의 남북통일안은 미국과 소련 및 남한과 북한 사이의 군사 충돌을 전제하지 않은 평화통일안이었다. 그는 미소일전(美蘇一戰)을 단언하면서 이에 기대는 이른바 무력통일론을 비판했으며, 현실적인 방책이 없는 막연한 이상주의 통일론도 경계했다.[55] 1948년 8월 이후 남북에 각기 다른 분단정부가 들어선 상태에서, 그가 생각한 가장 바람직한 통일 방안은 유엔의 능동적인 새 결의(決議) → 미소 양국의 호양협력(互讓協力) → 남북(南北)을 통한 새로운 선거 → 통일정부 수립의 수순으로 남북통일이 추진되는 것이었다. 이 과정에서 현실적으로 소련의 대폭적 양보를 어떻게 이끌어 내느냐 하는 것이 국제정치적 과제였던바,[56] 이에 대한 안재홍의 처방이 '무장적 평화해결론'이었다.

무장적 평화해결론은 남북 평화통일을 위해서는 미소 협조가 절대 필요하지만 "한국민의 역량 이것을 강제할 수 없는" 현실을 냉정하게 인정하고 미국을 비롯한 "국련회원 열국이 금후 일단의 강력한 공작을 함을 요한다."면서 1949년 9월 20일로 예정되었던 제4차 총회의 개막을 앞두고 안재홍이 제안한 평화통일 방안이었다.[57] 그 구체적인 내용은 첫째, 유엔에서 남북 평화통일을 결의한다. 이를 위해 회원국들이 소련의 남한 지배 야욕 및 거부권 행사 등 독단적 행태를 포기하고 유엔의 남북한 평화통일 결의 채택에 협조케 해야 한다. 둘째, 유엔을 통한 이 같은 평화적 노력은 현실적 처방이 없이는 실현 불가능하므로 반드시 "미국을 중심으로 한 민주주의 열국들이 일층 견고한 (군사적) 동맹의 태세를 갖추어"[58]야 한다. 셋째, 이러한 국제적 노력은 반드시 대한민국을 '민주주의의 보루'로 그 가치와 존재를 충분히 인정하고 대한민국이 북한을 제압할 수 있는 강력한 군사력을 확보, 유지하도록 원조와 지원을 크게 강화시켜야 한다.[59]

안재홍의 이 같은 무장적 평화해결론은 미국을 비롯한 자유진영이 소련을 비롯한 공산진영에 대해 훨씬 더 강력한 군사동맹 체제를 유지할 수 있어야 남북 평화통일을 위한 유엔 외교에서 승리할 수 있다는 현실주의적 처방이었다고 할 수 있다.

② 민주역량 강화론

안재홍은 당시 미소 대립이 격화되고 또 북한이 "민족주의 진영이 의도하는 (평화통일의) 방향에 얌전스러운 협동"[60]으로 나올 것 같지 않은 상황임을 전제로 평화통일이 가능하기 위해서는 무장적 평화 해결에 의한 국제적 조건과 함께 국내적, 주체적인 조건으로서 대한민국 자체의 "민주역량 강화"가 절대적으로 필요하다고 주장했다. 그의 민주역량 강화론을 요약하면 다음과 같다.

첫째, 국제 여건상 대한민국이 온전히 자주적으로 평화통일을 도모할 수는 없지만 그래도 국내 정치 세력들이 최선을 다해 협력하고 참여해야 한다. 그는 제1공화국이 출범한 이후 이승만 대통령 행정부와 한국민주당의 국회가 민족진영을 포용하지 못하고, 김구와 김규식의 통일독립촉성회가 이승만 정부를 계속 승인하지 않고 있던 정치 상황을 비판하고 양 세력은 민족통일을 위해 "인위의 최선"[61]이라도 다해 국내 통합을 이루어야 한다고 주장했다.

둘째, 대부분의 국민이 정부를 중심으로 뭉쳐야 한다. 안재홍은 우선 대한민국 "안에서 정치 쇄신되어 대다수 국민이 정부를 중심으로 협동 집결됨이 있어야 하고", 그다음에 국제사회가 대한민국의 민주 민족독립국가 노선을 지지할 때 비로소 난관을 극복하고 민족통일로 나아갈 수 있다고 주장했다. 즉, 남북 평화통일의 주체적 조건은 바로 민주역량을 집결하는 것인데, 이는 "정부와 민간을 가릴 것 없이 그 구성 운영 및 이념의 지향이 대중의 신뢰 지지와 진정한 협력 있음을 이룸"[62]이다. 대한민국 정부 수립 후 안재홍의 목표는 그가 셀 수 없을 정도로 자주 강조했던 "진정한 민주주의 민족 자주독립국가"[63]의 완성이었고 민족통일은 이를 실현하는 전제였으며 대한민국의 민주화는 민족통일로 나아가는 필수 조건이었다.[64]

셋째, 대한민국이 이러한 민주화와 국내 통합을 성취하고 군사력도 강화하여 '우수강국'이 되어 평화통일에 대한 국제사회의 지지와 협조를 적극 유도할 수 있어야 한다. 안재홍은 대한민국이 민주역량을 충분히 갖추고 국민들의 신뢰와 지지를 받는 것이야말로 평화통일 성취의 주체적 조건이라고 전제하였다. 그리고 "그러한 민주지지의 토대 위에 국방군의 조직 훈련, 장비 도입 등이 어떻게 필성불패의 체세(體勢)를 갖추어"[65] 대한민국이 국제사회에서 특히 미국과 소련의 협조를 유도하고 끝내 성사시킬 수 있어야 한다고 주장했다. 이 같은 제안은 당시의 국내 정치 환경에서 현실화되기 매우 힘든 것이었지만 안재홍으로서는 그래도 대한민국이 마땅히 나아가야 할 바라 생각하고 애써 피력했던 것으로 보인다.[66]

이상에서 간단히 소개한 안재홍의 평화통일론은, 대한민국이 '민주주의의 보루'로서 유엔을 통한 남북 평화통일을 성취하기 위해서는 대한민국의 국가 능력을 정치적·군사적·외교적 측면에서 강화시키고, 동시에 미국과 소련을 비롯한 국제사회의 협조를 이끌어 내야 하는바, 이를 위해서는 국제적으로 자유진영의 군사적 동맹 체제가 확고하게 작동해야 하고 대한민국 정부의 민주적 지지 기반이 보다 확대 강화되어야 한다는 것으로 요약될 수 있다. 이 과정에서 '무장적 평화해결론'은 남북 평화통일의 국제적·객관적 조건을, '민주역량 강화론'은 국내적·주체적 조건을 형성하는 현실주의적 전략인 것이다.

4 보다 적극적인 평화통일 전략의 탐색

이상에서 살핀 안재홍의 '신민족주의'가 시사하는 바를 한마디로 말하면, 한 민족이나 국가의 운명과 발전 과정은 내부적인 노력과 에너지를 결집하는 능력뿐 아니라 자연적 환경 조건에서 훈성된 기질상의 특징들 및 국제적 조건에 의해 그 성격이 규정된다는 것이다. 즉, 한 국가나 민족은 그 사회경제적 요소들과 함께 자연적, 문화적, 국제적 특징들이 종합적으로 작용하는 가운데 안으로 '겯리어'(조직·편성되고 단합하여) 바깥과 '겨루는'(경쟁하고 대립하는) '겨레'의 원리에 의해 존속·성장·발전한다는 것이다.[67]

보다 구체적으로 살펴볼 때 안재홍의 '신민족주의'는 첫째, 한국 민족주의는 오랜 역사적, 정치적 공통 경험과 문화적 특징들이 배경이 되는 문화적 민족주의의 한 형태이며, 둘째, 그 사상적 전통과 사회경제적 조건, 그리고 국제정치적 형세로 보아 해방 정국에서 좌파 계급혁명이 허용되어서는 안 된다. 셋째, 다만 한민족 전체가 한가지로 일본 제국주의에 의해 모두 속박·착취당하다가 다시 그 전체가 하나로 해방되었기 때문에 통일국가 형성을 위한 '민족투쟁'을 성사시켜야 한다. 그러한 '민족투쟁'은 좌우·외래 이데올로기들과 이에 편승한 극단주의적 세력들을 극복하고 통일된 민족국가를 건설하는 것으로 매듭지어져야 한다는 것으로 요약될 수 있다.

우리의 역사와 해방 정국에 대한 통찰을 바탕으로 하는 안재홍의 '신민족주의' 역사의식과 '겨레'의 원리에 입각한 전략적 접근은 하나의 평화통일론으로서 지금에도 시사하는 바가 적지 않은 것 같다. 그리고 최근 유엔안보리의 대북 제재 결의안 채택 이후 그것이 당장의 군사적 재대결로 이어질 수도 있어 상황은 과거 어느 때보다 더 심각하다. 과연 한반도의 평화적 남북통일은 기대할 수 없는 것이고 그렇다 하여 포기해도 되는 것인가?

그러나 이 같은 군사적 대결 양상은 상호 전술적 차원의 대응일 뿐이고 남북 양측은 물론 미국과 중국 같은 주변 관련 국가들도 실제로는 대화와 타협을 원하고 있는 것이 부정할 수 없는 또 하나의 사실이다. 그렇다면 우리는 보다 적극적으로 안재홍의 '신민족주의'가 오늘의 한반도 상황에 시사하는 바들을 찾아보는 것이 유익할 것으로 생각된다. 필자는 이러한 시사점들은 이제까지 대한민국이 견지했던 평화통일 노선을 지속하고 더욱 견고하게 추진하는 데 유리하다고 판단한다. 그래서 필자는 이러한 시사점들을 북한이 지금까지도 집착하고 있는 폭력적 공산화 통일 노선과 대척을 이루는 대한민국의 '비폭력적'[68] 평화통일 전략으로 묶어 제시하고자 한다.

첫째, 안재홍의 '문화적 민족주의론'은 평화통일 논의의 기초적 준거(fundamental reference)로써 외래 이데올로기의 대립으로 초래된 70여 년의 민족 분단사는 "유구한 역사와 전통"[69] 속에서 정치적, 문화적 독자성을 수천 년간 유지·발전시켜 온 한민족의 역사를 바탕으로 마땅히 극복되어야 한다는 역사적 당위를 제공한다. 따라서 한민족의 전통문화와 정신을 계승하면서 국제사회와 교류하며 세계 10위권의 무역 대국으로 성장한 대한민국은 평화통일을 소명으로 삼고 민족사 연구와 교육에 더 집중하고 남북 간 학술·문화 교류의 중요성을 재인식해야 한다. 그리고 이러한 민족사와 민족문화 차원의 남북한 상호 교류는 장기적 시각에서 볼 때 경제적 교류와 함께 사실상 매우 심각하게 중요한(critically important) 사안임을 새삼 각성하고 평화적 상호 교류의 분야와 빈도를 확대하도록 노력해야 한다.

둘째, 남북통일은 더욱더 '겨레'의 원리에 따라 평화적으로 성취되어야 할 민족적 과제이다. 과거 해방 정국에서 유행했던 "소련 사람에게 속지 말고 미국 사람 믿지 말라, 일본 사람 일어선다, 조선 사람 조심하라."[70]란 경고를 다시 상기해야 한다. 한반도 평화통일은 이른바 동북아 평화체제 구축이나 자국의 전략적 이해관계에나 관심이 있는 주변 강국의 과제가 결코 아니다. 그것은 오로지 한민족의 꿈과 소망이 걸린 '홀로 아리랑'이라는 사실을 명심해야 한다. 특히 대한민국은 국내의 정책 결정 과정을 통합적으로 운용하기 위한 제도와 관행의 정착이 매우 절실하다. 정당과 정파 간의 내밀한 연계 협력이 보다 강화될 필요가 있음은 물론이거니와 통일부 혹은 외교부와 같은 실무 정책 부서의 책임자나 주요 간부들은 정권이 바뀌어도 정책적 연계와 상호 소통을 계속할 수 있어야 한다. 언제나 내부 단결을 굳게 하면서 주변국들에 의해 휘둘리지 않고 오히려 그들과 긴밀하게 전략적으로 협력하면서 줄기차게 평화통일의 길로 나아가야 한다.

셋째, 한반도 평화통일은 남북한의 매우 생생하고 현실적인 국가이익이다. 과거나 지금이나 주변 국가들은 한반도가 어느 한 국가나 세력집단에 의해 일방적으로 지배되는 것을 매우 꺼려하면서도 기회 있는 대로 한반도를 자신의 영향권에 편입시키려는 전략 전술을 구사하고 있다. 그래서 그들은 세력균형이나 '적정한' 이익 분배

차원에서 현재와 같은 분단 상태를 지속케 하거나 새로운 형태의 분단체제 형성을 방치할 가능성이 많다.[71] 또 현재와 같은 북핵 위기 상황이 군사적 충돌로 변전했을 경우, 대한민국이 계속해서 북한을 군사적 격멸의 대상으로만 간주하고 주변 강국들의 군사적 대응 전략만을 추종하면 통일은커녕 오히려 남북 공멸 혹은 영구 분단만 초래될 뿐이다. 즉, 주변 강국들은 남북한 어느 쪽도 강력한 자주국방 체제를 갖추어 그것으로써 국제 질서에 영향력을 행사하거나 통일하는 것을 허용하지 않을 것이다. 따라서 대한민국은 북한에 대해 폭력적 공산화 통일 노선은 사실상 매우 비현실적(unrealistic)임을 보다 적극적으로 드러내고 그것은 결국 민족적 공멸만을 초래한다는 것을 부단히 설득해야 한다.

넷째, 한반도 평화통일의 성취는 대한민국의 구체적인 국익(國益)의 하나이며 동북아 평화의 현실적인 기본 조건이다. 지구화 시대에 미국이나 중국·일본 등 모든 국가들은 시장경제와 자유무역 체제에 유연하게 적응하면서 각자 나름대로 국익(國益)을 취하고 있다. 그들은 냉전 시대의 유물인 이념 대결은 적극 피하면서 단지 테러 방지나 핵무기 통제와 같은 개별적 사안들과 관련된 국제 협력 과정에 동참하고 동맹이나 지역 공동체 차원의 우호 증진을 도모하고 있다. 대한민국은 세계시장에 참여하는 다른 국가들과 마찬가지로 국익 증진 정책을 취하면서도 민족 차원의 미해결 과제인 한반도 평화통일은 또 하나의 분명한 국익임과 동시에 동북아 평화 정착에 매우 유효하고 바람직한 기본 조건임을 주변 국가들에게 적극적으로 설명해야 한다.

다섯째, 앞으로 대한민국 정부가 북한을 전략적·군사적 적대 국가로만 간주하는 이른바 동북아 평화 정착의 국제정치 과정을 충실하게 따라가는 식의 외교 교섭만 하면, 이는 필시 한반도 분단의 영속(永續)을 방치하는 것이며 동시에 대한민국의 '대만화(Taiwanization)'[72]를 초래할 뿐이다. 따라서 대한민국은 헌법 제4조에 명기된 바대로 우리의 부정할 수 없는 국가 차원의 비전이자 국가이익(national interest)인 평화통일을 끈질기게 추구한다는 입장에서, 언제나 북한을 대화와 협상의 파트너로 간주하고 그와 수시로 소통할 수 있어야 한다. 또한 북한과의 비군사적 분야 및 인도주의적 분야에서의 교류는 항시적으로 유지해야 한다.[73] 이러할 때, 대한민국은 북한과 함께 DMZ 공동 보존과 활용, 독도 공동 수호, 개성공단 재개, 시베리아 통행 철도(TSR) 부설 등과 같이 평화통일 성취에 유리한 대형 프로젝트들을 추진할 수 있는 것이다.

여섯째, 현재와 같은 북핵 위기 상황에서도 대한민국은 군사적 충돌을 끈질기게 반대하며 북한과 인내심을 갖고 소통하며 그 해결 방안을 찾도록 해야 한다. 또한 한반도 유사시 중국과 일본이 군사적으로 개입된 상태에서 군사적 분쟁 상황을 다자간 협상으로 매듭 지을 경우 대한민국의 입장과 위상이 6·25 때와 별반 다를 것이 없어 이때에도 남북통일은 가능하지 않을 것으로 예상된다. 그래서 이제부터라도 준비해야 하는 가장 바람직한 대안은 남북한이 먼저 비핵화에 합의하고, 동시에 남북한이 추구하는 통일된 국가는 민주공화국이자 군사적 비동맹 국가로서 시장경제와 자유무역 체제를 적극 지지하는 국가로서 동북아 평화의 새로운 핵(核)이 될 것을 공동선언하는 것이다.[74] 남북 평화통일은 일련의 국제정치적 과정을 거치면 저절로 나타나는 것이 결코 아니다. 오히려 남북한이 협력, 공조하여 남북 평화통일이야말로 동북아 평화 정착의 가장 효율적인 대안적 수단임을 공표하고 이러한 정책을 끈질기게 추구할 때 비로소 성취되는 것이다. 그리고 미래의 통일국가에 대한 이 같은 비전과 전략은 현재의 북핵 위기가 북·미간 평화협정으로 매듭지어질 경우에도 대한민국이 방심하지 말고 추구해야 하는 정책이다. 그동안 남북한은 분단 상태에서 각자의 방식대로 폭력(무력) 사용을 정당화하며 통일을 추구해 왔지만, 오늘의 국제정치 상황에서는 그 어느 것도 성사될 것 같지 않은바, 이제는 남북한이 최선을 다해 '아시아의 스위스'라는 전혀 새로운 한반도 평화통일의 비전을 제시하고 이러한 비전의 구현이야말로 동북아 평화 정착의 가장 효과적인 수단임을 주변국들에게 적극 인식시켜야 한다.

일곱째, 한반도 평화통일에 대한 비폭력적 접근은 패권 경쟁 관계에 있는 중국과 일본의 관계를 정상화시키는 데 유리하다. 한반도에서 군사적 충돌이 발생하거나 전쟁이 발발한다면 이는 군사 대국을 지향하는 일본에게 호기를 제공하는 것이고, 경우에 따라서는 중국과 일본 양국이 한반도를 분할 점령하는 사태가 초래될 수도 있다. 그러나 한반도에서 군사적 대결 상태가 해소되고 대한민국이 북한과 함께 주도하고 국제적 보장과 지지를 받아 새로운 통일국가를 '아시아의 스위스'로 세우는 데 성공한다면, 이것은 중국으로 하여금 '신형 대국론'에 따라 일본은 물론 미국, 러시아 등과 호혜적 친선 관계를 형성하며 '동양 평화'는 물론 세계 평화에 기여하는 역사적 계기를 제공할 것이다. 이것은 또한 군사 대국화로 치닫는 일본이 극단적 팽창 노선을 버리고 인접국들과 선린 관계 속에서 공동 번영하는 나라가 되게 할 것이다.

여덟째, 남북통일에 대한 이상과 같은 비전과 전략은 앞으로 대한민국이 보다 장기적인 전망과 의지를 가지고 평화통일을 지구적(持久的)으로 추진할 수 있게 할 것이다. 돌이켜 보건대, 우리 민족은 지난 1500여 년 이상 주변 외세들의 간섭과 침략을 이겨 내며 오늘날까지 정치적, 문화적 독자성을 유지하는 데 성공했다. 대한제국 패망 이후 일제의 무단정치하에서 국내외 각처를 연계·동원하며 마침내 3·1독립만세운동이라는 "세계 혁명사의 신기원"[75]을 성공시켰고, 이어 대한민국을 민주공화국으로 선포하며 임시정부를 출범시킨 이후, 내외 각지의 한민족 구성원들은 모두 낙심하지 않고 희망을 붙잡고 버티며 분투한 결과[76] 마침내 광복(光復)을 맞이할 수 있었다. 그리고 광복 이후 반공건국(反共建國), 경제 근대화, 정치 민주화를 차례로 시도하며 대한민국의 발전을 성취했다. 동시에 4·19민주혁명, 광주민주화운동, 87직선제 개헌 투쟁, 정치 지도자들의 불통과 무능으로 촉발된 일련의 촛불시위 등과 같은 비폭력적 시민저항운동을 지속적으로 전개하며 대한민국의 겉을 지키고 그 속을 개신(改新)하며 채워 왔다. 구미(歐美) 국가들이 강대국으로서 민주공화국 건설과 혁신을 동시에 성취하는 '장미혁명'으로 근현대사를 주도했다면, 약소국인 우리는 우리 나름대로 시대적 보편 가치들을 수용하면서 점진적이고 지속적이며 끈질긴 개혁 추진으로서의 '무궁화혁명'을 성취하며 근현대사를 꾸려 왔다고 할 수 있다. 따라서 평화통일에 대한 이상과 같은 비폭력적 접근은 우리 민족의 경험과 전통들을 보다 적극적으로 평가하고 그것을 바탕 삼아 민족의 운명과 미래를 새롭게 개척하는 또 하나의 '무궁화 혁명'의 단초가 될 것이다.

5 맺음말

이상에서 살펴본 안재홍의 '신민족주의' 역사의식과 민족투쟁론 및 평화통일 방안, 이것을 바탕으로 제시해 본 대한민국의 보다 적극적인 평화통일 전략들을 간단하게 요약하고 평가하면 다음과 같다.

첫째, 안재홍의 '신민족주의'는 다음 세 가지로 요약된다. (1) 한 민족은 오랫동안 동일한 언어와 역사 및 정치적 공통 경험을 지닌 운명 공동체로서 문화적 민족주의의 역사를 이어 오고 있다. (2) 정치적, 사상적 전통과 사회경제적 조건 및 국제정치적 형세로 보아 해방 정국에서 좌파 계급혁명은 허용될 수 없다. (3) 한민족은 전체 구성원들이 한 가지로 일본 제국주의에 의해 모두 속박, 착취당하다가 다시 그 전체가 하나로 해방되었기 때문에 '겨레'의 원리에 따라 국내적 단합을 성사시키고 통일국가를 수립하는 민족투쟁을 실천해야 한다. 안재홍은 제1공화국 수립 이후 이러한 역사의식을 배경으로 유엔에 의해 국제적으로 적법성을 인정받은 대한민국은 평화통일을 민족사적 과제로 떠맡고 있으며 그것은 미국을 중심으로 한 주변 국가들의 강력한 군사적, 외교적 일체화로 소련 등 공산 세력을 제압하고 대한민국이 명실상부한 민주주의의 보루로 발전, 강화되어야 성취될 수 있다고 주장했다.

둘째, 해방 정국에서 안재홍의 '신민족주의'에 입각한 정치적 시도는 성공하지 못했지만, 그의 역사의식과 통일정부 수립을 위한 전략적 제안들은 하나의 평화통일론으로서 오늘의 북핵 위기에도 시사하는 바가 많다. 특히 그의 '신민족주의'는 국제정치적 세력균형이나 군사 안보 차원의 분석에 국한되었던 평화통일 논의를 국제적 조건까지 적극 고려하는 열린 민족주의의 시각에서 조망할 수 있는 계기를 제공한다. 안재홍의 '신민족주의'는 평화통일을 지향하는 대한민국의 헌법 정신에 합당할 뿐 아니라 의도하지 않은 전쟁 발발로 초래될 수 있는 분단의 영속(永屬)이나 민족의 공멸(共滅)을 사전에 방지하고, 진정한 동북아 평화 정착을 위해서는 남북한이 언제나 반드시 대화와 협상으로 평화통일을 추구해야 한다는 당위를 정당화한다.

셋째, 이에 따라 대한민국은 보다 적극적으로 '비폭력적'인 평화통일 노선을 채택하고 전쟁 재발을 막기 위한 각종 다양한 비군사적, 인도주의적, 민족적 차원의 프로젝트를 개발하고 이들의 실행을 북한에 대해 계속해서 요구할 뿐 아니라 그동안 북한이 취해 오던 군사적 공산화 통일 노선의 비현실성을 끈질기게 설득해야 한다. 또한 대한민국은 북한을 적대 국가로만 간주하는 기존의 국제정치적 전략들의 한계를 분명하게 인식하고, 한민족 차원에서 북한을 협상 파트너로 인정하여 한반도 평화통일을 성취하는 것이야말로 남북한은 물론 주변 국가들에게 경제적 이익과 함께 지역 평화에 매우 중대한 선결적 요인임을 반복적으로 천명해야 한다.

넷째, 동시에 대한민국은 평화통일에 대한 비폭력적 접근의 하나로 장차 통일된 한반도에 세워질 국가는 '아시아의 스위스'[77]로서 시장경제와 자유무역주의를 존중하는 민주공화국으로서 군사적 비동맹국이 될 것이라는 새 비전을 제시하고, 이에 대해 북한과 합의하기 위해 부단히 노력해야 한다. 이러한 남북 공동의 비전은 기존 평화통일 정책의 빈곤했던 부분을 채우는 것임과 동시에 미래의 한반도 국가가 주변의 모든 국가들에게 덕스럽고 유익한 존재라는 희망과 안심을 제공해 줄 것이다. 이러한 비전이 제시되면 주변 강국들은 물론 아시아 국가들까지도 한반도 평화통일에 적극 동참할 것이고, 한민족은 동북아 평화 나아가 세계 평화 구축의 새로운 핵(核)이 될 것이다.

다섯째, 이상과 같은 비전과 전략의 비폭력적 평화통일 노선은 현재의 북핵 위기가 전쟁으로 비화되지 않게 하는 데 유리하다. 또한 이것은 뜻하지 않게 전쟁 혹은 분쟁이 발생하여 군사적 대결이 지속되거나 종식되는 상황에서 나타날 수 있는 바람직하지 못한 여러 사태들 — 예컨대 중국과 일본이 개입된 새로운 분단 상황, 북한 지역에 대한 국제적 분할 점령, 유사시 일본의 독도 강점 등 — 을 사전에 차단하는 데 유리하다. 또한 이 비폭력적 비전과 전략은 현재의 북핵 위기가 다행히 북한과 미국 양자 간 혹은 주요 관련 국가들이 참여하는 다자간 평화협정 체결로 해소되었을 경우라도 대한민국 정부가 평화통일의 성취를 위해 계속 붙잡고 추진해야 할 국가적 과제이다.

프롤로그 ─ 3 · 1절 날, 평양에서 돌아가신 큰 선비

1   안재홍은 납북된 지 6년째였던 1956년 평양의 조국통일 민주주의전
선 중앙위원회가 발간한 책 속에 「전 남조선 정치 활동가 안재홍」이란
제목으로 쓴 글에서 "나는 하나의 진보적 민족주의자라고 나 자신을
규정하고 있습니다. 六·二五 당시 서울에서 내가 조선노동당과 인민
공화국 간부들과 처음으로 접촉하는 지극히 인상 깊은 환경에서도 나
는 지금부터 공산주의자가 되어야 하겠다는 것 같은 생각은 품어 보들
못했습니다. 지금도 나는 그렇게 생각하며 그렇다고 누구 하나 나를
비난하지도 않습니다. 도리어 나는 인저는 량심적이고 진보적인 민족
주의자로서 여생을 생활하여야 할 것이라고 내 마음을 다져 봅니다."
라고 밝혔다. 구어체 문장으로 쓰인 이 글은 안재홍이 행한 공개적인
발언을 녹취하여 출판한 것으로 추정된다. 조국통일민주주의전선중
앙위원회, 『조국의 평화통일을 위하여』(평양: 조국통일민주주의전선중앙위
원회, 1956), 189쪽.

2　　　　'순정우익'에 대해서는 안재홍, 「순정우익의 결집」, 안재홍선집간행
　　　　위원회 편, 『민세안재홍선집 2』(서울: 지식산업사, 1983), 208~213쪽;
　　　　정윤재, 『다사리공동체를 향하여: 민세 안재홍 평전』(서울: 한울, 2002),
　　　　174~178쪽; 김인식, 『안재홍의 신국가건설운동』(서울: 선인, 2005),
　　　　제7장 참조.

3　　　　이 시는 2014년 10월 9일, 민세 고택에서 개최되었던 안재홍 선생 고택
　　　　건축 100주년 문화제에서 오세영 교수가 직접 낭송했던 기념시이다.

1 평택에서 자란 청년 지사

1　　　　이제까지 안재홍의 부친 안윤섭은 8남매를 둔 것으로 알려져 왔으나
　　　　(천관우, 「민세 안재홍 연보」, 《창작과비평》(1978년 겨울호), 214쪽), 2001년
　　　　11월 5일 필자와 면담했던 안재홍의 따님 서용(瑞鏞, 집안에서는 명진(明
　　　　眞)으로 불렸다고 함) 씨에 의하면 9남매였다고 한다. 위로부터 안재봉
　　　　(安在鳳), 재홍(在鴻), 재학(在鶴), 재직(在稷) 등 아들 4형제가 있고, 재숙
　　　　(在淑), 재영(在永)을 포함하여 딸이 5명이었지만, 나머지 딸 3명의 이
　　　　름이 현재까지 확인되지 않고 있다. 그리고 그의 집안은 순흥 안씨 참
　　　　판공파로 독립운동가 안중근 의사와 같은 파에 속한다. 그리고 안재
　　　　홍선집간행위원회 편집위원의 한 사람으로 초기부터 참여했던 맏손
　　　　녀 안혜초 시인에 의하면, 그는 해방 후 순흥 안씨 대종회 초대 회장이
　　　　었다. 큰형 재봉은 고향 평택 고덕면 집안을 지키며 동생들을 가르쳤
　　　　고, 생가 인근 종덕초등학교에 땅을 희사하기도 했다. 동생 재학은 독
　　　　일 베를린 공대를 졸업하고 돌아와 청년교육에 헌신하다가 6·25전
　　　　쟁 중 병사했고 막내 동생 재직에 대해서는 전해지는 바가 없다.

2　　　　유광렬, 「안재홍론」, 《동광》(1932년 7월호), 516쪽.

3　　　　최은희, 「교우반백세: 안재홍편」, 《여원》(1965년 8월호); 안재홍선집간

행위원회 편, 『민세안재홍선집 3』(서울: 지식산업사, 1991), 452쪽. 이하 『선집 3』으로 인용함.

4   안상현, 『우리 별자리』(서울: 현암사, 2000), 78~81쪽 참조.

5   안재홍, 「명사제씨의 학생시대 회고」, 《신동아》(1934년 4월호), 84쪽.

6   천관우, 「민세 안재홍 연보」, 《창작과비평》(1978년 겨울호), 215쪽. 이 하 각 장에서 「연보」로 인용함.

7   안재홍, 「비통! 조국의 복몰」, 《신천지》(1946년 7월호), 8~9쪽.

8   박환, 『민족의 영웅, 시대의 빛 안중근』(선인, 2013), 210~217쪽.

9   안재홍, 「비통! 조국의 복몰」, 12쪽.

10 위의 글.

11 이상재는 데라우치 총독의 탄압 정책으로 국외로 추방되었던 질레트 의 후임으로 1913년부터 총무였고, 1915년부터는 출옥한 윤치호가 총무로 일했다. 전택부, 『이상재 평전』(범우사, 1989), 134~135, 218쪽.

12 안재홍, 「비통! 조국의 복몰」, 14~15쪽.

13 최은희, 앞의 글, 『선집 3』, 452쪽.

14 독립운동사편찬위원회, 『독립운동사 3』, 652쪽.

15 「연보」, 218쪽 참조.

16 유광렬, 앞의 글, 517쪽.

17 이정식, 「구성: 민세 안재홍의 자서전」, 《신동아》(1976년 11월호), 298쪽. 이하 각 장에서 「자서전」으로 인용함. 최근 필자가 와세다 대학 정경 학부에 조회해 본 결과 그의 성적은 중간 수준이었다. 그리고 그는 해 방 후에 잡지 《삼천리(三千里)》에 쓴 글에서 자신은 집이든 옥중이든 어디에서나 수심에 잠기거나 하면 이 시조를 읊조리고, 또 당시 돈암 동 자택의 서재에도 이 시조가 걸려 있었다고 했다. 안재홍, 「뇌옥심심 인부도(牢獄深深人不到)」, 『선집 5』, 110쪽.

18 김덕형, 「명가의 현장: 민세 안재홍」, 《주간조선》 1974년 8월 16일자, 51쪽; 유경환, 「민세 안재홍: 순도자의 신민족주의」, 《월간조선》(1986년

10월호), 542쪽.

19   강영심, 『시대를 앞서간 민족혁명의 선각자 신규식』(역사공간, 2010),
      67~68쪽.

20   안재홍, 「담배와 망국한」,《신천지》(1950년 1월호), 41쪽; 『선집 5』,
      113~121쪽.

21   최남선은 17세인 1906년 일본 와세다 대학에 입학하여 고등사범부
      지리역사과에서 공부한 적이 있으나, 일본 학생들이 모의국회에서 조
      선 국왕을 모욕하는 사건이 발생한 이후 자진 퇴학했다. 그는 귀국한
      다음 해인 1907년 가친의 지원을 받아 지금의 을지로2가 외환은행 본
      점 터에 신문관이란 출판사를 차리고, 국민 계몽을 위하여 신문물을
      소개하는 책자를 출판하고 있었다. 최학주, 『나의 할아버지 육당 최남
      선』(파주: 나남, 2011), 137~139쪽.

22   「연보」, 219쪽.

23   『선집 3』, 437쪽.

24   안재홍은 중앙학교에 재직하는 동안 조선산직장려계(朝鮮産織獎勵契)
      의 일반 계원이었는데, 1917년 3월 5일 그 임원 및 계원들이 '보안법'
      위반으로 검사국에 송치당하는 사건이 발생했다. 일본 경찰에게 평
      소 불온한 언행을 트집 잡혔던 안재홍은 이 사건으로 조선산직장려계
      의 협의원이던 교장 유근과 같이 중앙학교에서 물러났다. 김인식, 「안
      재홍과 대한민국청년외교단」, 제12회 민세학술대회논문집 『대한민국
      청년외교단 · 애국부인회 참여 인물 재조명』(민세안재홍선생기념사업회,
      2018년 8월), 6쪽.

25   유경환, 앞의 글, 543쪽.

26   「연보」, 220쪽.

27   현규환, 『한국유이민사』(서울: 어문각, 1967), 568~569쪽; 「연보」, 220쪽.

28   안재홍, 「3 · 1정신과 국민정신: 군인정신의 수립문제」, 『선집 2』, 413쪽;
      김인식, 앞의 글, 8~11쪽 참조.

29   독립운동사편찬위원회, 앞의 책, 448~450쪽.

30   당시 안재홍은 학식과 덕망으로 청년외교단의 이론적, 사상적 방향 설
      정과 관련된 소임으로 총무를 맡았던 것으로 보인다. 김인식, 앞의 글,
      23~40쪽 참조.

31   장석흥, 「대한민국청년외교단연구」, 《한국독립운동사연구》 제2집
      (1988), 267~293쪽; 신용하, 『일제강점기 한국민족사(상)』(서울대학교
      출판부, 2001), 454~456쪽 참조.

32   이희승, 「민세 안재홍을 추모함」, 『선집 3』, 438~439쪽.

33   「연보」, 221쪽 참조.

34   「자서전」, 300쪽.

35   안재홍, 「나의 경구집」, 《조광》(1936년 4월호), 153쪽; 《민주조선》(1948년
      제4호); 「자서전」, 303쪽.

36   최민지 · 김민주, 『일제하 민족언론사론』(서울: 일월서각, 1978), 132~133쪽.

2 일제에 맞섰던 비타협 민족주의자

1   최학주, 『나의 할아버지 육당 최남선』(파주: 나남, 2011), 172~174쪽.

2   최준, 『한국신문사』(서울: 일조각, 1987), 240~242쪽; 최학주, 위의 책,
      174쪽; 「연보」, 223쪽.

3   조선일보사, 『조선일보 50년사』(조선일보사: 1970), 32쪽.

4   김을한, 「장진에서 온 전보: 민세선생과 나」, 『선집 3』, 442~443쪽

5   정진석, 『한국언론사』(서울: 나남, 1990), 625~628쪽.

6   《조선일보》, 1924년 5월 2 · 3일.

7   안재홍, 「신념 희생 노동」, 《시대일보》, 1924년 5월 17일.

8   《시대일보》, 1924년 5월 22일.

9   「연보」, 222~223쪽.

10   최은희,「교우반백세: 안재홍편」,『선집 3』, 453쪽.

11   이 부분에 대하여는,「연보」, 224~225쪽 참조.

12   안재홍은 이 글을 1926년 봄 기행 수필로《조선일보》에 발표했고, 1946년에 조광사가 펴냈던『현대조선문학회집: 수필편』에 수록되었다. 안재홍은 또 같은 해 경남 마산으로 가는 길에 우리나라 산천의 각종 꽃과 나무들의 이름을 하나하나 기록하면서 쓴 경부선 기행문「춘풍천리(春風千里)」란 수필도 써서《조선일보》에 게재했다. 시인 안혜초의 기억에 의하면「목련화 그늘에서」는 대학 국어의 교재에 실렸고,「춘풍천리」는 중학교 교과서에 실렸다고 한다.「목련화 그늘에서」는『선집 5』221~227쪽,「춘풍천리」는 215~220쪽 참조.

13   《조선일보》, 1926년 2월 13일. 이 시평은 압수되었다.『선집 2』, 133쪽.

14   안재홍,「농민도(農民道)의 고조(高調)」,《조선일보》, 1926년 3월 5일;『선집 1』, 181~183쪽.

15   이상화,『빼앗긴 들에도 봄은 오는가』(시인생각, 2013), 11~12쪽.

16   《조선일보》, 1926년 5월 2일;『선집 1』, 134~136쪽 참조.

17   이 시기 언론 탄압에 대하여는『조선일보 50년사』, 40~44쪽;《조선일보》, 1927년 7월 13일;『선집 1』, 220~222쪽.

18   해외의 경우, 1921년에 사회주의 세력은 재소(在蘇) 조선 동포들이 중심이 되어 노농(勞農) 소비에트 건설을 목표로 하는 이르쿠츠크파 고려공산당과 망명 독립 운동가들이 중심이 되어 일제로부터의 민족해방을 우선시하는 상해파 고려공산당으로 양분되었다. 한영우,『다시 찾는 우리 역사』(서울: 경세원, 2008), 542~543쪽.

19   최은희, 앞의 글,『선집 3』, 449~450쪽.

20   《조선일보》, 1928년 1월 10 · 11 · 12일.

21   『조선일보 50년사』, 42쪽;「연보」, 227~228쪽.

22   『조선일보 50년사』, 132쪽.

23   『조선일보 50년사』, 42~43쪽.

24   「연보」, 276~228쪽.

25   조지훈, 「한국민족운동사」, 『조지훈전집 6』(서울: 일지사, 1973), 65~67
        쪽; 「연보」, 229쪽; 송건호, 『한국현대인물사론』(서울: 한길사, 1984),
        162쪽.

26   유광렬, 『기자반세기』(서문당, 1974), 65~66쪽; 「연보」, 231쪽.

27   한배호, 「3 · 1운동직후의 조선식민지정책」, 차기벽 편, 『일제의 한국
        식민통치』(서울: 정음사, 1985), 78~106쪽; 차기벽, 『한국민족주의의
        이념과 실태』(서울: 까치, 1978), 176~199쪽; 신용하, 「일제시대의 성
        격과 유산」, 《신동아》(1986년 8월호), 454~463쪽; Michael Robinson,
        "Ideological Schism in the Korean Nationalist Movement, 1920-
        1930: Cultural Nationalism and Radical Critique," *The Journal of Korean
        Studies* 4(1982-1983), 241~245쪽 참조.

28   이러한 분류는 안재홍의 사설 「조선인의 정치적 분야」(1925. 1. 21)와
        「조선 금후의 정치적 추세」(1926. 12. 16)에 나타난다. 천관우, 「해제」,
        『선집 1』, 10~11쪽; 《조선일보》, 1926년 3월 16~19일 참조.

29   이러한 입장을 가장 잘 대변하는 것이 이광수의 민족개조론(民族改
        造論)이다. 이에 관한 문헌과 연구로는 다음과 같은 것이 있다. 이광
        수, 「민족개조론」, 《개벽》 제3권 5호(1922년 5월), 18~72쪽; 마이
        클 E. 로빈슨, 김민환 역, 『일제하 문화적 민족주의』(서울: 나남, 1990),
        106~125쪽; 이광수, 『민족개조론』(서울: 우신사, 1993) 참조.

30   Yoon-Jae Chung, "A Medical Approach to Political Leadership: An
        Chae-hong and a Healthy Korea"(Ph. D dissertation, University of Hawaii,
        1988), pp. 76~77; 서중석, 「안재홍과 송진우: 타협이냐 비타협이냐」,
        역사문제연구소 편, 『한국현대사의 라이벌』(서울: 역사비평사, 1991),
        67~68쪽 참조.

31   서중석, 위의 글, 115쪽; 『인촌 김성수전』(서울: 인촌기념회, 1976),
        260~263쪽; 『선집 2』, 176쪽.

32   「자서전」, 254쪽.

33   공산주의자의 정우회 및 신간회 관계 움직임은 Dae-sook Suh, *The Korean Communist Movement 1918-1948*(Princeton: Princeton University Press, 1967), pp. 84~95; 이균영, 『신간회연구』(서울: 역사비평사, 1996), 61~146쪽 참조.

34   이러한 견해를 대표하는 연구로는 조지훈, 「한국민족운동사」, 『한국문화사대계 1』(서울: 고려대학교민족문화연구소, 1964); 水野直樹, 「新幹會運動に關する若干の問題」, 《조선사연구회논문집》제14집(1977); 이균영, 「신간회의 창립에 대하여」, 《한국사연구》37(1982)이 있다. 이균영, 『신간회연구』, 23쪽 참조.

35   신간회 창립의 배경으로 코민테른의 반제연합전선론을 강조하는 연구로 대표적인 것은 김명구, 「코민테른의 대한정책과 신간회, 1927~1931」, 『신간회연구』(서울: 동녘, 1983).

36   이균영, 『신간회연구』, 104쪽. 그리고 후쿠모토이즘과 당시 식민지 조선과의 관련성에 대한 깊이 있는 연구로는 전상숙, 「제국과 식민지의 '정치투쟁'과 '경제투쟁'의 함의와 문제: 후쿠모토이즘과 정우회선언의 한·일 사회주의 '방향전환'을 중심으로」, 《동양정치사상사》제39권 1호(2010년 3월), 57~78쪽 참조.

37   박찬승, 『한국근대정치사상사 연구: 민족주의 우파의 실력양성운동론』(서울: 역사비평사, 1992), 336쪽 참조.

38   조선민흥회는 신간회를 이해하는 데 중요한바, 여기서 축적된 민족협동전선의 경험이 그대로 신간회 창립으로 연계되었기 때문이다. 이균영, 『신간회연구』, 22쪽.

39   서중석, 앞의 글, 68쪽.

40   안재홍, 「장지익신(壯志益新)한 우일년」, 《조선일보》, 1927년 1월 1일; 『선집 1』, 187~196쪽.

41   안재홍, 「신간회의 창립준비」, 《조선일보》, 1927년 1월 10일; 『선집

1』, 204쪽.

42   조지훈, 「한국민족운동사」, 『조지훈전집 6』, 180쪽.

43   전택부, 『이상재 평전』(범우사, 1989), 193쪽 참조.

44   《조선일보》, 1927년 2월 23일.

45   송건호, 앞의 책, 161쪽.

46   이선근, 「나의 민세관」, 김덕형, 『한국의 명가』(서울: 일지사, 1976), 498쪽;
        Dae-sook Suh, op. cit., p. 166. 그러나 안재홍이 1935년에 동경 방문
        에 대해 쓴 다른 글에서 「학창의 동경을 떠난 지 30년 만에 지금이 첫
        걸음인 나에게는」이라는 표현이 있어 그가 신간회 일로 동경에 갔는
        지에 대해서는 더 확인이 필요하다. 안재홍, 「구문명의 붕괴. 신문명의
        건설: 30년만의 동경을 보고 와서」, 《삼천리》 64호(1935년 7월호) 참조.

47   독립운동사편찬위원회, 『독립운동사 10』, 756쪽.

48   안재홍, 「실제운동의 당면과제」, 『선집 1』, 270~274쪽; 《조선일보》,
        1928년 3월 27일자 사설.

49   강영주, 「벽초 홍명희 3: 신간회활동과 '임꺽정' 기필」, 《역사비평》 25호
        (1994년 여름호), 155쪽.

50   이 부분에 대해서는 장상수, 「일제하 1920년대의 민족문제논쟁」, 한
        국사회사연구회, 『한국의 근대국가형성과 민족문제』(서울: 문학과지성
        사, 1986), 140~146쪽; Dae-sook Suh, op. cit., p. 130~131.

51   안재홍, 「해소론 냉안관: 비국제연장주의」, 「해소 비해소」, 「합법 비
        합법」, 「해소론과 오류」, 『선집 1』, 369~371, 382~384, 394~396,
        397~399쪽.

52   천관우, 「해제」, 『선집 1』, 17쪽.

3 민족혼을 지킨 조선 선비

1   한영우, 『다시 찾는 우리 역사』(서울: 경세원, 2008), 549~556쪽.

2   안재홍, 「서문」, 신채호, 『조선상고사』(서울: 종로서원, 1948), 1~4쪽; 「연보」, 230~231쪽.

3   《조선일보》에 연재된 「백두산등척기」는 1931년 유성사(流星社)에서 같은 제목의 단행본으로 발간했고, 최근 한양대 정민 교수가 풀어쓴 책으로 다시 냈다. 『선집 5』, 228~365쪽 참조; 안재홍, 정민 풀어씀, 『정민 교수가 풀어 읽은 백두산등척기』(해냄, 2010).

4   「연보」, 230쪽.

5   박찬승 교수는 이러한 안재홍의 입장이 민족주의에서 민세주의로, 그리고 나중에는 신민족주의로 변화해 갔던 것으로 정리했다. 박찬승, 「1930년대 안재홍의 민세주의론」, 정윤재 외, 『민족에서 세계로: 민세 안재홍의 신민족주의론』(봉명, 2002), 59~91쪽 참조.

6   안재홍, 「민세필담: 민중심화과정」, 『선집 1』, 481쪽.

7   안재홍, 「민세필담 속」, 『선집 1』, 512쪽.

8   저산(樗山), 「조선학의 문제」, 《신조선》(1934년 12월호), 3쪽; 박찬승, 앞의 글, 37쪽에서 재인용.

9   안재홍, 「국제연대성에서 본 문화특수과정론」, 『선집 1』, 565쪽.

10   안재홍, 「민세필담 속」, 『선집 1』, 512쪽.

11   안재홍, 「미래를 지나 금일에」, 『선집 1』, 511~512쪽 참조.

12   이상과 같은 안재홍의 '민족적 국제주의'에 대해서는 정윤재, 「1930년대 안재홍의 문화건설론 연구」, 한국학중앙연구원 편, 『민세 안재홍 심층연구』(황금알, 2005), 17~58쪽 참조.

13   「신조선춘추」, 《신조선》 제6호(1934년 10월호), 41쪽; 박찬승, 앞의 글, 37쪽에서 재인용.

14   안재홍, 「한방의학 확립의 요」, 《조선일보》, 1931년 6월 5일자 사설,

『선집 1』, 408~410쪽.

15 이러한 안재홍의 조선학에 대한 인식과 실천에 대해서는 김인식,
「1930년대 안재홍의 '조선학'론」, 민세안재홍기념사업회 편, 『1930년
대 조선학운동 심층연구』(선인, 2015), 142~143, 151~155쪽.

16 「연보」, 232~233쪽. 안재홍의 다산에 관한 글은 「다산의 경륜」(《조
선일보》, 1935. 8), 「현대사상의 선구자로서 다산선생의 지위」(《신조선》,
1935. 8), 「다산의 한시(漢詩)와 사화편편(史話片片)」(《신조선》, 1935. 10)
이 있다.

17 안재홍, 「백악성담(白岳星譚)」, 『선집 5』, 125~139쪽 참조.

18 안재홍, 「신단재학설사관: 존귀한 그의 사학사상의 업적」, 《조광》
(1936년 4월호), 200~207쪽.

19 『선집 5』, 77~83쪽.

20 「연보」, 233쪽; 「자서전」, 305쪽.

21 「연보」, 235쪽.

22 「연보」, 234쪽.

23 「연보」, 234~235쪽.

24 「연보」, 235쪽.

25 이희승, 「국어를 지킨 죄로」, 『한국현대사 5』(신구문화사, 1983), 400~
405쪽; 「연보」, 236쪽.

26 한기언, 김정학, 박성의, 오주환, 『일제문화침탈사』(서울: 민중서관,
1976), 263~283쪽 참조. 이때 함께 체포·구금되었던 사람들은 이
인, 이은상, 정인섭, 장현식, 김양수, 윤병호 등이다.

27 「연보」, 236쪽.

28 이극로에 대해서는 이극로, 조준희 역, 『이극로 자서전, 고투40년: 지
구를 한 바퀴 돈 한글운동가』(아라, 2014) 참조.

29 이희승, 「민세 안재홍을 추모함」, 『선집 3』, 441쪽.

30 안재홍, 「뇌옥심심인부도(牢屋深深人不到)」, 《삼천리》(1949년 12월호);

「연보」, 236쪽.

31 안서용의 증언, 2001년 11월 5일.

32 유경환, 「민세 안재홍: 순도자의 신민족주의」, 《월간조선》(1986년 10월
    호), 546~547쪽 참조.

33 안서용의 증언. 2001년 11월 5일.

34 이상 안재홍의 인간적 면모에 대해서는 최은희, 「교우반백세: 안재홍
    편」, 『선집 3』, 448~457쪽; 김을한, 「장진에서 온 전보: 민세선생과
    나」, 『선집 3』, 442~444쪽; 이선근, 「나의 민세관」, 김덕형, 『한국의
    명가』(서울: 일지사, 1976), 498쪽 참조.

35 안혜초, 「나의 할아버지 민세 안재홍」, 조선어학회수난 50돌 기념 글
    모음, 『얼음장 밑에서도 강물은 흘러』(한글학회, 1993), 108쪽.

36 유경환, 앞의 글, 549쪽.

37 임종국, 『실록 친일파』(서울: 돌베개, 1991), 167~255쪽.

38 안재홍, 「몽양 여운형 씨의 추억」, 『선집 2』, 203쪽.

39 딸 서용의 증언; 유경환, 앞의 글, 547쪽.

40 「연보」, 237쪽.

41 『선집 2』, 204쪽.

42 안재홍, 「8·15 당시 우리의 정계」, 『선집 2』, 467~468쪽 참조.

43 서중석, 「안재홍과 송진우: 타협이냐 비타협이냐」, 역사문제연구소
    편, 『한국현대사의 라이벌』(서울: 역사비평사, 1991), 70~71쪽.

44 『선집 2』, 468쪽.

45 『선집 2』, 468~469쪽 참조.

46 『선집 2』, 470쪽.

47 『선집 2』, 470~472쪽 참조.

48 『선집 2』, 471쪽.

49 『선집 2』, 471쪽.

50 김재명, 「안재홍, 민족자주를 외치다(상)」, 《정경문화》(1986년 9월호),

435쪽; 「연보」, 240쪽 참조.

4 해방 직후의 통일건국 노력

1   Young Whan Kihl, *Politics and Policies in Divided Korea: Regimes in Contest*(Boulder: Westview Press, 1984), pp. 28~30; Won Sul Lee, *The United States and the Division of Korea, 1945*(Seoul: Kyunghee University Press, 1982), pp. 111~112; 김학준, 『한국전쟁』(서울: 박영사, 1989), 6~30쪽 참조.

2   미국의 원자탄 사용과 관련한 2차 대전 말기의 극동 전략에 관해서는 다음과 같은 문헌들이 있다. Mark Paul, "Diplomacy Delayed: The Atomic Bomb and the Division of Korea, 1945," in Bruce Cumings (ed.), *Child of Conflict: The Korean-American Relationship, 1943-1953*(Seattle: University of Washington Press,1983), pp. 67~91; Barton Berstein, "Roosevelt, Truman, and the Atomic Bomb, 1941-1945: A Reinterpretation," *Political Science Quarterly* 90, 1(Spring 1975), p. 41; Erik Van Ree, *Socialism in One Zone: Stalin's Policy in Korea 1945-1947* (Amsterdam, 1988), pp. 33~50. 또한 졸고, "An Analysis of Major Power's War Diplomacy toward Korea, 1943-1945,"《국제관계연구》제4집(충북대 국제관계연구소, 1991), 63~80쪽 참조.

3   Max Beloff, *Soviet Policy in the Far East, 1944-1951*(London: Oxford University Press, 1953), pp. 105~106.

4   민주주의민족전선, 『해방연감』, 80쪽; 여연구, 『나의 아버지 여운형』(김영사, 2002), 134~139쪽.

5   송남헌, 『해방3년사 1, 1945~1948』 3판(까치, 1990), 35쪽.

6   여연구, 앞의 책, 142쪽.

7   안재홍, 「8 · 15 당시의 우리 정계」, 『선집 2』, 473쪽.

8   안재홍, 「민정장관을 사임하고」, 『선집 2』, 259~260 쪽; Yoon Jae
     Chung, "A Medical Approach to Political Leadership: An Chae-hong
     and a Healthy Korea" (Ph. D. Dissertation, University of Hawaii, 1988), p. 209.

9   안재홍, 「8 · 15 당시의 우리 정계」, 『선집 2』, 473쪽.

10   김대상, 『해방직전사의 재조명』(해성, 1990), 254쪽. 안재홍 연설 전문
     은 송남헌, 앞의 책, 37~38쪽.

11   김대상, 앞의 책, 255쪽.

12   송남헌, 앞의 책, 41쪽.

13   위의 책, 45쪽.

14   위의 책, 45~46쪽.

15   안재홍, 「조선건국준비위원회와 여의 처지」(성명), 『선집 2』, 14쪽.

16   안재홍은 중경임시정부의 법통이 유지되면서 그것이 국내의 인사들과
     조직들에 의해 보강되어 건국의 주체가 되는 것이 유익하다는 입장에
     서 줄곧 「중경임시정부영립보강론」을 견지하고 실천했다. 김인식, 『안
     재홍의 신국가건설운동 1944~1948』(선인, 2005)의 제2·3장을 참조.

17   안재홍, 「8 · 15 당시의 우리 정계」, 『선집 2』, 474~475쪽.

18   송남헌, 앞의 책, 49쪽.

19   당시 여운형이나 허헌은 장차 정부 수립에서는 '국내 혁명 세력' 혹은
     '진보적 민주적 제 세력'이 중심이 되어야 한다는 생각에서 건준을 운
     용하고자 했으나 안재홍은 이와는 배치되는 입장에서 '초계급 초당파
     적 견지'에서 독립국가를 건설해야 한다고 생각했는데, 그가 조선국
     민당의 위원장에 취임하는 것을 보고 건준 내부에서는 그가 건준을 그
     만두려는 생각이 아닌가 하며 의문을 가졌다고 한다. 심지연, 『허헌연
     구』(역사비평사, 1994), 93~94쪽.

20   「연보」, 247쪽.

21   이기하, 『한국정당발달사』(서울: 의회정치사, 1961), 69~70쪽.

22 정윤재, 『다사리국가론: 민세 안재홍의 사상과 행동』(서울: 백산서당, 1999) 참조.

23 「국민당선언」(선언문), 『선집 2』, 61~63쪽.

24 국민당 정강 정책에 대한 자세한 해설은 『선집 2』, 66~77 참조.

25 이기하, 앞의 책, 69쪽.

26 「국민당선언」, 『선집 2』, 61쪽.

27 진학주, 「해방된 정당운동」, 《민심》(1945년 11월호), 71쪽.

28 HQ, USAFIK, G-2 Weekly summary, 「주한미군정보요약(駐韓美軍情報要約)」, 1945년 11월 27일자, 한림대학교 아시아문화연구소.

29 오영섭, 「해방 후 민세 안재홍의 민공협동운동 연구」, 《태동고전연구》 제15집(한림대학교 태동고전연구소, 1998), 18~19쪽.

30 1945년 9월 24일 하지의 정세 보고서에 나타난 평가, FRUS, 1945, 63쪽.

31 위의 글, 150~153쪽 참조.

32 U. S. Department of State, Foreign Relations of United States: Diplomatic Papers, 1945, Vol. VI, 895.01/9-2645. 미 국무부 극동국장 빈센트가 작성한 대담비망록 참조.

33 안재홍, 「민정장관을 사임하고」, 『선집 2』, 263쪽.

34 위의 글, 263~264쪽; 서중석, 「안재홍과 송진우」, 역사문제연구소 편, 『한국현대사의 라이벌』(서울: 역사비평사, 1991), 80쪽.

35 지운(遲耘) 김철수(金錣洙, 1893~1986)는 일제강점기에 제3차 조선공산당의 초대 책임비서를 지냈다. 정혜경, 「해제」, 한국정신문화연구원 편, 『지운 김철수』, 현대사연구소 자료총서 제4집(1999), xiii-xviii, 그리고 267쪽 참조.

36 안재홍, 「민정장관을 사임하고」, 「8·15 당시의 우리 정계」, 『선집 2』, 264, 473쪽.

37 손세일, 『이승만과 김구』(서울: 일조각, 1980), 194~195쪽.

38   안재홍, 「민정장관을 사임하고」, 『선집 2』, 259쪽.

39   서중석, 앞의 글, 80쪽.

40   장준하, 『돌베개』(서울: 화다, 1971), 460쪽.

41   위의 책, 458~460쪽 참조.

42   안재홍, 「민정장관을 사임하고」, 『선집 2』, 265쪽.

43   장준하, 앞의 책, 460쪽.

44   위의 책, 460~461쪽.

45   위의 책, 461쪽.

46   위의 책, 461쪽.

47   이상의 내용에 대하여는 서중석, 앞의 글, 80~81쪽; 안재홍, 「민정장
      관을 사임하고」, 『선집 2』, 265쪽.

48   송건호, 「민족통일국가 수립의 실패와 분단시대의 개막」, 송건호 · 박
      현채 외, 『해방40년의 재인식 1』(서울: 돌베개, 1985), 147쪽; 《서울신
      문》, 1946년 12월 10일.

49   《서울신문》, 1945년 12월 9일.

50   《자유신문》, 1945년 10월 31일; 《매일신문》, 1945년 11월 2일.

51   송건호, 앞의 글, 150쪽.

52   《서울신문》, 1945년 12월 26일.

5 민족진영이 주도하는 좌우합작을 위하여

1   송남헌, 『해방3년사 1, 1945~1948』, 3판(서울: 까치, 1990), 249~250쪽
      참조.

2   좌익진영의 태도 변화와 찬-반탁 논쟁에 대해서는 심지연, 「반탁에서
      찬탁으로」, 《한국정치학회보》 제22집 2호(1988), 225~242쪽 및 「신
      탁통치와 해방정국: 반탁과 찬탁의 논리를 중심으로」, 《한국정치학회

보》제19집(1985), 147~161쪽 참조.

3   U. S. Department of State, Foreign Relations of United States: Diplomatic Papers, 1945, Vol. VI(Washington D.C.: USGPO, 1969), 1131쪽. 이후 FRUS로 인용함.

4   심지연, 『미소공동위원회연구』(서울: 청계연구소, 1989), 4~5쪽.

5   안재홍, 「민정장관을 사임하고」, 『선집 2』, 266쪽.

6   이상의 신탁통치 반대 선언에 대해서는 『선집 2』, 80~82쪽.

7   이완범, 「한반도 신탁통치문제, 1943~1946」, 『해방전후사의 인식 3』(한길사, 1987), 243~245쪽 참조.

8   안재홍, 「백범정치투쟁사」, 『선집 2』, 443쪽; 「민정장관을 사임하고」, 『선집 2』, 266쪽.

9   『선집 2』, 267, 443쪽.

10   『선집 2』, 267쪽.

11   Robert Scalapino and Chong-sik Lee, *Communism in Korea Part 1: The Movement*(Berkeley: University of California Press, 1972), 280쪽.

12   송건호, 앞의 글, 167쪽.

13   『선집 2』, 267쪽.

14   《조선일보》, 1946년 1월 8일, 18일자; 『선집 2』, 267쪽.

15   송남헌, 앞의 책, 261쪽 참조.

16   『선집 2』, 268쪽.

17   송남헌, 앞의 책, 275~276쪽.

18   위의 책, 277쪽.

19   『선집 2』, 88~92쪽.

20   『선집 2』, 270쪽.

21   안재홍, 「건국구민운동의 고조」, 『선집 2』, 90쪽.

22   『선집 2』, 268~269쪽.

23   송남헌, 앞의 책, 282~287쪽.

24   안재홍, 「백범정치투쟁사」,《신태양》(1949년 8월);『선집 2』, 438~439쪽
       참조.

25   「연보」, 247쪽.

26   안재홍, 「재투쟁의 결심으로: 국민당, 한독당 합동에」,『선집 2』,
       117~118쪽. 이 글은 1946년 4월 12일 서울중앙방송을 통해 방송한
       내용이다.

27   위의 글, 118쪽.

28   위의 글, 118쪽.

29   위의 글, 121쪽.

30   송남헌, 앞의 책, 285~288쪽.

31   《한성일보》, 1946년 4월 2·6일;『선집 2』, 104~111쪽.

32   심지연, 『미소공동위원회연구』, 11쪽.

33   송남헌, 앞의 책, 268쪽.

34   《조선일보》, 1946년 4월 24일;《동아일보》, 1946년 4월 28일.

35   안재홍, 「민정장관을 사임하고」,『선집 2』, 271쪽.

36   안재홍, 「자력건설과 자주건국: 미소공위 협의 참가와 탁치반대」,『선
       집 2』, 112쪽.

37   『선집 2』, 271쪽.

38   온락중,『조선해방의 국제적 경위와 미소공위사업』(서울: 현우사, 1947),
       26쪽. 제1차 미소공위의 전후 사정에 대하여는 심지연,『미소공동위
       원회연구』, 9~13쪽에 자세하게 기술되어 있다.

39   딸 서용 씨와 사위 이태호 씨의 증언, 2001년 11월 5일 오후. 이 내용은
       저자가 안재홍 선생의 맏손녀 안혜초 여사와 함께 면담한 내용이다.

1   《중앙신문》, 1946년 5월 11일.

2   송남헌, 『해방3년사 2, 1945~1948』 재판(서울: 까치, 1989), 335쪽; 심
     지연, 『미소공동위원회연구』(서울: 청계연구소, 1989), 41~42쪽.

3   송남헌, 위의 책, 335쪽.

4   《한성일보》, 1946년 5월 14일.

5   심지연, 앞의 책, 43쪽.

6   《서울신문》, 6월 4일자.

7   안재홍, 「민정장관을 사임하고」, 「좌우합작의 정치적 의의」, 「민족위
     기 타개의 일로」, 『선집 2』, 129~138, 272쪽 참조.

8   안재홍, 「합작과 건국노선: 좌우합작원칙 타결과 입법의원 설치에」,
     《한성일보》, 1946년 10월 10~13일; 『선집 2』, 152~159쪽.

9   송남헌, 앞의 책, 384쪽.

10   이하 한미공동회담에 대하여는 위의 책, 384~388쪽을 참고함.

11   위의 책, 384~386쪽.

12   조병옥의 회고에 의하면 이러한 논리와 주장을 듣고 여운형은 병원에
     간다고 도중에 나갔고, 안재홍은 체머리만 흔들고 앉아 있었으며, 김
     규식은 조병옥 경무부장이 학식이 많은 사람임을 전제하고, 군정의 행
     정을 더 잘해 달라고 부탁할 따름이라고 언급했다고 한다. 조병옥, 『나
     의 회고록』(서울: 민교사, 1959), 172~175쪽 참조.

13   송남헌, 앞의 책, 386쪽.

14   조용중, 『미군정하의 한국정치현장』(서울: 나남, 1990), 98쪽.

15   송남헌, 앞의 책, 386~387쪽.

16   조용중, 앞의 책, 99쪽.

17   안재홍, 「민정장관을 사임하고」, 『선집 2』, 272~273쪽.

18   이상 최능진에 대해서는 김재명, 「이승만의 정적, 최능진의 비극」, 《정

경문화》(1983년 10월호) 참조.

19   입법의원 설치의 배경과 과정에 대해서는 송남헌, 앞의 책, 388~391쪽;
      조용중, 앞의 책, 63~95쪽을 참조함.

20   조용중, 위의 책, 88쪽.

21   송남헌, 앞의 책, 339쪽.

22   이에 대해서는 정용욱, 『존 하지와 미군점령통치 3년』(중심, 2003),
      201~212쪽 참조.

23   위의 책, 390~391쪽.

24   안재홍, 「민정장관을 사임하고」, 『선집 2』, 275쪽.

25   최상룡, 『미군정과 한국민족주의』(나남, 1988), 224~225쪽 참조.

26   송남헌, 앞의 책, 402~405쪽 참조.

27   안재홍, 「민정장관을 사임하고」, 『선집 2』, 277~279쪽 내용 요약.

28   송남헌, 앞의 책, 404쪽 참조.

29   안재홍, 「반탁과 민족적 지성」, 『선집 2』, 182쪽.

30   안재홍은 이때의 찬성표가 17표였다고 쓰고 있다. 『선집 2』, 279쪽.

31   미군정의 기록에는 이때의 반대표가 원세훈(元世勳)이 던진 것으로 기
      록되었다고 하지만, 송남헌, 앞의 책, 404쪽; 조용중, 앞의 책, 95쪽에는
      안재홍의 것이라고 기록하고 있고, 안재홍 본인도 『선집 2』, 279쪽에
      서 자신의 행위였음을 회고하였다.

32   송남헌, 앞의 책, 405쪽.

7 뜻을 세워 미군정에 참여하다

1   안재홍, 「민족의 은인. 수린」, 『선집 5』, 87~89쪽 참조.

2   James Matray, *The Reluctant Crusade: American Foreign Policy in Korea, 1941-
      1950*(Honolulu: University of Hawaii Press, 1985), pp. 104~107 참조.

3 김재명, 「민정장관의 번민(하)」, 《정경문화》(1986년 10월호), 439쪽.

4 이상은 하지가 안재홍에게 보낸 편지의 내용을 요약한 것이다. 이 편지의 영문 전문은 『선집 2』, 583~585쪽에 있다.

5 임홍빈, 「안재홍론」, 《정경연구》(1965년 9월호), 115쪽.

6 김재명, 앞의 글, 439쪽.

7 이태호, 「안재홍」, 『한국인물대계 9』(서울: 박우사, 1972), 177쪽.

8 안재홍, 「민정장관을 사임하고」, 『선집 2』, 279~280쪽.

9 안재홍, 「백범정치투쟁사」, 『선집 2』, 442쪽.

10 「민정장관 취임(선서문)」, 『선집 2』, 186쪽.

11 HQ, USAFIK, G-2 Weekly Summary, 9 Feb.-16 Feb. 1947, 「주한미군주간정보요약」, 한림대학교 아시아문화연구소.

12 《서울신문》, 1947년 2월 11일. 그러나 당시 미군 기자들은 안재홍이 "성격이 급하고 신경질적(hesitant and nervous)"이라는 인상을 받았다고 쓴 기사도 있었다. HQ, USAFIK, G-2 Weekly Summary, Feb. 9-Feb. 16, 1947, 「미군주간정보요약」, 한림대학교 아시아문화연구소.

13 김재명, 앞의 글, 440쪽.

14 위의 글, 439~440쪽.

15 『선집 2』, 441~442쪽.

16 『선집 2』, 443쪽.

17 『선집 2』, 444쪽.

18 『선집 2』, 444쪽.

19 『선집 2』, 445~446쪽 참조.

20 정병준, 『독도 1947』(돌베개, 2010), 109~112쪽.

21 위의 책, 113~114쪽.

22 위의 책, 160쪽. 그리고 이 책의 161~168쪽에 독도 현지에서 채집한 여러 가지 형태의 증언과 자료들을 상세히 소개하고 있다. 일본은 1667년에 편찬된 『은주시청합기(隱州視聽合記)』에서 처음으로 독도에

대해 기록했는데, 여기에서 왜인들은 울릉도를 「죽도(竹島)」로, 독도를 「송도(松島)」로 표기하고, 이 두 섬은 모두 고려(한국)에 속한다고 인정했다. 신용하, 『독도영유의 진실 이해: 16포인트와 150문답』(서울대학교출판문화원, 2012), 13~14쪽; 신용하, 『한국의 독도영유권 연구』(경인문화사, 2006), 270~271쪽 참조.

23   조용중, 『미군정하의 한국정치현장』(서울: 나남, 1990), 104쪽.

24   위의 책, 105~106쪽.

25   위의 책, 106~107쪽.

26   위의 책, 113쪽.

27   김재명, 앞의 글, 442~443쪽 참조.

28   《경향신문》, 1947년 9월 9일.

29   조용중, 앞의 책, 114~115쪽 참조.

30   안재홍, 「소위 '군정연장책모, 반역행위' 문제의 진상」, 『선집 2』, 222쪽.

31   위의 글, 222~223쪽.

32   위의 글, 223~224쪽.

33   조용중, 앞의 책, 118쪽 참조.

34   위의 책, 119~120쪽 참조.

35   위의 책, 116, 122쪽 참조.

36   위의 책, 117, 121~122쪽 참조.

8 순정우익의 나라를 위하여

1   《조선일보》, 1947년 3월 26일.

2   《조선일보》, 1947년 4월 6일.

3   안재홍, 「민정장관을 사임하고」, 『선집 2』, 280~281쪽.

4   《동아일보》, 1947년 5월 4일.

5   국사편찬위원회,『자료 대한민국사』(1976), 717쪽.

6   위의 책, 926쪽.

7   《서울신문》, 1947년 8월 7일.

8   《경향신문》, 1947년 8월 12일.

9   《동아일보》, 1947년 4월 23일.

10   유인호,「해방 후 농지개혁의 전개과정과 성격」, 송건호 외,『해방전후사의 인식』(서울: 한길사, 1979), 390~391, 411~412쪽.

11   《서울신문》, 1947년 3월 6일.

12   유인호, 앞의 글, 408쪽.

13   국사편찬위원회,『자료 대한민국사 6』, 626~627쪽; 이대근,「미군정하 귀속재산 처리에 대한 평가」,『한국사회연구 5』(서울: 한길사, 1983), 422쪽.

14   귀속재산의 처리에 관하여는 다음을 참조. 송남헌,『해방3년사 2, 1945~1948』재판(서울: 까치, 1989), 113쪽; 이대근, 위의 글, 414~416, 418~420쪽;《동아일보》, 1947년 3월 9일;《조선일보》, 1947년 3월 1일.

15   《조선일보》, 1947년 3월 1일;《서울신문》, 1947년 5월 10일.

16   이대근, 앞의 글, 424쪽.

17   유경환,「민세 안재홍: 순도자의 민족주의」,《월간조선》(1986년 10월호), 549쪽.

18   안재홍,「미소공위의 불성공과 시국대책」, 1947년 9월 23일에 발표한 성명,『선집 2』, 193~197쪽.

19   안재홍,「순정우익의 집결」,『선집 2』, 208~213쪽 참조.

20   안재홍,「순정우익의 집결」,『선집 2』, 211~212쪽.

21   「행정태세 강화안」(영문),『선집 2』, 591~599쪽 참조. 그리고 안재홍은 진정민주주의에 대한 그의 주장들을『진정민주주의론: 자주민주통일독립의 이론』(일한도서출판사, 1949)란 제목의 책으로 냈는데, 이때 그

는 저자명을 "安知鴻(안지홍)"으로 냈다.

22   「하지장관에게 보낸 공한」,『선집 2』, 252쪽.

23   안재홍, 「하지 미사령관에게 보낸 공한: 민정장관 사의」(2차, 영문),
     1947년 6월 1일,『선집 2』, 607쪽.

24   안재홍, 「남북협상에 기(寄)함」,《한성일보》, 1948년 4월 3일;『선집 2』,
     254~255쪽 참조.

25   안재홍, 「백범정치투쟁사」,『선집 2』, 447쪽.

26   송남헌, 앞의 책, 554~555쪽.

27   백범김구선생기념사업협회 백범전기편찬위원회,『백범 김구: 생애와
     사상』(교문사, 1982), 473쪽.

28   안재홍, 「백범정치투쟁사」,『선집 2』, 447쪽.

29   《조선일보》, 1948년 4월 1일.

30   그러나 당시 김일성은 이 같은 약속을 매우 꺼렸던 것으로 밝혀졌다.
     『백범 김구: 생애와 사상』, 500~501쪽 참조. 그리고 남북협상과 관련
     된 자료로는『남북정당사회단체 대표자연석회의 중요자료집』(서울: 신
     흥문화사, 1948)이 있다.

31   안정용 「아버지와 나」,『선집 4』, 374쪽. 이 글은 안재홍의 장남 안정
     용(1971년 작고)이 남긴 유고이다.

32   「연보」, 250~251쪽; 안재홍, 「조선민족의 정치적 진로」,『선집 2』,
     317~318쪽.

33   Robert Scalapino and Chong-sik Lee, *Communism in Korea Part 1: the
     Movement*(Berkeley: University of California Press, 1972), pp. 306~311.

34   C. Clyde Mitchell, "Land Reform in South Korea," *Pacific Affairs* 22
     (June 1949), p. 151;『인촌 김성수전』(서울: 인촌기념회, 1976), 542~544쪽
     참조.

35   《경향신문》, 1948년 5월 12일.

36   임홍빈, 「안재홍론」,《정경연구》(1965년 9월호), 115쪽.

37   《경향신문》, 1948년 6월 9일.

38   안재홍, 「민정장관을 사임하고」『선집 2』, 284쪽.

9 민주주의와 평화통일을 위하여

1   한국사료연구소 편, 『한국현대정치사』 제2권(서울: 성문각, 1986), 26쪽;
      《조선일보》, 1948년 7월 20일자 호외.

2   『선집 2』, 289~291쪽.

3   『선집 2』, 292~297쪽 참조.

4   안재홍, 「조선민족의 정치적 진로」, 『선집 2』, 310~318쪽.

5   안재홍, 「기로에 나선 민족성패」, 『선집 2』, 401쪽.

6   김재명, 「민정장관의 번민(하)」, 《정경문화》(1986년 10월호), 446쪽.

7   안재홍, 「남북통일의 구체적 방안」, 『선집 2』, 423~426쪽.

8   위의 글, 430~431쪽.

9   「강토통일과 남한정치문제」, 『선집 7』, 247~248쪽; 안재홍, 「대
      한민국의 건국이념」, 1949년 1월 《한성일보》 기명논설, 『선집 2』,
      394~396쪽 참조.

10   안재홍이 신생회 대표로 발표한 정부 수립 1주년 기념 담화, 《자유
      신문》, 1949년 8월 16일자. 이상 대한민국 정부 수립 이후에 안재홍
      이 제시했던 평화통일 방안에 대해서는 김인식, 「대한민국 정부수립
      후 안재홍의 민족통일론」, 《한국근현대사연구》 제60집(2012년 봄호),
      160~190쪽 참조. 필자는 최근 안재홍의 신민족주의 역사의식을 재
      검토하며 그의 평화통일론을 재평가한 바 있다. 정윤재, 「안재홍의
      '신민족주의' 역사의식과 평화통일의 과제」, 《한국동양정치사상사연
      구》 제17권 1호(2018년 3월), 221~257쪽.

11   안재홍, 『한민족의 기본진로』(서울: 조양사, 1949), 111~116쪽.

12   안재홍, 「담배와 망국한」, 『선집 5』, 113~115쪽.

13   위의 글, 116, 120~121쪽.

14   이상 서울중앙농림대학에 관한 부분은 1950년 당시 실습과 1학년 학
      생이던 이기연 옹(翁)의 증언을 참고했다. 민세안재홍기념사업회가
      2018년에 채록한 이기연 씨의 증언.

15   「연보」, 251~252쪽.

16   이 책의 표지에 저자가 "安知鴻(안지홍)"으로 되어 있어 과연 이것
      이 안재홍의 다른 이름으로 표기된 것인지, 전혀 다른 인물인지는 아
      직 확인할 길이 없다. 다만 책의 내용이 안재홍의 평소 지론과 상통
      하는 바가 많고, 또 역사학자 이원술 박사(Won Sul Lee)의 저서인 *The
      United States and the Division of Korea, 1945*(Seoul: KyungHee University Press,
      1982), p. 351에는 Ahn, Chae-hong, 「Jinjung Minjujuui(A Theory of True
      Democracy)」(Seoul: Ilhan Book Co., 1949)로 소개되어 있고, 그 내용과 문
      투로 보아 그의 저서로 생각된다.

17   안지홍, 『진정민주주의론: 자주민주통일독립의 이론』(일한도서출판사,
      1949). 특히 제3장 "진정민주주의의 성격 · 형태"를 참조.

18   『선집 5』, 100~102쪽.

19   『선집 5』, 103~112쪽.

20   루이스 헨리 모건(Lewis H. Morgan)이 1877년 저술한 이 책은 정동호가
      2000년, 2005년에 『고대사회』(서울: 문화문고)로 번역했다. 이 책은 고
      대 원시시대부터 인류 역사의 행로를 방대한 자료 및 이론을 통해 제
      시하였는데, 선사시대 민속학 · 인류학 · 언어학 · 종교학 연구 분야의
      고전이다.

21   이 시에서의 '轉輾'은 잠이 들지 못해 이리저리 뒤척인다는 뜻의 '輾轉
      反側'으로 앞뒤 글자가 서로 바뀌어야 하지만, 원문을 살려 그대로 옮
      긴다.

22   김재명, 앞의 글, 447쪽. 선거와 관련된 부분은 대부분 이 글을 인용

했다.

23 안정용, 「아버지와 나」, 『선집 4』, 375쪽.

24 당시 안재홍의 선거운동원으로 활동했던 그의 사위 이태호 선생의 증언, 2001년 10월 28일.

25 「연보」, 252~253쪽.

26 이하 납북 인사들에 대한 기술은 이태호 지음, 신경완 증언, 『압록강변의 겨울: 납북요인들의 삶과 통일의 한』(서울: 다섯수레, 1991)을 참조.

27 조철, 『죽음의 세월』(서울: 성봉각, 1963), 142~145쪽.

28 이러한 '다섯 단계 통일방안'은 성격상 중립화 통일론과 유사하다. 지금까지 거론된 중립화 통일 방안에 대하여는 강종일 · 이재봉 편저, 『한반도의 중립화통일은 가능한가』(서울: 들녘, 2001)에 자세하게 소개되어 있다.

29 남북 평화통일을 위한 '중립화' 담론이 그동안 뜻있는 인사들에 의해 제기되었지만 이것은 국내 정치권력 차원의 이념적 성격을 처음부터 부정하는 것이기 때문에 현실적 적용도가 떨어진다. 그리고 오늘날과 같이 자본주의 시장경제가 확산되고 있고 국가 간 이념 대결이나 군사 동맹을 넘어 시장 확보와 이익 증대라는 보다 현실적인 목표의 성취를 위하여 세계의 거의 모든 국가들이 사실상 스위스와 같은 입장을 취하면서 경쟁하고 있기 때문에 이제는 그 실효성이 거의 없다고 본다. 정윤재, 앞의 글 참조.

30 「전 남조선 정치 활동가 안재홍」, 조국통일민주주의전선중앙위원회, 『조국의 평화통일을 위하여』(평양: 조국통일민주주의전선중앙위원회, 1956), 182~189쪽 참조.

31 「연보」, 253쪽; 『선집 3』의 화보 참조.

32 심재호 씨는 《일간 뉴욕》의 발행인이다. 《동아일보》 1989년 3월 21일자 참조.

33 신준영, 「방문 취재, 평양시 신미리 재북통협 특설 묘지, 정인보 현상

윤 백관수 박열 송호성··· 누워서도 남쪽 하늘만 보십니다」,《민족21》
(2002년 7월호), 20~27쪽 참조.

34 현재로서는 안재홍이 '진보적 민족주의자'로서 북한 공산주의를 인정
하지 않았다고 이렇게 추정할 수 있지만, 그가 '진보적 민족주의자'로
살겠다고 한 것은 1956년인데 그가 과연 1965년 타계할 때까지 그러
한 태도를 끝끝내 지켰는지, 어떠한 변화는 없었는지, 그리고 한민족 현
대사를 바라보는 시각에 변화는 없었는지 궁금하다. 북한에 있는 동안
각종 저술들을 포함한 그의 제반 활동들을 재검토해 볼 필요가 있다.

35 안혜초의 시, 「풍란을 키우며: 할아버님 민세 안재홍의 25번째 추모제
를 맞는 90주년 3 · 1절에」에서 인용.

에필로그 — 국제적 민족주의론, 다사리이념, 그리고 대한민국

1 안혜초, 「나의 할아버지 민세 안재홍」, 조선어학회수난 50돌 기념 글모
음, 『얼음장 밑에서도 강물은 흘러』(서울: 한글학회, 1993), 101~113쪽
참조. 안혜초(1941년생) 시인은 안재홍 선생의 맏손녀로 1964년 이화
여대 영문과를 졸업하고, 신문기자로 일하다 현재는 시인 및 자유 기
고가로 활동하고 있다.

2 안재홍은 슬하에 3남매를 두었다. 첫째 정용(晸鏞)은 보성전문학교를
졸업하고 해방 후 민우사(民友社)라는 출판사를 경영했으며, 1950년
대부터 진보적 정치인으로 활동한 적이 있으나 1971년 병사했다. 안
영찬, 안혜초, 안영진, 안영운이 그의 자녀들이다. 차남 민용(敏鏞)은
일본 와세다 대학을 졸업하고 귀국하여 활동하다가 6 · 25전쟁 중 병
사했으며, 안영돈이 그의 장남이다.

3 이상 '국제적 민족주의'에 대한 내용은 정윤재, 『다사리국가론: 민세
안재홍의 사상과 행동 연구』(백산서당, 1999), 제2장 "신민족주의 정치

사상 분석"; 정윤재, 「1930년대 안재홍의 문화건설론 연구」, 한국학 중앙연구원 편, 『민세 안재홍 심층연구』(2005, 황금알), 17~58쪽 참조.

4   안재홍의 다사리이념에 대해서는 정윤재, 『다사리국가론: 민세 안재홍의 사상과 행동 연구』, 제1장 "조선정치 철학의 이해"; 정윤재, 「민세 안재홍의 다사리이념 분석」,《동양정치사상사》제11권 2호(2012년 9월), 91~122쪽 참조.

5   출생 순서와 리더십 스타일에 대해서는 정윤재, 『정치리더십과 한국 민주주의』 개정증보판(나남출판, 2013), 제16장 "출생 순서와 리더십 스타일, 그리고 한국 정치", 553~571쪽 참조.

6   성공적인 정치 지도자는 시대에 맞는 비전(vision), 안목과 기술(intelligence & skills), 그리고 상황 장악 능력(dominance)을 갖추어야 한다. 정윤재, 위의 책, 제2장 "마키아벨리와 정치발전", 65~86쪽 참조.

부록 1 ─ 1930년대 안재홍의 문화건설론 연구

1   천관우, 「해제」,『선집 1』, 10쪽.

2   안재홍, 「조선인의 정치적 분야」,《조선일보》, 1925년 1월 21일자 사설;『선집 1』, 993~996쪽.

3   김인식, 「안재홍의 신민족주의 사상과 운동」, 중앙대학교 사학과 박사학위논문(1997), 13~15쪽.

4   안재홍은 이들을 "민족적 타협 운동"으로 규정하고 이는 일본 총독 당국의 "양해 혹은 종용" 아래에서 비로소 있을 수 있었던 것으로 이해했다. 그리고 이들은 "대중이란 흔히 공리적 견지로서 움직이기 쉽다는 약점을 이용할 것"이라면서 첫째, 철저한 해방으로 가는 일단계로서 타협 운동을 내세울 것이며, 둘째, 각 지방에 철도, 항만 건설, 교육 시설 보급 등과 같은 물질적 이익 증진을 미끼 삼아 인민들을 끌어들

이고자 할 것이며, 셋째, 지사 · 과장 · 군수 · 면장 등에 조선인을 기용하면서 허영심과 명예욕을 이용하여 유능한 인사들을 동원할 것이라고 적나라하게 비판하고 경계하였다. 안재홍, 「조선 금후의 정치적 추세」, 《조선일보》 1926년 3월 16~19일 사설; 『선집 1』, 190쪽.

5   이에 대해서는 마이클 로빈슨, 김민환 역, 『일제하 문화민족주의』(서울: 나남, 1990), 242쪽 및 제6장 참조. 이 책에서 분석된 '문화적 민족주의'는 일제 치하에서 등장했던 이광수나 최린 같은 인물들이 주동이 되었던 자치론자들의 논리와 행동들을 규정하는 분석 개념으로, 이는 물론 헤르더의 문화민족주의와는 전연 구별되는 것이다. 각주 37 참조. 그러나 최근 1920년대 《동아일보》의 사설 내용 분석을 통해 동아일보계 민족주의자들은 일제가 종용한 동화주의적 타협을 거부하고 인도식 '독립주의 자치론'에 따른 담론 투쟁을 벌였음을 밝힘으로써, 동아일보계 지식인들 혹은 이른바 문화민족주의자들에 대한 일방적 매도를 경계하였다. 김용직, 「1920년대 일제 '문화통치기' 민족언론의 반패권 담론투쟁에 관한 소고」, 한국정신문화연구원 편, 『식민지근대화론의 이해와 비판』(백산서당, 2004), 171~194쪽.

6   이것은 안재홍이 3 · 1운동 이후 10년간의 체험과 정세 변화, 그리고 특히 신간회의 좌절을 경험한 다음, "초신적 신진에는 분명하면서 실천의 생활에서는 오히려 저열한 구형태에 침체 및 정돈하고 있는 상태"를 탈피할 것을 절규하면서 내세운 "민중운동의 새 전술"에 해당하는 것이었다. 「해제」, 『선집 1』, 15쪽.

7   '문화건설론'은 안재홍이 쓴 「문화건설 사의」(1934. 6)란 기명사설에서 착안하여 1930년대에 걸쳐 그의 문화 관련 견해들을 '문화민족주의'와 구별, 총칭하여 필자가 만든 용어이다.

8   '민공협동'은 신간회운동에서 보듯 민족진영이 이니셔티브를 쥐고 공산주의자들과 함께 민족통일전선을 형성하여 공동 목표를 추구하는 좌우합작으로 안재홍은 신간회에서의 경험을 살려 해방 직후 조선건

국준비위원회와 좌우합작운동에서 이 같은 방식에 의한 통일임시정부의 수립을 꾀하였다. 정윤재, 『다사리공동체를 항하여: 민세 안재홍 평전』(한울, 2002), 101~108쪽.

9   천관우, 「해제」, 『선집 1』, 15쪽.

10 박찬승, 「1930년대 안재홍의 민세주의론」, 정윤재 외, 『민족에서 세계로: 민세 안재홍의 신민족주의론』(서울: 봉명, 2002), 386~387쪽.

11 정윤재, 앞의 책, 64~65쪽.

12 위의 책, 68~69쪽.

13 위의 책, 70쪽.

14 위의 책, 71쪽.

15 『선집 3』, 441쪽.

16 정윤재, 앞의 책, 71~72쪽.

17 위의 책, 77쪽.

18 위의 책, 81~82쪽.

19 안재홍, 「민세필담: 민중심화과정」, 『선집 1』, 470~471쪽.

20 안재홍, 「조선인과 의사통제 문제」, 1931년 9월 2일자 사설; 『선집 1』, 429쪽.

21 위의 글, 『선집 1』, 430쪽.

22 위의 글, 『선집 1』, 430~431쪽.

23 안재홍, 「민세필담: 민중심화과정」, 『선집 1』, 477쪽.

24 위의 글, 『선집 1』, 479쪽.

25 위의 글, 『선집 1』, 482쪽.

26 위의 글, 『선집 1』, 485쪽.

27 위의 글, 『선집 1』, 484, 501쪽.

28 위의 글, 『선집 1』, 486~491쪽.

29 안재홍, 「병화 만난 재만 동포」, 『선집 1』, 440, 445쪽.

30 안재홍, 「국제연대성에서 본 문화특수과정론」, 『선집 1』, 565~566쪽.

31 안재홍, 「허구한 동무: 민족애는 존귀」, 『선집 1』, 446쪽.

32 안재홍, 「국민주의와 민족주의: 간과치 못할 현하경향」, 『선집 1』, 462쪽.

33 안재홍, 「민세필담 속」, 『선집 1』, 508~509쪽.

34 위의 글, 『선집 1』, 501쪽.

35 안재홍, 「미래를 지나 금일에」, 『선집 1』, 511~512쪽 참조.

36 위의 글, 『선집 1』, 512쪽.

37 이러한 안재홍의 생각은 헤르더(J. G. von Herder, 1744~1803)의 문화민족주의와 맥을 같이한다. 헤르더는 민족을 특정 지역에 자리 잡은 구체적인 존재인 동시에 언어, 예술, 관습 등을 포함하는 형이상학적 문화의 범주에서 이해되는 대상으로 간주하였으며, 자신만의 고유한 문화를 보유한 각 민족만이 전 인류의 조화로운 발전에 공헌한다는 명제를 근간으로 민족주의와 국제주의의 조화 혹은 양립 가능성을 인정하였다. 그리고 헤르더의 문화민족주의는 민족주의에 있어서 문화적 요소를 부각시켜 민족주의의 정치적 측면을 새로운 차원으로 전환시켰고, 문화가 단순히 비정치적 차원의 문제가 아니라 정치적 조직 원리의 유기적 구성 부분임을 입증하였다. 헤르더의 문화민족주의에 대해서는 박의경, 「헤르더(Herder)의 문화민족주의: 열린 민족주의를 위한 시론」, 《한국정치학회보》 제29집 1호(1995), 331~352쪽 참조.

38 안재홍, 「미래를 지나 금일에」, 『선집 1』, 512쪽.

39 안재홍, 「국제연대성에서 본 문화특수과정론」, 『선집 1』, 559쪽.

40 위의 글, 『선집 1』, 564쪽 참조.

41 위의 글, 『선집 1』, 565~566쪽 참조.

42 1930년 신년사의 주제였다.

43 안재홍, 「국제연대성에서 본 문화특수과정론」, 『선집 1』, 567~569쪽.

44 안재홍, 「민세필담: 민중심화과정」, 『선집 1』, 481쪽. 안재홍은 해방된 직후인 1945년 9월에 낸 『신민족주의와 신민주주의』(민우사)에서는

이러한 그의 역사관을 "종합적 유물사관"이라 불렀다.

45   안재홍, 「조선인의 처지에서」, 『선집 1』, 464쪽.

46   안재홍, 「민세필담: 민중심화과정」, 『선집 1』, 491~501쪽.

47   위의 글, 『선집 1』, 491~493쪽.

48   위의 글, 『선집 1』, 495쪽.

49   위의 글, 『선집 1』, 495~497쪽. 한민족의 이 같은 결점의 지적은 그
      내용에 있어서 이광수가 민족 개조를 내세우며 지적했던 것들과 유사
      하다고 볼 수 있다. 그러나 안재홍은 그러한 결점들이 잘못된 정치사
      적 경험 등과 관련하여 역사적으로 후천적으로 형성된 것으로 인식하
      고, 또 그것은 장차 노력 여하에 따라 얼마든지 교정될 수 있다고 인식
      하였다. 반면 이광수는 한민족의 단점을 그 장점과 함께 '내적 본성'
      으로 파악했고, 민족적 전통보다는 서구적 가치관에 따라 개조되어야
      한다고 생각했다. 이광수, 「민족개조론」, 《개벽》 제3권 5호(1922. 5),
      18~72쪽 참조.

50   안재홍, 「사회와 자연성」, 『선집 1』, 537~539쪽 참조.

51   위의 글, 『선집 1』, 541쪽.

52   안재홍은 1936년 당시 불어닥친 한민족 사이에서의 높은 교육열을
      경술국치 시기의 제1차 향학열, 기미독립운동 당시의 제2차 향학열
      다음의 제3차 향학열이라고 규정하여 그 역사적 의미를 평가하였다.
      안재홍, 「문화건설 사의」, 『선집 1』, 514~515, 518쪽 참조.

53   위의 글, 『선집 1』, 516~520쪽.

54   위의 글, 『선집 1』, 520~521쪽.

55   위의 글, 『선집 1』, 531쪽.

56   위의 글, 『선집 1』, 524~530쪽.

57   위의 글, 『선집 1』, 531쪽. 안재홍은 이렇게 모성 교육을 통한 민족 정
      서의 보급 및 자녀 교육의 향상을 꾀하여 민족을 암흑에서 구한다 하
      여 스스로 '모성구족론(母性救族論)'이라 표현하였다. 위의 글, 『선집

1』, 524쪽.

58 물론 이광수나 최린 등 이른바 자치론자들도 간디를 인용하며 비폭력을 말하였으나, "식민당국과 대항하는 데 위축되어 있으면서 간디의 민족주의와 그 (비폭력적인) 전략을 실천한다는 말은 기만에 지나지 않았다." 마이클 로빈슨, 김민환 역, 앞의 책, 214쪽.

59 이 같은 견해는 최근의 한 연구에서도 드러난 바 있다. 박의경, 「민족문화와 정치적 정통성: 루소와 헤르더」, 《한국정치학회보》 제36집 3호 (2002년 가을), 51~70쪽; 정윤재, 「일제하 한국 지식인들의 저항과 식민지 근대화론」, 한국정신문화연구원 편, 『식민지근대화론의 이해와 비판』(백산서당, 2004), 195~202쪽.

부록 2 — 안재홍의 '신민족주의' 역사의식과 평화통일의 과제

1 헌법 제4조는 "대한민국은 통일을 지향하며, 자유민주적 기본 질서에 입각한 평화적 통일 정책을 수립하고 이를 추진한다."고 명시하고 있다.

2 안재홍의 삶에 대해서는 천관우, 「민세 안재홍 연보」, 《창작과비평》 (1978년 겨울호); 정윤재, 『다사리공동체를 향하여: 민세 안재홍 평전』 (한울, 2002) 참조.

3 특히 '다사리국가'의 정치사상에 대해서는 정윤재, 「민세 안재홍의 다사리이념 분석」, 《동양정치사상사》 제11권 2호, 91~122쪽 참조.

4 이 책은 1945년 8월 15일 이후 약 한 달 사이에 쓰인 것이나, 같은 해 12월에 민우사(民友社)에 의해 출판되었다. 이후부터 『신민족주의』로 인용함.

5 안재홍, 『한민족의 기본진로』(서울: 조양사, 1948). 이하에서 『기본진로』로 인용함.

6 『신민족주의』, 5쪽.

7   『신민족주의』, 6쪽.

8   안재홍, 「조선인의 처지에서」,《조선일보》, 1931년 3월 2일; 『선집 1』, 463쪽.

9   『신민족주의』, 7~8쪽.

10   『선집 1』, 463쪽.

11   『신민족주의』, 6~7쪽.

12   『신민족주의』, 9쪽.

13   헤르더의 '문화적 민족주의'에 대해서는 F. M. Barnar, *Herder on Social and Political Culture*(London: Cambridge Univesity Press, 1969); 박의경, 「헤르더의 문화민족주의」,《한국정치학회보》 제29집 1호(1995), 331~352쪽 참조.

14   『신민족주의』, 10쪽.

15   『신민족주의』, 11쪽.

16   몽테스키외의 정치사상에 대해 간단하면서도 유익한 소개는 Melvin Richter, "Montesquieu," in David Sills (ed.), *International Encyclopedia of the Social Sciences* Vol. 10(New York; The MacMillan Co. and The Free Press, 1968), 467~476쪽.

17   『신민족주의』, 6쪽.

18   『신민족주의』, 6쪽.

19   『신민족주의』, 10쪽.

20   안재홍은 1948년에 출판한『한민족의 기본진로』에서 이 같은 마르크스주의 유물사관을 비판하면서 대안으로 '종합적 유물사관'을 제시했다. 그것은 한 국가나 민족의 역사적 운명은 경제적 조건 외에 첫째, 풍토 자연, 둘째, 국제적 제약 관계, 셋째, 이상의 두 가지 조건들로 형성되는 사회 인습적인 제 조건 등에 의해 결정되는 경향이 있다는 것을 핵심으로 하고 있다. 정윤재,『다사리국가론』(백산서당, 1999), 60~62쪽 참조.

21 『신민족주의』, 11쪽.

22 『신민족주의』, 11쪽.

23 『신민족주의』, 14~15쪽.

24 『신민족주의』, 15쪽.

25 『신민족주의』, 15~16쪽.

26 『신민족주의』, 15~16쪽.

27 안재홍의 이러한 평가는 재고할 여지가 있다. 특히 루터의 종교개혁이 나 헤겔, 리스트의 민족국가론은 독일 민족의 범주를 뛰어넘는 근대적 사유로 간주될 수 있기 때문이다. 안재홍은 이러한 사례들이 지닌 근대적 의미들보다 독일 민족주의의 부정적 전개라는 틀을 강조했던 것으로 보인다.

28 『신민족주의』, 16~17쪽; 독일의 민족주의와 영국 · 프랑스의 그것의 차이에 대해서는 박호성, 「독일 민족주의의 역사적 특성과 현실적 과제」, 《사회와 사상》 122(1990년 6월), 80~105쪽.

29 『신민족주의』, 18쪽.

30 『신민족주의』, 19쪽.

31 『신민족주의』, 6쪽. 이상 8 · 15 이후 해방 정국에 대한 민족주의적 접근에 대한 부분은 정윤재, 『다사리국가론』, 46~52쪽의 내용을 수정 가필하여 활용한 것임을 밝힌다.

32 안재홍은 신채호를 존경해 《조선일보》 사장 시절 신채호의 『조선상고문화사』와 『조선사』를 이 신문의 학예 특집으로 게재케 함으로써 일제 치하에서 민족의식과 독립정신을 고양시키고자 했다. 천관우, 「민세 안재홍 연보」, 《창작과비평》(1978년 겨울호) 참조.

33 『기본진로』, 87~90쪽 참조.

34 이하에서 소개되는 네 가지 유형은 독자의 이해를 돕고자 안재홍의 설명을 참고하여 필자가 명명한 것이다.

35 『기본진로』, 92~93쪽.

36   『기본진로』, 92~93쪽.

37   『기본진로』, 87~88쪽.

38   송건호, 「해방의 민족사적 인식」, 송건호 외, 『해방전후사의 인식』(서울: 한길사, 1980), 23쪽 참조.

39   『기본진로』, 342~343쪽.

40   『기본진로』, 342쪽.

41   『기본진로』, 341쪽.

42   『기본진로』, 36~37쪽.

43   『기본진로』, 56~57쪽.

44   안재홍, 「재투쟁의 결심으로」, 1946년 4월 12일, 서울중앙방송을 통한 연설문, 『선집 2』, 119쪽.

45   안재홍, 「건국 국민운동의 고조」, 1946년 2월 13일, 서울중앙방송을 통한 연설문, 『선집 2』, 88쪽.

46   『기본진로』, 60~61쪽.

47   이상 해방 직후 민족투쟁의 필요성에 대해서는 정윤재, 『다사리국가론』, 52~58쪽의 내용을 수정 가필하여 활용한 것임을 밝힌다.

48   『기본진로』, 27쪽.

49   정윤재, 「안재홍과 백남운의 정치사상 비교분석」, 정윤재, 『다사리국가론』(백산서당, 1999), 97쪽 참조.

50   김인식, 「제헌의회기 안재홍의 대한민국 보성강화론」, 《한국사학보》 제39호(2010), 262~273쪽.

51   본 절에서 소개하는 안재홍의 평화통일 방안은 대부분 김인식, 「대한민국정부 수립 후 안재홍의 민족통일론」, 《한국근현대사연구》 제60집 (2012년 봄호), 160~190쪽을 참조하여 간추려 쓴 것이다.

52   위의 글, 185~186쪽.

53   위의 글, 161~162쪽.

54   「안재홍 신생회 대표의 정부수립 1주년 기념 담화」, 《자유신문》, 1949년

8월 16일자.

55   안재홍이 무력통일론을 비판한 논지는 김인식, 「대한민국정부 수립
      후 안재홍의 민족통일론」, 174~175쪽 참조.

56   간단히 말해서 안재홍은 국내외에서 군사력의 우위를 동반한 민주역
      량을 기반으로 화평통일을 달성하자는 것이었고, 그것의 국제적 측면
      이 '무장적 평화해결론/민주주의 보루론'이며, 국내적 측면이 '민주역
      량 강화론'이었다. 김인식, 위의 글, 175~176쪽 참조.

57   위의 글, 176쪽.

58   위의 글, 176쪽.

59   '민주주의 보루론'에 대해서는 위의 글, 177~180쪽 참조.

60   위의 글, 181쪽.

61   안재홍, 「강토통일과 남한정치문제」, 『선집 7』, 247~248쪽.

62   김인식, 「대한민국정부 수립 후 안재홍의 민족통일론」, 181~182쪽.

63   《한성일보》, 1949년 1월 기명논설, 「대한민국의 건국이념」, 『선집 2』,
      394~396쪽.

64   김인식, 「대한민국정부 수립 후 안재홍의 민족통일론」, 161쪽.

65   「안재홍 신생회 대표의 정부수립 1주년 기념 담화」, 《자유신문》, 1949년
      8월 16일자.

66   1950년의 5·30총선(제2대 국회의원선거)에서 한동안 정치참여를 거부
      했던 한국독립당 등 민족진영 인사들이 대거 무소속으로 출마하여 당
      선됨으로써 제2대 국회는 민족진영 인사들 중심의 무소속이 과반수
      의석을 차지하였다. 이같이 '민주역량의 집결'이 이루어짐으로써 이
      승만 행정부와 함께 새로운 통합의 정치를 실천할 수 있는 계기가 조
      성되었다. 그러나 곧이어 북한이 6·25전쟁을 일으켜 폭력적 공산화
      통일을 기도함으로써 이 기회는 무산되었음을 지적하지 않을 수 없다.
      그 이후 북한은 군사적 도발을 계속 이어 갔고, 최근의 북핵 위기도 같
      은 맥락에서 추진된 것으로, 북한은 줄곧 전체주의적 독재체제하에서

'폭력적 공산화 통일 노선'으로 일관해 오고 있는 것이다.

67 『신민족주의』, 21~22쪽.

68 '비폭력적 접근'이라 해서 당장 군대와 한미상호방위조약 등을 폐지하자는 것이 결코 아니다. 그것은 평화통일을 추구하는 과정에서 폭력적 도발의 억제와 응징 능력은 보유하되 그것의 선제적 사용을 최대한 절제하고 인간의 '창조적 잠재성(creative potential)'을 신뢰하며 각종 비폭력적 수단과 절차를 보다 적극적으로 발굴하고 활용하는 것이다. 이 것은 북한의 테러를 포함한 각종 무력 도발을 올곧게 비판하고 부단히 인내하며 나아가는 또 하나의 '불복종 진리투쟁(satyagraha)'이다. 비폭력적 대안에 대한 정치 이론적 논의로는 글렌 페이지, 안청시·정윤재 역, 『비폭력과 한국정치』(집문당, 1999); 조인원·이동수 편, 『탈20세기 대화록: 이념 이후의 시대를 말한다』(아카넷, 2006), 제3장 "비폭력 리더십과 21세기 세계평화", 51~71쪽(이것은 페이지 교수와 정윤재 교수의 대담록이다.); 글렌 페이지, 정윤재 역, 『비살생정치학: 세계평화를 위한 신정치이론』(백산서당, 2007) 참고.

69 대한민국 헌법 전문은 "유구한 역사와 전통에 빛나는 우리 대한민국은 3·1운동으로 건립된 대한민국 임시정부의 법통과 불의에 항거한 4·19 민주 이념을 계승하고, 조국의 민주개혁과 평화통일의 사명에 입각하여"라는 문장으로 시작된다.

70 Young Whan Kihl, *Politics and Policies in Divided Korea: Regimes in Change*(Boulder: Westview Press, 1984), p. 28.

71 2차 대전 직후 한반도에서 우리 민족 스스로 어찌하지 못하던 중에 일본군 무장해제를 목적으로 미국과 소련이 우리 민족의 의사를 고려하지 않고 임의로 군대를 남북에 각각 주둔시킴으로써 우리가 비자발적으로 분단되었고 이는 이후의 수다한 국제적 분규의 원인을 제공했다. 그래서 안재홍은 분단 이후 남북한은 언제나 일치단결하여 자주적인 선택과 지향으로 민족통일을 성취하기에 매진해야 한다고 역설했다.

안민세, 「신민족주의의 과학성과 통일독립의 과업」, 《신천지》 제4권 제7호(1949년 8월호), 14~19쪽 참조.

72 정윤재, 「글로벌리즘과 동아시아 국제질서, 그리고 대한민국」, 김 영작 편, 『한국 내셔널리즘의 전개와 글로벌리즘』(백산서당, 2006), 469~494쪽 참조. 대만화란 국제법적으로 독립국가이기는 하나 그 정치적 · 군사적 · 외교적 기능과 역할이 크게 제한되어 겨우 국제무 역 혹은 관광 대상국에 지나지 않는 국가로 전락함을 뜻한다.

73 물론 언제나 충분한 자주국방 능력과 안보 태세를 확립하고 있어야 하 는 것은 당연하다. 그리고 남북 간 비군사적 분야에서의 교류 내용과 폭은 구체적인 남북 관계 양상과 정권의 성격에 따라 다를 수밖에 없 을 것이며, 남북 간 군사적 분쟁이나 전쟁이 발생했을 경우를 대비한 정책이나 전략은 평화통일의 범주 밖에 있는 것이다.

74 이를 위해 대한민국은 자유의 가치를 최선의 정치 방법으로 적극 취하 면서, 평등 및 복지의 가치를 정치의 궁극적인 목표로 통합하는 '다사 리이념'을 추구하는 민주공화국(民主共和國)으로서 세계 어느 국가와 도 군사적 동맹을 맺지 않는 통일국가를 지향할 것임을 우선 내부적으 로 합의하고, 이를 북한과 협의하는 것이 가장 바람직하다. 이것은 남 한과 북한이 추구하는 한반도 통일국가가 결코 주변 강국들의 우려의 대상이 아니며, 오히려 이것은 주변 국가들에게 유익을 끼치는 국가로 서 동북아 평화체제 구축을 위한 전혀 새로운 접근법임을 설득하는 데 유리하다. 설령 여전히 '폭력적 공산화 통일 노선'을 취하고 있는 북한 이 이에 쉽게 응하지 않을 경우라도, 대한민국은 이것을 평화통일에 대한 비군사적 '비폭력적 대안(Nonviolent alternatives)'의 하나로 줄기차 게 요구하고 추진해야 한다.

75 박은식, 김도형 역, 『한국독립운동지혈사』(소명출판, 2008), 535쪽.

76 이외에도 소프라노 김천애는 "평화로운 꿈을 꾸는 너의 혼은 예 있으 니 화창스런 봄바람에 환생키를 바라노라" 하는 홍난파의 「봉선화」를

가는 곳마다 단속을 피해 가며 불렀고, 「나는 왕이로소이다」란 시를 써서 민주공화주의를 계몽했던 것으로 보이는 시인 홍사용은 「청산백운」이란 산문을 통해 "청산백운을 누가 알랴? 다만 청산은 백운이 알고 백운은 청산이 알 뿐이지! …… 뒷일을 누가 알랴마는 아무려나 작히 좋으랴. 잘 되거라. 잘 나거라. 잘 크거라. 잘 되거라. 꽃봉오리 적에 잘 피거라. 花無十日紅 지지 말고 무궁, 무궁화가 네 소원이거라."는 메시지를 전했다. 또 가수 고복수는 조선총독부의 신가요 정책에 반발하여 만주로 망명하여 일제 치하는 어디나 타향일 수밖에 없다는 내용의 「타향살이」를 만들어 불렀다. 반면, 일찍부터 윤치호나 이광수는 독립에의 희망을 포기하고 약육강식, 적자생존의 사회진화론에 빠져 일제에 협력하는 친일동화의 길을 갔다. 한상우, 『기억하고 싶은 선구자들』(지식산업사, 2003), 180~187, 198~211쪽; 김학동, 『홍사용 평전』(새문사, 2016), 93쪽 참조.

77   그동안 전문가들 사이에 이와 같은 유형의 전략이 '중립화 모델'로 제시되어 왔으나, 필자는 오늘날과 같은 지구화 시대에는 대부분의 나라들이 사실상 스위스와 같은 입장에서 교류, 협력하고자 하며 남북한도 최근처럼 서로 합의만 하면 되므로 굳이 중립화 통일이란 용어를 사용할 필요가 없다고 본다.

1891년

12월 30일, 경기도 평택군 고덕면 두릉리 646번지에서 안윤섭(安允燮)과 남양 홍씨(南洋 洪氏)의 9남매 중 차남으로 출생하다.

1896~1897년

두릉리 가숙에서 한문을 수학하다.

1905년

화성의 경주 이씨 정순(貞純)과 혼인하다.

1907년

평택 사립 진흥의숙에 입학하다. 곧 수원의 기독교계 사립학교로 전학하고, 다시 서울의 황성기독교청년회(현재의 YMCA) 중학부에 입학하다.

1910년_____

9월, 일본 동경으로 유학을 떠나 청산학원(靑山學院)에서 일본어를 공부하다.

1911년_____

9월, 와세다 대학(早稻田大學) 정경학부에 입학하다.

10월, 조선인 유학생 학우회를 조직하다. 중국의 신해혁명에 자극을 받아 조소앙(趙素昻)과 함께 중국 망명을 시도하다가 헌병대에 검거되다. 이즈음 "민중의 세상"이란 뜻에서 아호를 民世(민세)로 정했다. 이는 나중에 "민족에서 세계로 세계에서 민족으로"라는 뜻도 가지게 되었다.

1912년_____

3~4월, 서울 YMCA에 관여하여 일하던 이승만(李承晩)이 총독부의 퇴거 처분을 받고 미국에 가던 중 동경에 들렀을 때 만나다. 이후 이승만이 하와이에서 발행하는《태평양》의 기고자가 되고 지국(支局) 일을 맡다.

1913년_____

중국 여행. 상해로 밀행하여 독립혁명단체 동제사(同濟社)에 가담하다. 신채호, 신규식 등 지사들을 만났으나, 경제적 기반이 없는 해외 운동보다 국내 투쟁에 주력할 것을 각오하고 일본으로 돌아오다.

1914년_____

와세다 대학 졸업과 함께 귀국하다.

1915년_____

5월, 인촌 김성수가 운영하던 중앙학교(中央學校) 학감(學監)이 되다.

1917년

중앙학교 학감을 사임하다. 중앙기독교 청년회 교육부 간사로 재임하다.
5월 대종교(大倧敎) 신도가 되다.

1919년

5월, 서울에서 대한민국 청년외교단(靑年外交團) 비밀 조직에 가담하다.
11월, 청년외교단 조직이 대구에서 발각되어 검거되다.(제1차 옥고)

1922년

대구감옥에서 출옥한 후 후유증을 치료하기 위해 약 1년 동안 요양하다.

1924년

1월, 연정회(硏政會) 조직을 협의하는 모임에 나갔다가 되돌아오다. 그 후
자치운동에 반대하다.
4~6월, 언론집회압박탄핵운동의 실행위원이 되다.
4월, 물산장려회(物産獎勵會) 이사로 참여하다.
5월,《시대일보》(사장 최남선) 논설기자로 입사하다.
7월,《시대일보》에 보천교(普天敎)의 경영 개입으로 분규가 발생하자 퇴
사하다.
9월,《조선일보》주필 겸 이사로 입사하다.

1925년

4월, 조선기자대회 부회장으로 피선되다.(회장은 이상재《조선일보》사장)
9월, 조선사정연구회(朝鮮事情硏究會)에 참여하다.
12월, 태평양문제연구회(太平洋問題硏究會)에 참여하다.

1926년

3월, 강달영, 박동원, 이종찬, 신석우, 오상준 등과 함께 중국의 국민당(國民黨)과 같은 조직을 만든다는 방침 아래 민족·사회 양 진영의 연합전선 결성에 합의하다. 민립대학기성운동에 재계 대표로 선정되다.

1927년

2월, 신간회(新幹會) 창립 시 총무간사로 피선되다.

12월, 재만동포옹호동맹(在滿同胞擁護同盟)의 위원장에 피선되다.

1928년

1월, 사설「보석지연의 희생」으로 투옥되다.(제2차 옥고)

4월, 시평「구명운동」을 집필하다.

5월, 사설「제남사건의 벽상관」으로 투옥되다.(제3차 옥고)

1929년

1월,《조선일보》부사장에 취임하다.

3월,《조선일보》의 생활개신운동을 주도하다.

12월, 신간회의 광주학생사건(光州學生事件) 진상보고 민중대회 사건으로 다시 투옥되다.(제4차 옥고)

1930년

1월,「조선상고사관견」을《조선일보》에 연재하다.

1931년

5월, 옥중에서《조선일보》사장으로 취임하다.

1932년

3월, 만주동포 구호의연금 유용 혐의로 다시 검거되다.(제5차 옥고)

4월, 《조선일보》 사장직을 사임하다.

1934년

위당(爲堂) 정인보(鄭寅普)와 『여유당전서』를 교열하여 신조선사에서 간행(1938)하다. 정다산(丁茶山)에 관한 일련의 논문들을 발표하다.

1935년

5월, 《조선일보》 객원(客員)으로 글쓰기를 계속하다.

1936년

5월, 군관학교사건(軍官學校事件)으로 검거되다.(제6차 옥고)

1938년

4월, 첫 부인 이정순 여사가 별세하다.

1938년

5월, 흥업구락부(興業俱樂部)사건으로 검거되었다가 3개월 만에 풀려나다.(제7차 옥고)

10월, 군관학교사건의 2심에서 2년형이 확정되어 다시 투옥하다.(제8차 옥고)

1940년

고향 두릉리에서 『조선상고사(朝鮮上古史)』와 『조선정치철학』에 관한 저술을 시작하다.

1월, 익산 출신 분성 김씨 부례(富禮)와 재혼하고 『조선통사』의 집필을 시작하다.

12월, 조선어학회(朝鮮語學會)사건으로 검거되었다가 1943년 3월 불기소로 홍원에서 석방되다.(제9차 옥고)

7월, 출옥한 후 고향으로 내려가다.

『삼일신고주』를 완성하다.

12월 상순부터 총독부 측에서 전후 문제 처리를 위해 집요하게 접촉을 시도하다. 몽양의 건국동맹 참여 권유를 거절하다.

5월, 일제의 협력 요청에 몽양과 함께 민족대회소집안으로 응수하다. 이후 암살 위협으로 숙소를 옮기며 지내다.

8월 15일, 조선건국준비위원회(朝鮮建國準備委員會) 준비에 참여하여 부위원장이 되다.

8월 16일, 오후 3시, 6시, 9시 세 차례에 걸쳐 「해내 해외의 3천만 동포에게 고함」을 전국에 방송하다.

9월 4일, 건국준비위원회를 탈퇴하다.

9월 20일, 『신민족주의와 신민주주의』를 탈고하고, 그해 12월 민우사에서 출판하다.

9월 24일, 국민당(國民黨)을 창당하고 중앙집행위원장이 되다.(부위원장에

명제세, 박용희)

12월 29일, 신탁통치반대(信託統治反對) 국민총동원위원회 부위원장에 피선되어 활동하다.

1946년

1월, 임정 주도의 비상국민회의(非常國民會議) 주비회장으로 일하다가 최고정무위원으로 피선되다. 비상국민회의가 미군정의 자문기관인 남조선대한국민대표민주의원으로 되면서 그것의 의원 중 1인으로 피선되다.

2월, 《한성일보(漢城日報)》사장으로 취임하다.

3월, 국민당과 한독당(韓獨黨)이 통합되고, 한독당 중앙상무위원 및 훈련부장으로 피임되다.

7월, 좌우합작위원회(左右合作委員會) 우측 대표로 지명되다.

12월, 남조선과도입법의원 관선의원으로 피임되다.

1947년

2월, 미군정의 민정장관(民政長官)에 취임하다.

6월, 『조선상고사감』 상권을 간행하다. 미소공위 참여 문제로 한독당에서 제명되다.

8월, 일본 어선들의 독도 지역 영해 침범에 대처하기 위해 독도 현지 조사를 지시하고 추진하다.

9월, 김병로, 이극로, 홍명희, 박용희, 김호, 김원용 등과 7인공동성명을 발표하다. 조병옥과 함께 시국대책요강을 하지 사령관에게 제출하다. 이 문서는 곧 정무위원회와 시도지사 및 부처장 합동회의에서 만장일치로 추인되다.

9~10월, 홍명희를 위원장으로 하는 민주독립당(民主獨立黨) 창당 및 한국민족자주연맹 창립에 관여하다.

4월, 남북협상에 참가하는 김구에게 그 위험성을 설명하고, 북행 이전에 방북에 대한 입장을 천명할 것을 권고하다. 『조선상고사감』 하권을 간행하다.

5월, 남북총선거가 최선이지만 그것이 불가능할 경우 가능한 지역(남한)만에서의 총선거는 차선(次善)이라고 규정하다.

6월, 군정장관 딘 소장에게 민정장관직 사임서를 제출하고 《한성일보》 사장으로 복귀하다.

8월, 정부 수립 축하차 내한하는 맥아더 사령관에게 미국이 극동 정책 차원에서 일본을 지원하되, 다시는 주변 국가 침략을 하지 못하게 하는 데 유의해야 함을 주장하는 논설을 쓰다. 논설 「이 대통령의 대정방향(大政方向)」에서 이 대통령은 민족통일을 위해 미국뿐 아니라 국내 민족진영과 긴밀하게 협조해야 한다고 주장하다.

9월, 신생회(新生會)를 설립하다. '신생활 구국운동'을 표방하다.

3월, 유엔한국임시위원단이 내한하다. 안재홍은 중국 대륙에서 공산진영이 유리해지고 있기 때문에 북한이 국회의원 선거에 협조할 가능성이 없다고 판단하다.

5월, 대종교의 정교(正敎) 및 원로원 참의(元老院 參議)로 피선되다. 대형(大兄)의 칭호를 받다. 『한민족의 기본진로: 신민족주의 건국이념』과 『진정민주주의론』을 간행하다.

5월, 고향 평택에서 제2대 국회의원 선거에서 무소속으로 출마하여 당선되다.

9월 21일, 서울에서 인민군 정치보위부에 연행되다.

9월 26일, 납북되다.

9월, 북한 당국이 납북 인사들로 조직된 재북평화통일추진협의회의 최고 위원의 1인으로 안재홍이 피선됨을 보도하다.

1965년

3월 1일, 평양에서 별세했음을 동경발 합동통신이 보도하다.

3월 5일, 홍명희(洪命熹)를 장례위원장으로 하여 평양에서 장례식이 거행 되고 평양 근교의 야산에 묻히다. 서울 돈암동 유택에서도 유해 없는 영 결식을 거행하다.

3월 9일, 서울 진명여고 삼일당에서 이인(李仁)을 위원장으로, 김도연, 서 민호, 서범석, 여운홍, 이관구, 이범석, 이은상, 최현배를 위원으로 하는 준비위원회에 의해 추도식이 거행되다.

1989년

3월 1일, 대한민국 건국공로훈장 국민장을 수훈하다.(김규식, 조소앙 등 6·25 때 납북된 독립 유공자 22명을 3·1절을 기해 포상)

1991년

11월, '납북 독립유공민족지도자 추모제전위원회'가 결성되어, 국립묘지 애국지사 묘역의 무후선열제단(無後先烈祭壇) 안에 별도의 위패가 봉안되 다.(조소앙, 김규식 등 15명)

1992년

12월, 경기도가 평택군 고덕면 두릉리의 안재홍 생가를 경기도 향토문화 재로 지정하다.

1996년

3월 1일, 평택 생가에서 유가족 친지 및 관계 요원들과 추모식을 거행하다.

1999년

가을, 『민세 안재홍선집 5권』이 지식산업사에서 간행되다.

12월 4일, 민세 안재홍기념사업회 준비위원회가 결성되다.

2000년

10월 21일, 민세 안재홍기념사업회 창립대회가 열리다.

2001년

11월 24일, 제1회 민세학술대회가 개최되다.

국가보훈처에서 안재홍을 '2002년 7월의 독립운동가'로 지정하다.

2002년

3월 1일, 평택 문화예술회관에서 추모식을 거행한 이후 매년 추모 행사가 거행되다.

2006년

매월 다사리포럼을 개최하다.

2009년

독립기념관 뒷마당에 민세 어록비를 세우다.

2010년

민세상이 사회통합 부문과 학술 부문으로 나누어 매년 시상되다.

안재홍의 저술 및 그에 관한 연구

안재홍, 『신민족주의와 신민주주의』, 신조선총서 제1집(민우사, 1945).

———, 『한민족의 기본진로』, 신조선총서 제2집(조양사, 1949).

——— (안지홍), 『진정민주주의론: 자주민주통일독립의 이론』(일한도서출판사, 1949).

———, 「연설문」, 조국통일민주주의전선 중앙위원회 편, 『조국의 평화통일을 위하여』(평양: 조국통일민주주의전선 중앙위원회, 1956).

안재홍선집간행위원회 편, 『민세안재홍선집 1』(지식산업사, 1981).

———, 『민세안재홍선집 2』(지식산업사, 1983).

———, 『민세안재홍선집 3』(지식산업사, 1991).

———, 『민세안재홍선집 4』(지식산업사, 1992).

———, 『민세안재홍선집 5』(지식산업사, 1999).

———, 정민 풀어씀, 『정민 교수가 풀어 읽은 백두산등척기』(해냄, 2010).

안재홍,「명사제씨의 학생시대 회고」,《신동아》1934년 4월호.

_____,「구문명의 붕괴. 신문명의 건설: 30년 만의 동경을 보고 와서」,《삼천리》 1935년 7월호.

_____,「신단재학설사관: 존귀한 그의 사학사상의 업적」,《조광》1936년 4월호.

_____,「나의 경구집」,《조광》1936년 4월호.

_____,「비통! 조국의 복몰」,《신천지》1946년 7월호.

_____,「백범정치투쟁사」,《신태양》1949년 8월.

_____,「담배와 망국한」,《신천지》1950년 1월호.

_____,「신민족주의의 과학성과 통일독립의 과업」,《신천지》1949년 8월호.

_____,「뇌옥심심인부도(牢屋深深人不到)」,《삼천리》1949년 12월호.

_____,「농민도(農民道)의 고조(高調)」,《조선일보》1926년 3월 5일.

강영철,「민세 안재홍」, 한국사학회 편,『한국현대인물론 Ⅰ』(을유문화사, 1987).

김덕형,「명가의 현장: 민세 안재홍」,《주간조선》1974년 8월 16일자.

김을한,「장진에서 온 전보: 민세선생과 나」, 안재홍선집간행위원회 편,『민세안 재홍선집 3』(지식산업사, 1991).

김인식,「안재홍의 신민족주의 사상과 운동」, 중앙대학교 사학과 박사학위논문 (1997).

_____,「신민족주의의 정치사상적 검토: 안재홍을 중심으로」,《정신문화연구》 제23권 1호(2000년 봄호), 119~144쪽.

_____,「안재홍의 신민족주의 국가상」, 제1회 민세학술심포지움 논문집『민세 안재홍의 신민족주의론』(민세안재홍선생기념사업회, 2001).

_____,『안재홍의 신국가건설운동 1944~1948』(선인, 2005).

_____,「대한민국정부 수립 후 안재홍의 민족통일론」,《한국근현대사연구》제60집 (한국근현대사학회, 2012), 160~188쪽.

_____,「1930년대 안재홍의 '조선학'론」, 민세안재홍기념사업회 편,『1930년대

조선학운동 심층연구』(선인, 2015).

김재명, 「민정장관의 번민」(상)(하),《정경문화》1986년 9월호 · 10월호.

＿＿, 「안재홍, 민족자주를 외치다(상)」,《정경문화》1986년 9월호.

박찬승, 「1930년대 안재홍의 민세주의론」, 정윤재 외, 『민족에서 세계로: 민세 안재홍의 신민족주의론』(봉명, 2002), 59∼91쪽.

서중석, 「안재홍과 송진우: 타협이냐 비타협이냐」, 역사문제연구소 편, 『한국현대사의 라이벌』(역사비평사, 1991).

신용하, 「안재홍과 신간회」, 『근대한국과 한국인』(한길사, 1985).

안혜초, 「할아버님 民世」,《월간통일》1990년 5월호.

＿＿, 「나의 할아버지 민세 안재홍」, 조선어학회 수난 50돌 기념 글모음, 『얼음장 밑에서도 강물은 흘러』(한글학회, 1993).

오영섭, 「해방 후 민세 안재홍의 민공협동운동 연구」,《태동고전연구》제15집 (한림대 태동고전연구소, 1998).

유경환, 「민세 안재홍: 순도자의 신민족주의」,《월간조선》1986년 10월호.

유광렬, 「안재홍론」,《동광》1932년 7월호.

유병용, 「민세 안재홍의 정치사상에 대한 재검토」, 한국독립운동사연구회 편, 『한국민족운동사연구 I 』(지식산업사, 1986).

윤대식, 「민세 안재홍의 정치사상과 정치노선에 관한 연구」, 한국외국어대학교 석사학위 논문(1992).

이선근, 「나의 민세관」, 김덕형, 『한국의 명가』(일지사, 1976).

이정식, 「구성: 민세 안재홍의 자서전」,《신동아》1976년 11월호.

이지원, 「안재홍론」, 한국역사연구회 주최 제3회 학술대토론회 발표논문, 1991년 11월 9일.

이태호, 「안재홍」, 『한국인물대계 9』(박우사, 1972).

이희승, 「민세 안재홍을 추모함」, 안재홍선집간행위원회 편, 『민세안재홍선집 3』(지식산업사, 1991).

_____, 「국어를 지킨 죄로」, 『한국현대사 5』(신구문화사, 1983).

임홍빈, 「안재홍론」, 《정경연구》 1965년 9월호.

정윤재, 「안재홍의 정치사상연구: 그의 신민족주의를 중심으로」, 《사회과학과 정책연구》 제3권 3호(서울대 사회과학연구소, 1981년 11월).

_____, "A Medical Approach to Political Leadership: An Chae-hong and Healthy Korea"(Ph. D. dissertation, University of Hawaii, 1988).

_____, 「해방직후 한국정치사상의 분석적 이해: 안재홍·백남운 정치사상의 분석」, 《한국정치학회보》 제26집 1호(한국정치학회, 1992).

_____, 『다사리국가론: 민세 안재홍의 사상과 행동』(백산서당, 1999).

_____, 「안재홍의 '조선정치철학'과 '다사리' 이념」, 정윤재 외, 『민족에서 세계로: 민세 안재홍의 신민족주의론』(봉명, 2002).

_____, 「1930년대 안재홍의 문화건설론 연구」, 한국학중앙연구원 편, 『민세 안재홍 심층연구』(황금알, 2005).

_____, 「민세 안재홍의 다사리이념 분석」, 《동양정치사상사》 제11권 2호(2012년 9월).

정영훈, 「안재홍의 신민족주의론」, 《정신문화연구》 제48호(한국정신문화연구원, 1992).

천관우, 「민세 안재홍 연보」, 《창작과비평》 1978년 겨울호.

최은희, 「교우반백세」, 《여원》 1965년 8월호.

한영우, 「안재홍의 신민족주의와 사학」, 《한국독립운동사연구》 제1집(독립기념관 한국독립운동사연구소, 1987).

한국의 정치·역사·사상

강만길, 『고쳐 쓴 한국현대사』(창작과비평사, 1994).

강영심,『시대를 앞서간 민족혁명의 선각자 신규식』(역사공간, 2010).

강영주,「벽초 홍명희 3: 신간회활동과 '임꺽정' 기필」,《역사비평》25호(1994년 여름호).

강종일 · 이재봉 편저,『한반도의 중립화통일은 가능한가』(들녘, 2001).

국사편찬위원회,『자료 대한민국사』 4~7권(1976).

글렌 D. 페이지, 안청시 · 정윤재 역,『비폭력과 한국정치』(집문당, 1999).

———, 정윤재 역,『비살생 정치학: 세계평화를 위한 신정치이론』(백산서당, 2007).

김남식 · 심지연 편저,『박헌영노선비판』(세계, 1986).

김대상,『해방직전사의 재조명』(해성, 1990).

김동성,「한국민족주의와 정치발전연구의 상관성: 미국비교정치학 '패러다임' 적용의 적실성에 대한 비판」,《한국과 국제정치》제4권 1호(1988년 봄호).

김동수,「민족공동체 통일방안의 재조명: 규범적 접근」, 2013년도 통일교육 연구과제.

김명구,「코민테른의 대한정책과 신간회, 1927~1931」,『신간회연구』(동녘, 1983).

김영국 외,『한국정치사상』(박영사, 1991).

———,「한국에서의 정치사상 연구와 교육의 50년」, 한국정치학회 1995년 연례 학술대회 정치사상연구회 라운드테이블 발표논문.

김용직,「1920년대 일제 '문화통치기' 민족언론의 반패권 담론투쟁에 관한 소고」, 한국정신문화연구원 편,『식민지근대화론의 이해와 비판』(백산서당, 2004), 171~194쪽.

김용운,『한일민족의 원형』(평민사, 1987).

김운태,『한국현대정치사』제2권(제1공화국)(성문각, 1986).

김재명,「이승만의 정적, 최능진의 비극」,《정경문화》1983년 10월호.

김학동,『홍사용 평전』(새문사, 2016).

김학준,『한국전쟁』(박영사, 1989).

____,『한국정치론 사전』(한길사, 1990).

____,『고하 송진우평전』(동아일보사, 1990).

김형효,『한국사상산고』(일지사, 1985).

노재봉,「현대한국의 정치사상에 있어서 방법의 문제」, 한국사상연구회 편,『한
　　　국사상총서Ⅵ』(태광문화사, 1980).

대학신문사,『한국근대사의 재조명』(서울대학교 출판부, 1979).

독립운동사편찬위원회,『독립운동사』3권 · 10권.

루이스 헨리 모건, 정동호 · 최달곤 역,『고대사회』(문화문고, 2000).

마이클 E. 로빈슨, 김민환 역,『일제하 문화적 민족주의』(나남, 1990).

문승익,『주체이론』(아인각, 1970).

____,「자아준거적 정치학」,《국제정치논총》제15집(1974).

민주주의민족전선,『해방연감』.

박동운,『민족사상론』(샘터, 1984).

박은식, 김도형 역,『한국독립운동지혈사』(소명출판, 2008).

박의경,「헤르더(Herder)의 문화민족주의」,《한국정치학회보》제29집 1호
　　　(1995), 331~352쪽.

박의경,「정치적 정통성」,《한국정치학회보》제36집 3호(2002), 51~70쪽.

박찬승,『한국근대정치사상사 연구: 민족주의 우파의 실력양성운동론』(역사비평
　　　사, 1992).

박충석,『한국정치사상사』(삼영사, 1982).

박호성,「독일 민족주의의 역사적 특성과 현실적 과제」,《사회와 사상》122(1990년
　　　6월), 80~105쪽.

박환,『민족의 영웅, 시대의 빛 안중근』(선인, 2003).

방기중,『한국근현대사상사연구』(역사비평사, 1993).

백범김구선생기념사업회 백범전기편찬위원회,『백범 김구: 생애와 사상』(교문

사, 1982).

서대숙,「조선공산당과 민족주의 이념」,《동아연구》제15집(서강대학교).

서중석,『한국현대민족운동연구: 해방 후 민족국가건설운동과 통일전선』(역사

    비평사, 1993).

서정갑,「미국정치학의 특성과 한국정치사상의 연구상황」,《한국정치학회보》

    제12집(1978).

손세일,『이승만과 김구』(일조각, 1980).

송건호,『한국민족주의의 탐구』(한길사, 1977).

───,『한국현대인물사론』(한길사, 1984).

─── 외,『해방전후사의 인식』(한길사, 1980).

─── 외,『해방40년의 재인식 1』(돌베개, 1985).

송남헌,『해방3년사 2, 1945~1948』재판(까치, 1989).

───,『해방3년사 1, 1945~1948』3판(까치, 1990).

신복룡,『동학사상과 갑오농민혁명』(평민사, 1991).

신용하,『박은식의 사회사상연구』(서울대학교출판부, 1986).

─── 편,『한국현대사회사상』(지식산업사, 1984).

───,『일제강점기 한국민족사(상)』(서울대학교출판부, 2001).

───,『한국의 독도영유권 연구』(경인문화사, 2006).

───,『독도영유의 진실 이해: 16포인트와 150문답』(서울대학교출판문화원,

    2012).

신일철,「한국사상서설」,『한국사상가 12인』(현암사, 1976).

신준영,「방북취재: 평양시 신미리 재북통협 특설묘지」,《민족21》2002년 7월호.

신채호,『조선상고사』(종로서원, 1948).

신채호, 이만열 주역,『주역 조선상고문화사』(형설출판사, 1992).

심지연,「신탁통치와 해방정국: 반탁과 찬탁의 논리를 중심으로」,《한국정치학

    회보》제19집(1985), 147~161쪽.

＿＿, 「반탁에서 찬탁으로」,《한국정치학회보》제22집 2호(1988), 225~242쪽.

＿＿,『민족주의 논쟁과 통일정책』(한울, 1988).

＿＿,『미소공동위원회연구』(청계연구소, 1989).

＿＿,『허헌연구』(역사비평사, 1994).

안병직 편,『신채호』(한길사, 1992).

안상현,『우리 별자리』(현암사, 2000).

안정수 · 윤병익 · 한승조,『통일을 위한 정치철학』(을유문화사, 1992).

안청시,『현대한국정치론』(법문사, 1987).

＿＿ 편,『한국정치경제론』(법문사, 1990).

여연구,『나의 아버지 여운형』(김영사, 2002).

온락중,『조선해방의 국제적 경위와 미소공위사업』(현우사, 1947).

유광렬,『기자반세기』(서문당, 1974).

유인호,「해방 후 농지개혁의 전개과정과 성격」, 송건호 외,『해방전후사의 인
        식』(한길사, 1979).

유자후,『조선민주사상사』(조선금융조합연합회, 1949).

윤민재,「한국의 현대 국가형성과정에서의 중도파의 위상에 관한 연구,
        1945~1950」, 서울대 문학박사학위논문(1999).

이광수,「민족개조론」,《개벽》제3권 5호(1922).

이균영,「신간회의 창립에 대하여」,《한국사연구》37(1982).

＿＿,『신간회연구』(역사비평사, 1993).

이극로, 조준희 역,『이극로 자서전, 고투40년』(아라, 2014).

이근창,『홍익국가론』(대왕사, 1992).

이기하,『한국정당발달사』(의회정치사, 1961).

이대근,「미군정하 귀속재산 처리에 대한 평가」,『한국사회연구 5』(한길사, 1983).

이동식,『한국인의 주체성과 도』(일지사, 1983).

이동현,『한국신탁통치연구』(평민사, 1990).

이상화, 『빼앗긴 들에도 봄은 오는가』(시인생각, 2013).

이수인 편, 『한국현대정치사 1』(실천문학사, 1989).

이완범, 「한반도 신탁통치문제, 1943~1946」, 『해방전후사의 인식 3』(한길사, 1987).

이용희 · 노재봉, 『한국민족주의』(한길사, 1977).

이정식, 『김규식의 생애』(신구문화사, 1974).

_____ 외, 『신간회연구』(동녘, 1987).

이태호, 『압록강변의 겨울』(다섯수레, 1991).

이홍구, 「한국민족주의 연구를 위한 기초적 사고」, 『효강 최문환박사 추념논문집』(1977).

_____, 「한국근대정치사의 전개와 민주주의」, 《한국정치연구》 창간호(서울대 한국정치연구소, 1980).

_____, 「사회보존과 정치발전: 근대화와 정치발전에 대한 규범이론의 실험」, 김경동 · 임종철 · 이홍구 · 김여수, 『근대화』(서울대학교출판부, 1982).

_____, 『이홍구문집 III 민족공동체와 통일』(나남출판, 1990), 제6장 "제6공화국의 통일정책 기조와 과제".

『인촌 김성수전』(인촌기념회, 1976).

임종국, 『일제하의 사상탄압』(평화출판사, 1985).

_____, 『실록 친일파』(돌베개, 1991).

장상수, 「일제하 1920년대의 민족문제논쟁」, 한국사회사연구회, 『한국의 근대국가형성과 민족문제』(문학과지성사, 1986).

장석홍, 「대한민국청년외교단연구」, 《한국독립운동사연구》 제2집(1988), 267~293쪽.

장준하, 『돌베개』(화다, 1971).

전상숙, 「제국과 식민지의 '정치투쟁'과 '경제투쟁'의 함의와 문제: 후쿠모토이즘과 정우회선언의 한 · 일 사회주의 '방향전환'을 중심으로」, 《동양정치사상사》 제39권 1호(2010), 57~78쪽.

전택부,『이상재 평전』(범우사, 1989).

정병준,『독도 1947』(돌베개, 2010).

정윤재,「글로벌리즘과 동아시아 국제질서, 그리고 대한민국」, 김영작 편,『한국 내셔널리즘의 전개와 글로벌리즘』(백산서당, 2006).

_____,『정치리더십과 한국민주주의』개정증보판(나남, 2013).

정진석,『일제하 한국언론투쟁사』(정음사, 1979).

_____,『한국언론사』(나남, 1990).

_____,「세계 어디서도 없었던 언론인의 수난」,《월간조선》2002년 7월호.

정혜경,「해제」, 한국정신문화연구원 편,『지운 김철수』, 현대사연구소 자료총서 제4집(한국학중앙연구원, 1999).

제임스 I. 메트레이, 구대열 역,『한반도의 분단과 미국: 미국의 대한정책, 1941~1950』(을유문화사, 1989).

조국통일민주주의전선중앙위원회,『조국의 평화통일을 위하여』(평양: 조국통일 민주주의전선중앙위원회, 1956).

조병옥,『나의 회고록』(민교사, 1959).

조선일보사,『조선일보 50년사』(1970).

조선통신사,『조선연감』(1947).

조용중,『미군정하의 한국정치현장』(나남, 1990).

조인원 · 이동수 편,『탈20세기 대화록: 이념 이후의 시대를 말한다』(아카넷, 2006), 제3장「비폭력 리더십과 21세기 세계평화」.

조지훈,「한국민족운동사」,『한국문화사대계 1』(고려대학교민족문화연구소, 1964).

_____,『조지훈전집 6』(일지사, 1974).

조찬래,「정치사상연구의 50년사: 현황, 경향 및 문제점」, 한국정치학회 1995년 연례학술대회 정치사상연구위원회 라운드테이블 발표논문.

조철,『죽음의 세월』(성봉각, 1963).

진덕규 편, 『한국의 민족주의』(현대사상사, 1979).

진학주, 「해방된 정당운동」, 《민심》 1945년 11월호.

차기벽, 『한국민족주의의 이념과 실태』(까치, 1978).

_____, 「한국에 있어서의 민족주의」, 《한국정치연구》 창간호(서울대 한국정치연구소, 1897).

최문환, 『민족주의의 전개과정』(재판)(삼영사, 1979).

최명, 『소설이 아닌 임꺽정: 벽초와 임꺽정 그리고 나』(조선일보사, 1996).

최민지·김민주, 『일제하 민족언론사론』(일월서각, 1978).

최상룡 외, 『한국민족주의 이념』(아세아정책연구원, 1977).

최상룡, 『미군정과 한국민족주의』(나남, 1988).

최장집 편, 『한국현대사 1945~1950』(열음사, 1985).

최준, 『한국신문사』(일조각, 1987).

최창규, 『한국의 사상: 그 주체와 본질』(재판)(서문당, 1975).

_____, 『한민족의 주체성과 한국사의 정통성』(금오출판사, 1976).

_____, 『근대한국정치사상사』(일조각, 1981).

최학주, 『나의 할아버지 육당 최남선』(나남, 2011).

하기락, 『조선철학사』(형설출판사, 1992).

한국사료연구소 편, 『해방30년사 I』(서울, 1974).

_____ 편, 『한국현대정치사』 제2권(성문각, 1986).

한국사회사연구회 편, 『한국의 근대국가 형성과 민족문제』(문학과지성사, 1986).

한국정신문화연구원 편, 『식민지근대화론의 이해와 비판』(백산서당, 2004).

한국정치외교사학회 편, 『한국현대사의 재조명: 1945~1980년대의 정치외교 분석』(대왕사, 1992).

한기언 외, 『일제문화침탈사』(민중서관, 1976).

한반도포럼, 『남북관계 3.0: 한반도 평화협력프로세스』(중앙일보통일문화연구소, 2012).

한배호,「3 · 1운동직후의 조선식민지정책」, 차기벽 편, 『일제의 한국식민통치』
    (정음사, 1985).

한상우, 『기억하고 싶은 선구자들』(지식산업사, 2003).

한승조, 『한국의 정치사상』(일념, 1989).

＿＿,『해방전후사의 쟁점과 평가 2』(형설출판사, 1990).

＿＿ 외, 『21세기의 도전과 한국의 대응』(형설출판사, 1993).

한영우, 『다시 찾는 우리 역사』(경세원, 2008).

황우갑, 『성찰적 지역사회와 시민운동』(봉명, 2001).

허웅, 『한글과 민족문화』(세종대왕기념사업회, 1974).

현규환, 『한국유이민사』(어문각, 1967).

외국 문헌

Barnar, F. M., *Herder on Social and Political Culture*(London: Cambridge University
    Press, 1969).

Berstein, Barton, "Roosevelt, Truman, and the Atomic Bomb, 1941-1945: A
    Reinterpretation," *Political Science Quarterly* 90-1 (Spring 1975).

Beloff, Max, *Soviet Policy in the Far East, 1944-1951* (London: Oxford University Press,
    1953).

Chung, Yoon Jae, "An Analysis of Major Power's War Diplomacy toward Korea,
    1943-1945," 《국제관계연구》 제4집(충북대 국제관계연구소, 1991), pp.
    63~80.

Cumings, Bruce, *The Origins of The Korean War: Liberation and Emergence of Separate
    Regimes, 1945-1947*(Princeton: Princeton University Press, 1981).

＿＿ (ed.), *Child of Conflict: The Korean-American Relationship, 1943-1953*(Seattle:

University of Washington Press, 1983).

Gaddis, John Lewis, *The United States and the Origins of the Cold War*(New York: Columbia University Press, 1972).

Gibbons, Michael T. (ed.), *Interpreting Politics*(New York: New York University Press, 1987).

Goble, Frank G., *The Third Force: The Psychology of Abraham Maslow*(New York: Washington Square Press, 1970).

HQ. USAFIK, G-2 Weekly summary, 9 Feb.-16 Feb. 1947, 「주한미군정보요약」, 한림대학교 아시아문화연구소.

Kihl, Young Whan, *Politics and Policies in Divided Korea: Regime in Contest*(Boulder: Westview Press, 1984).

Kim, Hankwon, "A New Type of Relationship between Major Countries and South Korea: Historical and Strategic Implications," http://www.theasanforum. org

Lee, Won Sul, *The United States and the Division Korea, 1945*(Seoul: Kyung Hee University Press, 1982).

McCune, George M. and Arthur L. Grey Jr., *Korea Today*(Cambridge: Harvard University Press, 1950).

Nagai, Yonosuke and Akira Iriye (eds.), *The Origins of Cold War in Asia*(New York: Columbia University Press, 1977).

Palais, James B., *Politics and Policy in Traditional Korea*(Cambridge: Harvard University Press, 1975).

Paul, Mark, "Diplomacy Delayed: The Atomic Bomb and the Division of Korea, 1945," in Bruce Cumings (ed.), *Child of Conflict: The Korean-American Relationship, 1943-1953*(Seattle: University of Washington Press, 1983).

Ree, Erik Van, *Socialism in One Zone: Stalin's Policy in Korea 1945-1947* (Amsterdam,

1988).

Richter, Melvin, "Montesquieu," in David Sills (ed.), *International Encyclopedia of the Social Sciences* Vol. 10(New York; The MacMillan Co. and The Free Press, 1968).

Scalapino, Robert and Chong-sik Lee, *Communism in Korea Part 1: The Movement* (Berkeley: University of California Press, 1972).

Suh, Dae-sook, *The Korean Communist Movement 1918-1948*(Princeton: Princeton University Press, 1967).

U. S. Department of State, Foreign Relations of United States, Diplomatic Papers, 1945. Vol. VI(Washington D.C.: USGPO, 1969).

水野直樹, 「新幹會運動に關する若干の問題」, 《조선사연구회논문집》 제14집 (1977).

언론 매체

《경향신문》, 《동아일보》, 《매일신문》, 《민주조선》, 《서울신문》, 《월간조선》, 《월간통일》, 《자유신문》, 《조선일보》, 《중앙신문》, 《한성일보》 외.

찾아보기

안재홍 평전

1판 1쇄 찍음	2018년 12월 14일
1판 1쇄 펴냄	2018년 12월 21일

지은이	정윤재
발행인	박근섭 · 박상준
펴낸곳	(주)민음사

출판등록	1966. 5. 19. 제16-490호
주소	서울특별시 강남구 도산대로1길 62(신사동)
	강남출판문화센터 5층
	(우편번호 06027)
대표전화	515-2000	팩시밀리 515-2007
홈페이지	www.minumsa.com

ISBN 978-89-374-3941-4 03990